JN273404

滲透するルーマン理論
――機能分化論からの展望――

高橋　徹・小松丈晃・春日淳一［著］

文眞堂

はしがき

　本書は，現代ドイツの社会理論家ニクラス・ルーマン（Niklas Luhmann, 1927-1998）に触発され，彼の理論を主たる準拠点として長年研究を続け彼の著作の翻訳にもかかわってきた三人の執筆者による論文集である。

　ルーマンは1950年代末の最初の公刊論文以来，70冊近い書物と500に迫る論文を著した多作の人であるとともに，その理論の新しさ＝独創性においても時代を突き破る学者であったため，著作に接する側は消化に苦労するばあいがしばしばであった。オーバーフローに足をすくわれて自ら逃げ出すならともかく，「雲の上の理論」とか「テクノクラート」といったねたみ（Neid）混じりのレッテルを貼って追い払おうとする負け惜しみ的反応も見られた。しかし没後すでに15年，地元ドイツのみならずヨーロッパそしてグローバル世界の政治・社会情勢は大きく様変わりした。そのような変化する社会にあって，ルーマン理論は時代に合わない過去の理論として忘れ去られるどころか，むしろ現役のいわば常備理論として何かにつけて出動を求められているというのが，遠望するドイツ・ヨーロッパの学問状況である。オーバーフローを脱し，いまやルーマン理論は多方面の研究者や実務家に滲透してきているのである。

　目をわが国に向けると，近年ルーマンの著作の翻訳が進み主要なものはほぼ網羅される勢いである。しかし訳書とは対照的に研究書のほうはいささかさびしい状況である。出版事情もさることながら，研究環境がきびしさを増すなか，短時間で確実な成果を得られるとは期待しにくいルーマン研究はもしかして敬遠されているのではなかろうか。これが杞憂であることを祈りつつ，ルーマン研究へのひとつの刺激ないし誘因となるべく編まれたのが本書である。

　本書の性格をひとくちで言えばルーマン研究の古参による近況報告集であり，全体を貫く鍵概念は「機能分化」である。ルーマンは環節的分化，中心／

周縁,階層分化といった歴史上の諸社会を特徴づけてきた分化形式とならんで,近・現代社会を機能分化が優勢な社会として描いた。他の分化形式が消滅して機能分化のみが支配しているなどと主張しているわけではないが,最晩年を除けばルーマンの機能分化への思い入れは,生物学由来のオートポイエシス論に助長されて強固なものとなり,彼の社会システム論は機能分化を主軸として磨きをかけられ説得力を増していった。本書の第Ⅰ部はこの機能分化論に沿った3篇の論考からなる。

第1章(小松丈晃)は全体社会(Gesellschaft)の分化した機能システムのひとつである政治システムをとりあげ,主としてルーマンの遺作『社会の政治』に拠りつつ,まずはその機能,固有メディア(=権力)とそのコード化,内的分化等について論じる。注目すべきはルーマンが「社会」というとき念頭にあるのは「世界社会」,今様にいえばグローバル社会であって,機能分化した政治システムも第一次的には「世界社会の政治システム」なのである。そして国家はこの世界社会レベルの政治システムが環節的に分化した形態とみなされる。とすればこれは現況の見取り図ではなく,未だ実現していない完成予想図ではないか。揺れ動く世界の政治情勢を前にして,現況と完成予想図との隔たりはより露わになっているのではないか。こうした疑問に答えるためにも,ルーマンの政治システム論は再検討され,より深化させる必要があろう。筆者(小松)の展望はこの点に及んでいくつかの重要な視角提示をおこなっている。

第2章(春日淳一)の対象は経済システムの基本作動つまり「支払い」である。「出来事」,「構造」,「時間」といったルーマン理論の基礎概念の説明を織り込みながら,話の焦点は「支払い」の対概念「不支払い」(Nichtzahlung)をめぐるルーマンの短い記述に絞られる。記述が短いがゆえに解釈にてこずる「不支払い」概念を解きほぐしたのち,「不支払い」の第三のカテゴリー「脱支払い」(Entzahlung)を導入し,この概念が時間の可逆・不可逆の問題とつながっていることを示す。ポイントは経済システムの固有メディアである貨幣のもつふたつの特性「粒状性」と「循環性」であり,この二特性が時間の(見かけ上の)可逆を生み出し,ひいては現代経済の休みなき前進(と人間のストレス増大)に大いに与っていると指摘する。

近・現代を特徴づける機能分化社会は，社会全体を統治ないしコントロールする中央当局（統治センター）をもたないとされる。分化した諸々の機能システム（政治・法・経済・教育・学術等々）が互いに寄りかかり合っている，といったイメージである。しかしこれではあまりにも頼りない。社会を支えるもっと頑丈な柱はないのか。ルーマンが暗に示す回答は「近・現代社会にはその種の堅固な支柱は存在せず，社会はせいぜい一時的なよりどころにつかまりながら作動し続けるしかない。機能分化それ自体も実はこの一時的なよりどころのひとつなのだ」というものである。これを突き放した冷たい回答と感じる向きには，第 3 章（春日）が印象緩和のきっかけを与えるであろう。そこで分かるのは，冷たい印象はほんらいルーマンにではなく，人びとが確固たる指針や準拠点を失ったまま生きざるをえない現下の世界社会に帰すべきなのだ，ということである。

第 4 章（春日）は他の章とはいささか趣が異なるが，この章をここに置いたのは第 I 部から第 II 部へ移るいわば幕間の気分転換と第 II 部への備えの両者を期待してのことである。分化した機能システムごとに書かれた『社会の…』シリーズにも現われているように，ルーマン理論の視界（Spannweite）の広さはつとに知られており，その広い領域の随所で彼の理論に触発された研究が次々と生まれている。すでに 1987 年に出た彼の 60 歳記念論文集『情熱としての理論』(D. Baecker *et al.* [Hrsg.] *Theorie als Passion*, Suhrkamp) の目次を見ただけでもこの点は頷けるであろう。ルーマンを文学作品と関連づけるのも別段突飛な企てではないのである。こうした多分野での研究は，その後ルーマンが機能分化論を推し進めるにつれて大きく二様の反応を含むこととなる。ひとつは機能分化論の枠内でルーマンが言及していない新たな機能システムの存在ないし成立を唱えるもの，もうひとつは機能分化の限界を指摘するもの，である。第 II 部ではこれら反応のいくつかを視野に入れながら，今日の社会情勢に引きつけて機能分化（論）の前途を論じ占うこととする。

第 II 部最初の第 5 章（小松）は，福祉あるいは社会扶助の領域におけるルーマン理論の受容状況を，彼の包摂／排除論や宗教システム論と関連づけながら説いていく。問題の出発点は包摂と排除の非対称性である。包摂は

機能システムごとに他のシステムとは独立にいわば閉じたかたちで生じるのに対して，排除はシステム横断的に波及し拡大する傾向をもつ。ベッカー（D. Baecker）はこうした排除の累積に対処する「機能システムとしての社会扶助」の成立を早々と（？）主張したが，ルーマン自身は宗教システムに排除の波及を遮る防波堤の役を期待する。福祉専門職のアイデンティティをめぐるドイツ国内の議論ともからめて，まさにルーマン理論の「現役ぶり」を本章は生き生きと描いている。

上の「包摂」のケースにも垣間見られるのだが，ルーマンの機能分化論において各機能システムの自律性が強調されればされるほど，機能システムと環境（周界）の間，あるいは機能システム相互間の関係はどうなっているのかという問いが重みを増してくる。第6章（高橋　徹）は機能システム間関係に焦点を合わせ，従来もしばしば取りあげられた構造的カップリングの問題にもう一段深く切り込んでいく。全体社会の諸機能システムはすべてコミュニケーションを要素とするシステムであり，各システムはそれぞれ固有のメディア（たとえば，政治システムなら権力，経済システムなら貨幣）によってシステム内のコミュニケーションを遂行していくが，固有メディアをほかの機能システムとのコミュニケーションに使うことはできない（自律性）。しかし幸いなことに言語というメディアはすべての機能システムに共通である。機能システム同士は言語コミュニケーションを通じたカップリングが可能なのである。では，そのようなコミュニケーション（＝作動的カップリング）はいかにして実現するのか。全体社会の機能システムとは別種の「組織」や「相互作用」という社会システムを介してである。ヴィルケ（H. Willke）の「交渉システム」やフッター（M. Hutter）の「会話圏」の議論は，そうした機能システムのインターフェースにおけるコミュニケーションを扱ったものである。筆者（高橋）は両論を紹介・検討したのち，一見「周辺」的なインターフェースが普遍的な意味財を創出し，それら意味財が各機能領域ひいては全体社会の作動に益する可能性に言及する。「周辺」であるインターフェースが機能分化の未来を背負っているかもしれないのである。

最終第7章（高橋）は，ルーマン理論を援用して世界社会の「危機」の問題にアプローチする。危機は機能分化の秩序にいかなる経路を通していかな

る衝撃を与えるのか。機能分化は衝撃に耐えうるのか。この点で危機は二様にとらえられる。ひとつは解決へ向けた行動の喚起に結びつく「クライシス」として，もうひとつは全体社会の秩序を揺るがす「カタストロフィー」としてである。後者ととらえたばあいには，性急な対処行動を控えさしあたり事態の推移を見守る（観察する）しかない。前者のケースはマスメディアによってテーマ化され機能分化した社会全体に広がる結果，諸々の機能システムは当該テーマによる縛りを受け相互の自由度を低下させる（ルーマンの用語法では諸機能システムは「統合」される）。この縛り，したがってクライシスにとくに敏感にならざるをえないのが政治システムであり，そこでは世論がコミュニケーションのテーマの役を演じる。

　機能分化の行方を占ううえでは「カタストロフィー」としての危機の視点がより重みをもつ。この視点からはさまざまな観察がなされうるが，機能分化秩序の終焉と別種秩序の出現を語るにせよ，逆に機能分化秩序の深化（進化）を語るにせよ，ルーマンの遺した観察装置は適切な部品取り替えや補助装置付加によってまだまだ使えることは間違いないし，まだまだ十分に使いこなされているとは言いがたい。いつの日かルーマンのそれを上回る画期的な性能を有する新観察装置が登場するとしても…。

　本書の各章はいずれも，ルーマン理論研究ひいては社会理論研究の活性化への刺激となることを目ざして書かれたものである。執筆者三名のこの共通の意図が多少なりとも伝わり叶えられれば幸いである。

　印刷物としての書籍はルーマンによってマスメディアの筆頭にあげられていた（『マスメディアのリアリティ』）とはいえ，電子的競合物の急速な発達によって出版はさしあたり打撃を被りつつある。そうしたなかで変わらぬ誠意をもって本書刊行に力を尽くしてくださった前野 弘，前野 隆の両氏をはじめとする文眞堂スタッフのかたがたに心からお礼申しあげたい。

2012 年 11 月 12 日

執筆者のひとりとして

春日淳一

目　次

はしがき

第Ⅰ部：機能分化の地平から …………………………………… 1

第1章　ルーマン政治論における
　　　　システムの分出の条件と諸論点 …………（小松丈晃）… 3

1. 社会の機能分化 …………………………………………………… 3
2. 政治システムの機能とコード …………………………………… 7
   2-1　政治システムの機能 ………………………………………… 7
   2-2　権力というメディア ………………………………………… 8
   2-3　政治システムのコード ……………………………………… 13
   2-4　選挙の意味 …………………………………………………… 16
   2-5　コードの「技術化」ゆえの限界 …………………………… 17
3. 政治システムの内的分化
   ──公衆／政治／行政，中心／周縁── ……………………… 19
   3-1　公衆／政治／行政 …………………………………………… 19
   3-2　中心と周縁 …………………………………………………… 21
4. ルーマン政治論の諸論点 ………………………………………… 24
   4-1　集合性の問題 ………………………………………………… 25
   4-2　人物か政策か ………………………………………………… 28
   4-3　争点投票をめぐって ………………………………………… 29
   4-4　社会の亀裂と政治の亀裂 …………………………………… 30

第2章　「支払い」の時間論
　　　　──ルーマンの迷路（ラビリンス）の先へ── ……………………（春日淳一）… 37

1. テーマとしての「不支払い」 …………………………………… 37

2. 出来事と時間 ……………………………………… 38
      2-1 社会システムの要素と構造 ……………………… 38
      2-2 出来事と時間 ……………………………………… 39
   3. 「不支払い」という迷路(ラビリンス) ………………………… 41
      3-1 出来事としての不支払い ……………………… 41
      3-2 意思決定と予期 ………………………………… 43
      3-3 支払いと不支払いの「対称性の破れ」………… 44
   4. 不作為について …………………………………… 47
   5. 支払いのネガとしての脱支払い──出来事と反出来事── …… 49
   6. メディアと形(フォルム) ………………………………… 50
   7. 不可逆性と可逆性 ………………………………… 53
      7-1 脱支払いは可逆か ……………………………… 53
      7-2 脱支払いの不可逆性 …………………………… 54
   8. 固有値としての時間秩序 ………………………… 57

第3章 社会の支えとしての「固有値」……………(春日淳一)… 61

   1. 社会の観察から「固有値」へ …………………… 61
   2. ルーマンにおける「固有値」のイメージ ……… 62
   3. 数学的イメージとの照合 ………………………… 65
   4. システム・レベルと固有値──機能システムか全体社会か── … 70
      4-1 経済システムと法システム …………………… 70
      4-2 全体社会レベルの固有値 ……………………… 72
   5. 「自生的秩序」と固有値 ………………………… 73
      5-1 自生的秩序 ……………………………………… 73
      5-2 「自生的秩序」概念の難点 …………………… 76
      5-3 「市場秩序」と「経済システム」…………… 78
   6. 「固有値」概念の有効性 ………………………… 81
      6-1 固有値概念の整序 ……………………………… 81
      6-2 固有値概念の有効性──「改革」のケース── ……… 82
   補論 ウィトゲンシュタインの論考に見る「固有値」……… 85

間奏曲（インテルメッツォ） …………………………………………………………… 93

第4章　ヘルマン・ヘッセにルーマンを見る
　　　　──『社会の芸術』に寄せて── ……………（春日淳一）… 95

1. 執筆動機の告白 ………………………………………………… 95
2. 観察 …………………………………………………………… 96
    2-1　自己観察 ………………………………………………… 96
    2-2　観察と区別 ……………………………………………… 98
    2-3　ハリー・ハラーの高次の自己観察 …………………… 99
    2-4　ギュンター論理学への接近 …………………………… 101
3. 二項対比を乗り越える ………………………………………… 104
    3-1　社会理論の語り手たち（1）：デミアン ……………… 104
    3-2　社会理論の語り手たち（2）：シッダールタ ………… 106
    3-3　社会理論の語り手たち（3）：ナルチス ……………… 111
4. 芸術における二項対比──『社会の芸術』に依拠して── ……117
    4-1　芸術を通してのコミュニケーション ………………… 117
    4-2　芸術における観察と区別：現実的な現実と虚構的な現実 …119
    4-3　ゴルトムントの悟ったこと …………………………… 122

第Ⅱ部：機能分化の未来 …………………………………………127

第5章　社会的排除のリスクに抗する機能システムはありうるのか
　　　　──ルーマンの「宗教」論ならびに福祉領域での
　　　　ルーマン理論受容の動向── ……………（小松丈晃）…129

1. 機能的分化のネガティブな帰結に対するルーマンの視角 ………129
2. ルーマンの「包摂」と「排除」………………………………… 130
3. ルーマン排除論と EU 圏における議論状況 …………………… 133
4. 社会的排除への対応──宗教とのかかわり── ………………… 135

4-1　70年代ルーマンの「援助」論 …………………………………135
　　4-2　機能と遂行，教会とディアコニー ……………………………138
　　4-3　世俗化 ……………………………………………………………138
　　4-4　排除と宗教システム ……………………………………………139
　　4-5　ルーマンの構想の課題 …………………………………………141
　5.　ドイツの社会福祉分野でのルーマン理論の受容・展開 …………142
　6.　ルーマン受容の背景 …………………………………………………146
　　6-1　ソーシャルワークの学問分野的な同一性／
　　　　　職業行為としての同一性 ………………………………………146
　　6-2　単線的な社会保障の限界への視点
　　　　　――なぜ「社会扶助」の機能システムなのか？―― ………149

第6章　機能システムのインターフェース，あるいは自律する周辺 ……………………（高橋　徹）…155

　1.　機能システムの《間》 ………………………………………………155
　2.　機能システム間関係を記述する諸概念 ……………………………156
　3.　「交渉システム」と「会話圏」 ……………………………………158
　　3-1　ヘルムート・ヴィルケにおける「交渉システム」…………159
　　3-2　ミヒャエル・フッターにおける「会話圏」…………………165
　4.　機能分化と自律する周辺 ……………………………………………171

第7章　機能分化と「危機」の諸様相
　　　　――クライシスとカタストロフィーの観察―― …（高橋　徹）…181

　1.　二つの「危機」………………………………………………………181
　2.　テーマとしてのクライシス …………………………………………183
　　2-1　マスメディアとテーマ …………………………………………183
　　2-2　テーマの機能 ……………………………………………………186
　　2-3　テーマと機能システムの統合 …………………………………187
　　2-4　機能と遂行 ………………………………………………………188
　3.　政治システムとクライシス …………………………………………190

3-1　テーマとしての世論 …………………………………190
　　3-2　機能システムと世論 …………………………………191
　　3-3　セカンド・オーダーの観察と機能システム ……………192
　　3-4　世論と操作 ……………………………………………194
　4.　クライシスのスキーマと機能分化 …………………………196
　5.　カタストロフィーの観察——機能分化の危機条件——……………198
　　5-1　カタストロフィーの観察へのアプローチ ………………198
　　5-2　機能分化の揺らぎ ……………………………………202
　　5-3　他の分化形態の興隆 …………………………………203
　　5-4　包摂の問題 ……………………………………………205
　6.　もう一つの可能性 ……………………………………………206

あとがき ……………………………………………………………213
人名索引 ……………………………………………………………215

第Ⅰ部
機能分化の地平から

第 1 章
ルーマン政治論における
システムの分出の条件と諸論点

1. 社会の機能分化

　富の分配からリスクの分配へ，などといった印象的な記述によって，U.ベックの「リスク社会」論がアカデミズムの内外で話題となってからすでに久しい。2011年3月11日の東日本大震災，わけてもいわゆる「原発震災」（石橋克彦氏）によって，その議論は，日本でもより一層重要になってくるだろう。単純な近代から第二の再帰的な近代へという大枠となる現代社会記述に基づいて，彼は，近年の社会変動を特徴づける新鮮なテーゼを次々と打ち出してきた。たとえば「サブ政治」の台頭といったテーゼなどもそうしたものの一つである。ベックによれば，これまでは「非政治的」，政治システムの「外部」にあるとされていた領域が，科学技術などがもたらすリスクの問題とかかわることによって，次々と「政治化」してゆき，たとえば企業活動や科学的研究，司法，等々が政治的な意味合いを帯びてくることになり，政治と非政治の境界が曖昧になる（Beck 1986: 319=1998: 398）。政治的決定も，科学における専門家の助言に基づくものとなり，科学自体がいまや「政治化」する。リスク社会にあっては「公式的」な政治に加えて，こうした「サブ政治」が台頭し，新しい政治文化が確立するのだというわけである。
　このような視角のもとでアナクロな「仮想敵」とされているのが，「自己準拠」や「オートポイエーシス」の概念に立脚してあくまで機能的分化のテーゼに固執するルーマンの社会システム理論であることは，容易に推測できる。ルーマンは，近代社会が長い年月をかけて作り上げてきた機能的分化という事実に目を奪われ，政治と非政治との明確な区別にあまりにも執着しすぎた

結果,「リスク社会化」する現代における政治のあり方を適切に描きえていない,というわけである。じじつ,ルーマンの政治システム理論では,政治システムが「国家」の活動とほぼ同一視され,政治が,権力配分をめぐる政治的対立の過程に縮減され,政治学の課題も,政治エリートの「自己準拠的」循環や選挙キャンペーンの分析に貶められるとするルーマン理解は,決して少なくない[1]。要するに,政治の概念があまりにも狭すぎるというのである。

　だが,上述したサブ政治の活性化のような現象,言ってみれば,社会のあらゆる領域の「政治化」とでもいうべき現象は,なにも政治にかぎった話ではない。なるほど,いまや社会のすべての領域が(科学も,企業活動も,法も,芸術も)「政治化」するというのは確かにそのとおりかもしれない。けれども,現代社会はだから「政治的社会」なのだ,といった物言いは,ナセヒ (Nassehi 2002) も指摘するように,じつのところは,機能的分化の完成を告げる主張以外のなにものでもない。すなわち,いっさいのことがらが決定に依存し決定可能な事柄がすべて利害の対立として見られるとき,確かに,社会は「政治化」したものとして立ち現れるだろう。しかし,それを言うならば,現代社会は「科学的社会」である,あるいは「経済的社会」である,あるいは「法化した社会」である,とも言いうるのではないだろうか。つまり,いまや科学的研究の対象となりえないものなど存在せず,社会のすべての領域が科学の視点で観察され政策決定にも司法的判断にも経済活動にも多大な影響をもたらしている。また,社会のすべての物事は,経済的な取引の対象となりうる。人間の「感情」ですら「感情労働」を通じて「商品化」される。法についてもしかりである。要するに,ある特殊な視点のもとで,世界で生起するあらゆる事柄を観察し把握可能となるのが,現代社会なのである。ルーマンは,これを,タルコット・パーソンズのパタン変数を用いて「個別性による普遍主義」と表現するのだが,機能的分化は,こうした個別性による普遍主義をもたらす。政治と非政治との「境界線」は,官庁と教育機関との間とか,議会と経済的諸組織との間といった諸組織の間に引かれるものではない。すでにパーソンズが指摘していたとおり,純粋に経済的な組織とか純粋に政治的な組織などはありえない。同じように,ルーマンの考え方においても,組織は,多様な機能システムの論理が交錯する場であり,

機能システム同士の「構造的カップリング」が展開するフィールドなのである。

では，ルーマンの社会システム理論では，いったい，政治と非政治との境界は，いかにして設定されるのだろうか。それは上記のように「狭い」ものなのだろうか。また，そのようにして非政治と政治とを区別し「自己準拠」的な政治システム理論を展開するルーマンの視角は，こんにちの政治のあり方を観察するうえで，どんな意義を有しているのだろうか。本章では，これらの問いの解明を軸にしながら，ルーマン政治論の意義と課題の一端を明示化していくことにしたい。

さて，ルーマンの政治論も，彼のアカデミックなキャリアの初期以来，その立論にいくつかの変化が見られ，ここではその全貌を明らかにすることはできない[2]が，本章では，後期の，とくに『社会の〜』シリーズを刊行しはじめて以降の（いわゆるオートポイエーティック・ターン以後の）政治論に焦点を当て，主として，その政治論の集大成といっていいと思われる『社会の政治』（2000）（遺稿）の内容に即して考察を進めよう[3]。

あらためて確認するまでもなく，ルーマンの社会システム理論の基本にあるのは，上述したとおり，社会は近代化するにつれて機能的分化が貫徹するにいたった，という認識である。①環節的分化から②中心／周縁の分化を経て③成層的分化から④機能的分化へ，という歴史認識がどこまで妥当するものかはここではおいておくとしても，さしあたり近代社会を機能的に分化した社会だとルーマンが見てみるという点をここでは確認しておきたい。ただ，後に見るように，機能的に分化したとしても，その他の，「環節的分化」や「ヒエラルヒー」（成層的分化）という分化形式が消滅してしまうわけではない。ルーマンはいたるところで「第一次的に（primär）」機能的分化した社会という言い方をしているが，それはこうした含意を持つ。

この認識を背景にしながら，自己準拠的なシステムの概念やオートポイエーシスの概念に基づいて，「自律性」や「閉鎖性」が強調されているわけである[4]。たとえば，こんにち，金融市場の規制緩和は，金融市場で政策決定のもつ意味を小さくしてしまい，雇用も国際的競争のただ中におかれ，国家そのものすら「格付け」される時代にあって，従来のように，政治が，国民の安定した経済生活を約束してそれを実行してゆくというあり方は非常

に難しくなってきている，といわれる。これを——「制御の限界」を示す一事例と見ることができると思われるが——経済システムの，政治システムからのいっそうの自律化の帰結の一つと見れば，ルーマンのいう機能的分化の具体像がそれなりにイメージできよう。あるいは，——後述するとおり——政治の「社会内的環境」の，つまり政治システムの「外部」の諸対立関係が，政治の内部での対立関係に直接「反映」しなくなっていることも，政治システムの「自律」を物語る事例だろう。

　ともあれ，この自律性や閉鎖性の考え方を，政治システム論として展開するのであれば，その他の社会的領域とは異なる《政治》の固有性はどこにあるのか，といった問いがなによりも重要になろう。そのさい，ルーマンは，たとえば，「政治的なものの『本質』とはしかじかである（たとえば「公共の福祉（Gemeinwohl）」の実現こそが政治である，云々）」という「客観的な」(PG: 81) 問いからは出発しない[5]。むしろ，「あるコミュニケーションはいかにして政治的コミュニケーションとして登場しているのか，全体社会の中には同時に無数の非政治的コミュニケーションも生成しているのに，いったいいかにしてある政治的コミュニケーションは，他のあるコミュニケーションも政治に所属しているということを，…認識できるのか」という問いから，出発するのである。あるコミュニケーションが，「政治的」なコミュニケーションとして，他の（たとえば，科学的な，あるいは法的な，等々の）コミュニケーションからいかに区別されてゆく[6]のか，という問いが，ルーマンの政治システム理論の「導きの糸」となる。

　では，それはいかにして可能なのだろうか。この問いには，基本的には，次の二つの概念をもって答えられる。一つは，政治システムの特有の「機能」によって。もう一つは，政治システム特有のメディアである権力のコード化によって（PG: 81），である。

2. 政治システムの機能とコード

2-1 政治システムの機能

　政治の「機能」とは何か，を定式化するさい，多様な方途がありうる。たとえば政治が実際に果たしている機能を，できるだけ網羅的にリストアップするというやり方も，政治学ではよく見られる手法である。たとえば，W. ミッチェルらのように，「権威によるシステム目標の特定化」，「目標を遂行するための権威的な資源動員」，「システムの統合」，「価値とコストの配分」などをリストアップしたりできるかもしれない。しかし，「政治とは何か」という問いは，「政治的でないものとは何か」と対にして考察すべきだとすれば，「政治」が行っているとされる活動のリストアップという方途をとると，ルーマンも述べるように，「政治と関係のない」あるいは「政治的ではない」活動を見つけ出すことは，きわめて難しくなる（PG: 83）。

　そこでルーマンは，パーソンズとヘルマン・ヘラーに倣って，政治システムの機能を次のように定義する。ルーマンによれば，政治システムが，全体社会のなかで果たしている機能とは「集合的に拘束力のある決定を下すキャパシティを用意する」ことである（PG: 83）。ここで，「拘束力がある」とは，当該決定が，それ以降の決定のための，もはや問題視されない前提として機能するという意味であり（当然，決定者自身も，その決定に拘束される），H. A. サイモンの「不確実性吸収」の概念内容を引き継いでいる。また，「決定を下すキャパシティの用意」とは，集合的に拘束力のある決定を下せるように，そうした決定を下すことを目指して，多様な意見を集約し濃縮すること，である。決定に決定を事実的に連鎖させてゆくのが，政治ではない。むしろ，そこにいたるまでに，多様な主体同士の利害が衝突し合い，妥協しあい，時には根回ししあって，また，ある利害はフィルターにかけられて除外されたりしながら，多様な意見や要求を濃縮させて，拘束力をもった決定を下すことができるように準備する過程が，念頭におかれている。また，この定義にある「集合的に」とは，その決定の拘束力が妥当する集団を

特定化することが必要だ、という含みのある言葉であり、システム理論の用語で言えば、「システム準拠（Systemreferenz）の明示化」を意味している（PG: 87）（これについては最後に、機能的分化と集合性の問題として、触れることにしたい）。

2-2 権力というメディア

こうして集合的に拘束力のある決定を下すキャパシティの用意、という機能が定義されても、これだけでは、まだ、「コミュニケーションとコミュニケーションとが互いに、それらが政治的なものだと予想しあいながら接触しあうようになるのはいかにしてか、という問いには答えられない」（PG: 87）。そのためには、「権力のコード化」という考え方が必要である。では、権力のコード化とはどういうことであり、また、そもそも「権力」とはルーマンではどういうものとして把握されているのだろうか。次にこれを見ておく。

まず、非常に広い意味でいえば、自分の身体も含めて何か世界の状態を意図にしたがって変えることができるとき、これも権力（Macht, power）（「力」といったほうがいいかもしれないが）と言えなくはないが、しかしもちろんこれでは政治システム固有の権力概念にはいたりえない。もう少し狭い権力概念を構築する第一歩は、「他者の行動を含める」ことである（PG: 39）。

ルーマンによれば、他者の予期を介して作動する、まだきわめて広い意味での「権力」を、一般に、「影響力（Einfluss）」と名付けたい、としている。この影響力は、さらに、多様な形式をとって現れうる。多様な、とはいっても、ルーマンが挙げているのは、三つである。

(1) 不確実性吸収（Unsicherheitsabsorption）に依拠する「権威」
(2) 肯定的なサンクションに基づく「経済的な権力」
(3) 否定的なサンクションに基づく「政治的な権力」

(1)／(2)(3)は、従来の用語でいう権威／権力の区別に対応しており、(2)／(3)は、おおむね経済／政治の区別に対応していると見ることができる。まず、(1)についてだが、この「不確実性吸収」の概念は、言うまでもなくマーチ＆サイモンの組織論に依拠したものである。あらためてマーチ＆サイモンの言葉で確認しておけば「不確実性吸収は、一群の証拠から推論を引き

出し，ついで証拠それ自体にかわってその推論を伝達するときに生ずるものである」(March & Simon 1958＝1977: 252)。もし尋ねられれば伝達者は，自分の伝達（たとえば命令）の根拠について説明する・こ・と・が・で・き・る・だ・ろ・うという推論が成立していて，それゆえに，それ以降のコミュニケーションにおいて（時間がないせいで，あるいはそうする意欲や気力がないせいで，等の――ときには取り留めのない理由の――ゆえに）あえてそういう問い合わせをしない，という事態が見いだせるとき，そこには「権威」が成立している，とされる。これは，カール・フリードリッヒの権威概念の伝統的な定義にほぼ即したものである。要するに，組織内の「地位」に付随するものであり，「あの人が言ったのだから」「行ったのだから」というかたちで，それ以上の情報詮索を行わせることなくコミュニケーションを受容させる力である。その意味で「不確実性」は（消滅はしないが）「吸収」される。付言しておけば，組織的な権威は，組織の内部でのみ流通するものであって，全体社会の中を「循環」するものではない。それゆえに，パーソンズは「権威は流通するメディアではない」と述べていた。

　(2)は，欲せられている行為が実行されると，（貨幣が支払われるなどして）肯定的に報われるようなケースのことだが，このように肯定的なサンクションを予期させる権力の典型は，とくに近代社会においては，貨幣の支払いによる経済的権力である[7] (PG: 45)。わかりやすい例としては，従業員に対する賃金の支払いを念頭におけばいいだろう。さらにたとえば，恩顧主義的な社会に見いだせる特殊な互恵性のネットワーク，つまり「コネ」もこうした肯定的サンクションの典型である。この肯定的なサンクションの特徴は，（とくに下記の否定的サンクションとは異なり）・実・際・に・も行われなくてはならないという点にある。肯定的なサンクションについて「幻想」を抱かせようとしても（たとえば，肯定的なサンクションを実際に行わずに，支払いが行われるにちがいないという期待感だけで事を進めようとしても），短期間しか持続せず，たちまちのうちにその権力は衰退する。

　最後の，(3)否定的なサンクションにいたってはじめて，政治に特化されたメディアたる権力の特徴を語りうる地点にたどりつく (a.a.O.)。このサンクションの特徴は，いささか逆説的だが，必・ず・し・も実行される必要がないと

いう点にある。否定的なサンクションの実際上の実行は，むしろ，権力がそれによって行おうとしていることを阻んでしまいうるからである。市民を監禁したり殺害したりすることは，権力者が権力を用いて成し遂げようとしていることを——監禁や殺害それ自体を目的にするのでないかぎり——不可能にしてしまう。「したがって，否定的なサンクションは，否定的なサンクションに依拠しているメディアが利用されないことに依拠しているかぎりにおいても，否定的」なのである（PG: 46）。これはちょうど，算術が，算術から排除したもの（数でないもの＝ゼロ）を，まさに数として取り込むことによって，すなわち，排除したものを包含することによって算術が成立しているのと，類比的である。これは——ルーマンは「ゼロ方法論（Nullmethodik）」と呼ぶが——，（愛や権力や貨幣といった）「シンボリック・メディア」に共通してみられる特徴である。たとえば，愛というメディアがコミュニケーションの中で機能するには，一見，愛を証すような行為とは無関係の，たとえば一緒にテレビや映画を見るといった，愛ではない行為を愛として把握することが必要である。これと同様に，権力もまた，「それを行使するための手段を呈示しなければならないが，しかし同時に，そういう手段を〔実際に〕使用せざるをえない事態を回避することも必要なのである」（a.a.O.）。さらに，権力を行使される側もまた，当然，否定的サンクションが行使されることをできれば回避したいと考えている。つまり，権力は，権力を行使する側も，行使される側も，ともにその選択肢を回避したいと考えている場合にのみ，作動する。権力は，「現実化されない第二のリアリティ」に基づいて，あるいは（少し抽象的に表現すれば）「排除されたものがそこに居合わせている」おかげで，機能作用するわけである。「権力というメディアは，排除されているものがそこに居合わせていることそのものである」（PG: 47）。

　もっとも，権力が，「実行されない」ことに依拠しているとはいえ，実際には，警察等を通じて頻繁に権力行使されているのではないかという疑問は，当然ありうる。これについては，ルーマンの「メディア」（Medium）と「形式」（Form）の区別という議論が理解の助けになるだろう。権力や愛のようなシンボリックに一般化されたメディアと言うときの「メディア」と，メディアと形式の区別と言うときの「メディア」とは，同じ概念なのか

第1章 ルーマン政治論におけるシステムの分出の条件と諸論点 11

という論点もあり，いささか混乱するが，まず，メディア／形式でいう「メディア」は，「メディア的基層（Substrat）」とも言い換えられており，「ルーズにカップリングされた諸要素」だと説明される[8]。いわば，可能性の束のようなもの，と考えればよいだろう。他方，形式とは，「タイトなカップリング」のことであり，メディアという「可能性の束」のなかで現実化したもの，と見ることができる。たとえば，言語そのものは，ここでいう「メディア的基層」であり，そうしたメディアを基盤として作られる，一定の表出された命題や発話が，「形式」である。『社会の政治』の，このメディア／形式の区別について述べた箇所で，ルーマンは，次のように説明している。少し長（くまた一読しただけでは理解するのが容易でな）いが引用しておこう。

「メディアが使用されうるのはまさに，その諸可能性がタイトなカップリングという形式（Form）にされるときであり，したがってたとえば，権力〔というメディア〕に基づいて一定の命令が与えられるときである。その形式の一方の側面でのみ，つまり，その〔メディア／形式という〕形式の，形式という側面でのみ，接続可能なのである。システムの作動は，この〔形式の形式という〕側面からのみ出発することができる。だが，そのさい同時に次のことが前提とされている。つまり，〔要素同士の〕新たな結合を特定化し新たなタイトなカップリングを形成するために〔そのタイトなカップリングが〕選び出されてくる・その元となる，ルーズなカップリングというあの他方の側面も，そこに存しているのだということ，これである。というのも，もしそうでなければ，このシステムの作動はいかなる自由もいかなる選択性も持ちえなくなってしまうだろうからである。メディアは，統一性としてのみ，すなわち二つの側面を有した形式としてのみ，ある。けれども，作動上は，その一方の側面からしか，形式の《内的側面》からしか，つまり形式という側面からしか使用されえないのである。メディアと形式との差異のマークされず使用されない側面としてのメディアは，それ自体としては不可視なものにとどまっている。政治の悲劇性の多くは，すでにこのことから説明される。権力はたえず形式に変えられ，たえず呈示されなくてはならない。そうでなければ，権力を本当だと思い権力が動員されるかもしれないと

予期しつつみずから進んで権力を考慮に入れるような人を，権力は見出すことができなくなるだろう。」(PG: 32)〔傍点部は引用者〕

たとえば，「言語体系」そのもの（「メディア」）は不可視であり，見えているのは，言葉にして表出された具体的な発話なり命題（「形式」）である。また，（ルーマンのこのメディア／形式の概念の由来となっている）フリッツ・ハイダーの議論にならっていえば，「メディア（的基層）」としての「光」そのものは不可視であり，「光」は，照らし出される客体によってしか「見る」ことができない。逆に言えば，照らし出された客体（「形式」）から（のみ），（メディア的基層たる）「光」の「色」や「光量」などを判断できる。同様に，権力保持者が保持している権力そのものは不可視であり，目に見えるのは，たとえば各種の個別的な「命令」や「通達」や「指導」であり，あるいは警察官による「逮捕」であるが，そうした具体化された出来事から，権力（という「メディア的基層」）の強度（あるいは弱さ）や権力の在処等々を推し量ることができる。したがって，「権力は確かにここにある」ということを分からせるために，たえず権力は「形式に変えられ，たえず呈示されなくてはならない」けれども，しかし他方で，こうした具体化（命令や通達など）は，ややもするとそれへの抵抗や異議申し立て，反発を呼び込みうるし，そうした反発に屈することは，権力の「強度」を推し量るさいの材料にされうる。だが，だからといって，「メディア的基層」を「形式」に変えずに，たんに権力を「ほのめかす」程度にとどめるだけでは，つまり「純粋なシンボル化だけでは，ただの見せかけにすぎないのではないかという印象が生み出されやすいし，挑発行動によって権力をテストしてみるような事態が簡単に生じてしまう」(PG: 32) かもしれない。したがって，権力は，それを行使するための手段を呈示しなければならない，つまり「形式」への変換が必要であるが，しかし同時に，そのことによって，反発をも呼び込みうる，という緊張関係の中に常におかれているのである。

権力は，服従を伴ってしか循環しない。抵抗されることなく実現されるときにはじめて，権力は維持される。しかも，服従する人々がどんな動機で従ったのかは，権力にとっては関係がない。それゆえに，権力は，ふだん行っていることとあまり変わらないこと，ルーティン，権力が介在しなくて

もどのみち実現しえたようなことをあえて実行してみせ，それをもって，権力が貫徹していることの証しだとプレゼンテーションすることも，必要になってくる（PG: 48）。

このように，権力を，否定的なサンクションに基づく「現実化されない第二のリアリティ」として把握するルーマンは，これを元にしながら「権力のコード化」について述べるのだが，これによって，コミュニケーションとコミュニケーションとが互いに「政治的なコミュニケーションだ」と予期しあいながら接続してゆくことが，可能になる。次に，これについて見てみることにしよう。

2-3 政治システムのコード

「権力のコード化」とは，権力上の優位／権力上の劣位という二元的図式にしたがってコミュニケーションが整序されることである。権力上の優位にある立場が，権力の動員について決定を下せる側であり，権力の劣位にある側はそれに従う（服従する），ということである。そのさい，真／偽とか合法／不法といったルーマンのいうすべての「コード」がそうであるように，「権力のコードもまた，選好コードという形式を有する。コードの肯定的な値（＝権力上の優位性）が選好されて，否定的な値（＝権力上の劣位性）は選好されない」（PG: 88）。ルーマンは，二元的コードのうち，このように「選好」される値を（ゴットハルト・ギュンターに倣って）「指定値」（Designationswert），否定的な値を「再帰値」（Reflexionswert）と呼ぶ（PG: 99）。再帰値（否定的な値である「権力上の劣位」）は，指定値の側からの決定や命令を，回避したり修正したりしうるのかどうかを観察するための起点となるので，このように呼ばれる[9]。再帰値においては，決定の偶発性（Kontingenz）（別様可能性）が再帰（reflektieren）されることになるわけである。

さらに，このコードは，機能的分化の進展とともに，「再コード化」されるようになるという。機能的に分化した社会の特徴は，その社会の成員全員を原則としてすべての機能システムに包摂しうるようになったという点に求められる（PTW: 25＝2007: 23; PG: 97）わけだが，政治システムであれば，たとえば（普通）選挙というかたちで，政治的包摂が進められる。政治に接

近する人々が少なからず拡大していくという事態に対して,「〔民主制という〕呼び名が与えられることになった」(PG: 97)。民主制とはしたがって政治システムへの包摂の新しい様相を言い表すための名称である,とされる。

　こうした「民主制」の定着という発展の結果として,権力コードの再コード化がおこなわれることになる。それがすなわち,与党 (Regierung)／野党 (Opposition),というコードである (PG: 97)[10]。このコードもまた,上述したように「選好コード」としての特徴を有しており,与党のほうが好まれる。「与党だけが,集合的に拘束力のあるかたちで決定を下せる公職につくことができる」(PG: 99)。野党は,与党側の決定を批判したり要求を掲げたり,「一般的に言えば,いっさいの政治的決定の偶発性を再帰する」側である (a.a.O.)。したがって与党が「指定値」であり野党が「再帰値」ということになる。とはいえ,もちろん,与党のほうがより「重要」ということではなく,すべての区別がそうであるように,一方だけが「指し示」されていても,つねにこの区別の「二側面」が同時に呈示されている点が,重要である。この点をルーマンの言葉で確認しておけば,「統治している集団は,政治的に何かをおこなうさいにはつねに,そこから野党にとってどんな可能性が生じてくるのか,〔野党によって〕どのような対抗する記述が提供されるのか,〔野党による〕照明の案配によって〔与党側の〕成功という光と〔与党側の〕失敗という光とがどのように配分されるのか,ということをも考慮に入れなければならない。他方で,野党の政治は,確かに,与党の側の活動に依拠している。だが,野党の側での再帰のパースペクティブにおいては,与党の側がおこなわなかったことも,というより,おこなわなかったことが殊更に考慮されるのであり,したがって,不十分にしか注意されていない望ましくない副次的結果を含めて,ことによると生起しえたかもしれないすべてのことが,考慮される」(PG: 99)。真／偽の区別がそうであるように,与党／野党の区別も,一方の値の肯定は他方の値の否定を意味する。「与党にとってのいっさいのプラス面は野党にとってのマイナス面であり,逆もまたしかり」である (PG: 100)。

　要するに,ここで念頭に置かれているのは,基本的な政治プログラム（政党綱領）を掲げそれに賛同する政治家がそれぞれに党を作り,他党とは異な

るその政治プログラムの実現を目指して，有権者や世論の支持を獲得すべく競争する事態である。こうして，職務執行の交代を，紛争なしに成し遂げることができるようになったこと，またその交代が手続きをとおして規制されるようになったことが，民主制にとって重要となる（PG: 98）。推察されるとおり，こうした見方は，「民主主義的方法とは，個々人が人民の投票を獲得するための競争的闘争を行うことにより決定権力を得るようなかたちで，政治的決定に到達する制度的仕組みである」とするシュンペーターのそれを，想起させよう。

してみると，ルーマンにとって，民主制とは決して，「人民による人民のための支配」を意味するものではなく（SA4: 126），政治システムの「頂点の分割」である（SA4: 127; PG: 98）。野党にとっても，ただ単に「与党」の政治プログラムに異論をつきつけることだけがその使命なのではなく，つねに，みずから統治を引き受ける用意によって規律化されねばならない。これをルーマンは，コードの「技術化（Technisierung）」という概念でもって説明している（PG: 99）。技術化とは，コードの一方の値から他方の値への「横断」や転換がスムーズに，容易になることを意味している。一般に機能システムのコード（科学システムにおける真／偽のコード，経済システムの支払い／不支払いのコード，法システムの合法／不法のコード）はこのような意味で「技術化」が進んでいる。真とされていたものは，比較的容易に偽とされうる。こうした意味での「技術化」の進展が，科学システムのダイナミズムを一面で支えているわけである。これと同様に，ルーマンによれば，政治システムのコードのこの意味での「技術化」が保証されてこそ民主制は実現される。

したがって，一党体制はルーマンによってきわめて否定的に評価されることになる。選択可能性のない選挙制度を備えた一党体制でも確かに野党も嫌々ながら認められることはあるが，その場合，野党は，みずから統治を引き受けるチャンスも，構えも，有していない。そのため，そういった体制下での野党は「空想的」なものに傾斜してしまいがちである。たとえば，ルーマンによれば，チトー政権下の旧ユーゴスラヴィアでの，左派知識人が結成した「プラクシス派」が，その典型である。それゆえに，野党もまた，たん

に反対を唱えることにその存在理由があるのではなくて，実現可能な政治プログラムを掲げ，与党という「指定値」を将来引き受ける用意のもとで規律化されなくてはならない。安定した万年野党であってはならないのである。コードの「技術化」とはこのような意味である[11]。

こうした政治の「機能」やコードを考慮しながら考えてみると，コミュニケーションがその他の「非政治的」コミュニケーションから区別されて，政治的コミュニケーションとして認識されるのは，そのコミュニケーションが，当該集合体の全員を拘束するだけの力を持った「決定」にいたりうるまでの妥協・対立・交渉等を伴う活動（またそれに接続しうるコミュニケーション）として認識されたり，次の選挙で与党に「返り咲く」のに資するのか否か，あるいは，現政権の政治プログラムに「反対」するためのものかそれともそのプログラムの推進に資するものか，などといったかたちで「解読」されたときに，「政治的」な意味をもつコミュニケーションとして認識され接続されてゆく，ということになるだろう。

2-4 選挙の意味

「権力コードの技術化」の議論の背後には，当然，いずれが与党／野党かを決める，有権者による「選挙」制度が存在していることは，言うまでもない。以上のルーマンの議論を踏まえたとき，「選挙」の位置づけはどのようなものになるだろうか。

まず，「人民による人民のための支配」という民主制についての古典的理解を退けるルーマンからすれば，選挙は，そういう理念を実現するための制度ではない。「人民の意思（民意）」の反映であるとする理解も，（選挙結果を「解釈」するための「ゼマンティク」としてであればともかく）採らない。ではどういう機能がそこに与えられるのだろうか。

ルーマンが重視するのは，普通・秘密選挙である。つまり政治システム外部の，他の（とりわけ経済的）機能システムの論理が入り込んでこないような選挙制度である。身分や出自，財産による制限選挙ではなく原則として誰もが参加（「包摂」）しうる普通選挙，また，買収や，投票行動への威嚇や報復，贈賄を呼び込みかねない公開選挙ではなく秘密選挙という，近代におい

て一般に採用されるようになった選挙制度が，重視される。また，このような選挙は，一見逆説的だが，政治的にはコントロールされえないという理由によっても，政治システムにとって不可欠である。選挙は，個々人の意思によって自由に，かつ秘密裡に実行されるものでなくてはならないのである。もし，統治につく側が選挙を自由にコントロールできるとすれば，その場合の「選挙」とは一種の「茶番」であり，そうなれば，「政治的な案件が，単純に，これまでの政治の連続線上でそれ以降も自動的に進捗していく」かのように立ち現れてしまう。政治システム自体ではどうにも制御しえない普通・秘密選挙を導入することで，こうした「これまでの政治の延長線上で政治が進捗する」事態が回避され，上述した（与党／野党の容易な入れ替えという意味での）「権力コードの『技術化』」が，したがって政治プログラムの刷新が，可能となるのである。つまり，政治システムは，いわば，政治システムの「外部」の契機を内部に取り込むことで，政治システムとして存立しえている，と言い換えることができる（これを，ルーマンは，『社会システム理論』では，──「純然たる自己準拠」ではない──「外部準拠と同時に進行する自己準拠」と表現している（SS: 604-606＝1998: 814-816））。政治システムは，それによって，「政治にとって未知の未来に直面することになる」（PG: 104〔傍点は原著者〕）。選挙は，その意味で，「自己準拠の切断」を生み出す。「これこそが，規則的に繰り返されるべき選挙の機能なのである」（a.a.O.）。もう少し言えば，選挙の制度化は，システムに対して，そのシステム自体において産出される不確実性（Ungewissheit）を保証するのである。

2-5 コードの「技術化」ゆえの限界

さて，コードの「技術化」の議論に戻ると，上述したように，野党にとっても「統治」という「値」に就く準備をしつつ政治プログラムを掲げることが求められるわけだが，他方で，そのことは，野党の主張がそれほどに強く規律化されてしまう，ということでもあった。つまり，与党の側にとっても，野党の側にとっても，「可能であること」がそれによって強く制限されるということである。そのため，「数多くの懸案事項や利害関心が，与党と

野党という政治的なスペクトラムの中で，代表されずにとり残されてしまう」。こうした政党政治の現状に不満を抱く人々は——ハーシュマン[12]の言葉でいえば——《声 voice》をあげ，政党政治や利益政治とは別の道を（たとえば「抗議運動」というかたちで）探し求めることになるか，あるいは，アパシーへと埋没していってしまうかもしれない（PG: 102）。今日しばしば言われる政党政治への不信感である。それゆえに，ルーマンによれば，「民主制の問題とはすなわち，与党と野党という図式の中で，また政党の分化という構造の中で実際に把握されうるテーマのスペクトラムを，どれだけ広くしていくことができるのか，ということなのである」と述べる（同上）。別様に表現すれば，どれだけ多くの「複雑性」をシステムが把捉できるのかという問いが，（ルーマンが言う意味での）民主制の定着した政治システムにとって重要になってくる。

　その意味で言えば，議論を先回りして記しておけば，以下で見るとおり，国家組織という「中心」と，抗議運動，利益集団，政党等からなる「周縁」の区別（ただし，抗議運動は，利益集団や政党とは区別される「新しい周縁」として位置づけられている）が，ルーマンの政治システム論に導入されたことの意味は大きい。拘束力ある決定へと関与しないがゆえに，「多様性」を，あるいはノーといえる可能性，別の意見が呈示されうる可能性を保持できる周縁の意義が，ここであらためて注目されるべきだろう。

　ルーマンのシステム論に依拠しながら運動研究を進めているドイツの社会学者カイ-ウーヴェ・ヘルマン（Hellmann 2003）は，中心と周縁の区別を，進化論でいう「ヴァリエーション（変異）」，「選択」，「安定化」と関連づけ，周縁の意義を，いかに「ヴァリエーション」を政治システムの中に設えるかという問題として捉え直している。ヴァリエーションとは，ルーマンによれば，「このコミュニケーションは受容されるはずだ」との送り手側の予期を問題視したり拒否したりすることを表現するコミュニケーションによってもたらされる。それゆえに変異メカニズムの核心は，否定の創案という点にある（GG: 459＝2009: 522〔傍点は原著〕）とされるが，周縁（「新しい周縁」）に位置づく抗議運動はとりわけ，その意味でのヴァリエーションを調達する典型であろう[13]。

もちろん、「周縁」の多様な「声」に「即応」することはできない。というよりも、多様な利害に「柔軟」になり逐一「応え」てゆくことは、むしろ政治システムの「腐敗」を意味することもありうるわけであるから、中心と周縁の区別は、無化されてしまってはならずこの区別は堅持されるべきである。この点は、「共和主義」的な法-政治理論とルーマンのシステム理論的な法-政治理論との分岐点ともなろう。しかし、もし民主制の課題が、上述したようなスペクトラムの拡大にあるのだとすれば、あるいは、「決定能力を阻害することなくいかにして複雑性を増大するのか」という点にあるのだとすれば、上述したような意味での「否定」は、政治システムにとって不可欠の契機だろう。

3. 政治システムの内的分化——公衆／政治／行政、中心／周縁——

3-1 公衆／政治／行政

ところで、政治システムの内部に目を向けてみると、ルーマンによれば、そこには「公職」構造を軸にして、二重の分化構造が見いだせる、という (PG: 116)。つまり、政治／行政の区別に対応した公職構造の分化と、この公職構造と、その公職が奉仕する名宛人としての公衆、という二重の分化がそれである（図1-1、参照）。そしてこの政治、行政、公衆の間には「二重の権力循環」が見いだせるとされる。この点に触れるためには、まず、政治、行政、公衆ということで具体的に何が意味されているのかをできるだけ

図1-1：政治システムの内的分化

政治 Politik ／ 行政 Verwaltung ／ 公衆 (Publikum)

公職 (Amt)

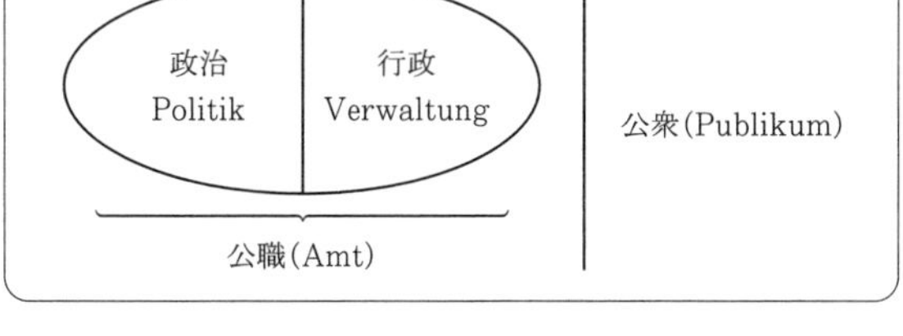

精確に読み取っておく必要がある[14]。ルーマン自身の叙述が必ずしもこの点に関して明瞭とはいえず,また,60年代以降の彼の政治論の展開のなかで,この意味内容がかなり紆余曲折している[15]。

まず「公衆」だが,これは,「選挙によって〔政治に〕関与することになる公衆」(PG: 116) といった言い方からすると,(しばしば「利益集団」も含めて考えたほうがいい記述も散見されるが) 基本的には有権者集団を意味するものと思われる[16]。

次に,「政治」は,全体としての政治システムの「サブシステム」としての,狭義の「政治」であり,これについてルーマンは,「国家組織による決定にいたるまでのいわば『前哨戦』」(PG: 81),あるいは「コンセンサスのチャンスをテストしたり濃縮したりすることによって集合的に拘束力のある決定を準備することに役立ついっさいのコミュニケーション」(PG: 254)とも述べており,通常「政党政治」や「利益政治」と言われている領域である。この領域での活動は,まだ拘束性をもった決定にまではいたらないいわば準備段階(「前地」Vorfeld)であり,政党であれば下部党員も含めて,多様な意見や要求を集約していく過程である[17] [18]。最後に,「行政」だが,これは,「公式的な命令の執行」にかかわる領域で(PG: 255),具体的にはいわゆる行政諸機関(たとえば内閣とその所轄下にある,各種諮問機関や審議会,等の諸組織)を指すものと考えられる。拘束力のある決定を実際に執行する領域である[19]。

ルーマンによれば,この公衆と政治と行政の間には,「公式」の権力循環と「非公式」の権力循環という二重の権力循環があるという。まず,「公式」ヴァージョンによれば(PG: 256),権力は,公衆という「源泉」に端を発し,公衆は,選挙によって政治的に責任をもつ「代表」や政治プログラムを選び(公衆→政治),「政治」は,多様な意見や要求を集約して拘束力のある決定を準備し(政治→行政),さらに「行政」はそれに基づいて決定を執行し,その決定は,循環の最初に戻り,「公衆」を拘束することになる(行政→公衆),ということになる。さらに公衆は,その拘束力のある決定への評価をとおして,再び選挙に赴く,というサイクルである。確かにこれは民主制に準拠したかたちで権力循環を描くさいには,いわば建前として前提と

されるモデルである。

　ところが，社会の複雑性が増大してくると，このようなヴァージョンだけではたちまち限界に突き当たり，非公式の，いわば「対抗循環」が生じてこざるをえなくなる。「公式循環は，非公式の，権力の対抗循環を誘発してしまう」(PG: 258)[20]。すなわち，公衆は，政治家や政治的プログラムを選ぶといっても，選挙のさいには，選ばれるべき人材とプログラムが政治のなかで事前に選別されていることに依存せざるをえない（政治→公衆）。行政は，公衆からの自発的な協力に依存し，公衆からの影響力を受ける（公衆→行政）。また，政治は，行政からの提案を必要とし，政治に対して多様に働きかける（行政→政治）。行政官僚が政治的決定に実質的に深く関わってゆく側面である。要するに，公衆，政治，行政それぞれの領域は，複雑性の高まりとともに，それぞれ，公衆は政治の領域での，政治は行政の領域での，行政は公衆の領域での，複雑性の前もっての縮減の働きに，依存せざるをえなくなる。

　もちろん，このような対抗循環は，民主制のもとでの公式的な権力循環に反するものなので，「これに歯止めをかけるべきだ」という規範的な議論はありえよう（「政治主導」等）。けれども，ルーマンによれば，そうはいってもこれにかわる代替案を滞りなく実現できるわけではない。ただし，複雑性が増大したからといって，対抗循環だけが支配的になるというわけでは決してなく，あくまでも「二重」の循環が問題となっているという点は銘記しておきたい。

3-2　中心と周縁

　上述した公衆／政治／行政という区別は，さらに，中心（Zentrum）と周縁（Peripherie）という区別に置き換えて考えてみることもできる。この区別で問題となるのは，いわば，「決定」に対する立ち位置の問題である。この「決定」への立ち位置という観点から，上記の三領域の区別を言い換えたもの，と解釈することもできるかもしれない。すなわち，ルーマンの出発点はあくまでも「集合的に拘束力のある決定」を軸にした政治システムの「機能」に置かれている。この機能に対する「責任」を有するか否か，とい

う点で，国家組織とその他の政治的組織とが区別されるわけである。この「責任」は，一点に集中されなくてはならず（もしそうでなければ耐え難い異議申し立てが誘発されてしまう），それを担うのが，「中心」とされる国家組織である，という（PG: 244）。その他の政治的組織（政党や利益集団など）は，これに対して，「周縁」に位置づけられる。上記の三領域との関連でいえば，「行政」（これをルーマンは「国家組織」とも言い換えているが）に相当する部分が「中心」，他方，「周縁」に当たるのは，「政治」に属していた政党や利益集団（さらには抗議運動[21]），そして公衆である。

　こうした中心／周縁の区別が重要な意味を持ってくるのは，特に後期の著作群（わけても『社会の〜』シリーズ）においてである。たとえば，『社会の法』においては，司法拒絶の禁止の原則，つまり必ず何らかの司法的な決定を下さなくてはならないという義務を有するという原則に則って作動している裁判所が，法システムの「中心」に位置づけられる（Luhmann 1993: 297ff.=2003: 419-463）。ここにおいて，必ず何らかの法的判断が下されることで，抗事実的な規範的期待が貫徹されることになるわけであり，法システムの機能の核心部分を担う。そしてこの「中心」部分においては，成層的分化すなわちヒエラルヒーが許容される。裁判所は最高裁判所のように最高位の裁判所を頂点としてヒエラルヒー構造をなしている。こうした「中心」に対して，立法（議会）や契約が，「周縁」に位置づけられる。ちなみに，福井（2002）によれば，「立法」が周縁に位置づけられるということの背景には，法となる源泉が，現在非常に多様化していることが，ある。議会だけが立法の場ではない。行政も政令を出し企業も数々の約款を作っている。

　これと類比的に，政治システムにおける中心である国家組織も，ヒエラルヒー的に整序されている（これに対して，「周縁」に位置づけられる諸組織は，抗議運動同士であれ，各利益集団同士であれ，政党同士の関係であれ，（少なくとも建前上は）ヒエラルヒー的に位置づいてはいない）。また，国家組織には，しかるべき決定を実際に下すことが求められる。それに対して，「周縁」の諸組織は，決定を下すべきことが義務づけられているわけではない。こういった周縁の組織は，政治に指向した利益集団であれ，「ロビー」活動を展開する集団であれ，「多様性に開かれていて，政治的には『責任を

もたないかたちで』活動しうる」(PG: 245)。とはいえ，ただ不満を述べたり嘆いたりするだけでは何ら成果を上げることはできないのであって，その集団の掲げるテーマも，「政治的テーマとしてありうる，考え得るようなテーマ」へと練り上げてゆかねばならない。中心ではないことによって，多様な願望や要望を掲げうるけれども，「たとえばアカデミックな知識人」であればともかく (PG: 246)，非現実的な要望に終始するわけにはいかず，政治システムにおいて「何かを達成したいと思わねばならない，という圧力のもとに置かれることになる」(a.a.O.)。いずれにせよ，周縁には，決定には関与しないけれども（というより，関与しないがゆえに），中心に対して多様に，積極的に，働きかけるという機能が，求められているのである。

中心と周縁とがこのように分化したことによって，周縁は，数多くの，一貫しない諸要求を提起することができるようになる。この，中心／周縁の区別の「基盤にある問題とは，決定能力を，つまり集合的に拘束力のある決定の機能を阻害してしまうことなしに，いかにしてシステムの複雑性を増大させうるのか」ということなのである (PG: 245)。このことが，中心と周縁の分化が，政治システムに対してもたらす主たる効果である。

ここで銘記されるべきなのは，中心と周縁という語義から推測されるようないわゆるヒエラルヒー関係やランキング関係が，その間に想定されているわけではない，という点である。中心が周縁よりも重要だなどとはいえない。むしろ，周縁は，システムが対応することのできる環境への感受性の規模を決定づける役割を果たしているという意味では，中心「より重要」だ，という言い方もできるからである。しかしいずれにせよ，どちらが重要かという問いはここでは意味を持たないのであって，決定に対して責任を担うべき領域としての中心と，そうした決定をおこなうにいたるまでのいわば「前地（Vorfeld）」にあって，多様な意見や要望を政治システム内に持ち込んでくる周縁という区別それ自体が，政治システムの作動にとって重要なのである。

この中心と周縁の区別は，ルーマン自身が「世界社会システムの分化の第三の水準」と名付けているように，第三次の分化水準に位置づけられるものである。そうしてみると，ここまで述べてきた，ルーマンの描く「政治シス

テム」の全体像を「分化水準」を軸にして簡略的に図示すれば，図1-2のようになろう。

図 1-2：政治システムの分化レベル

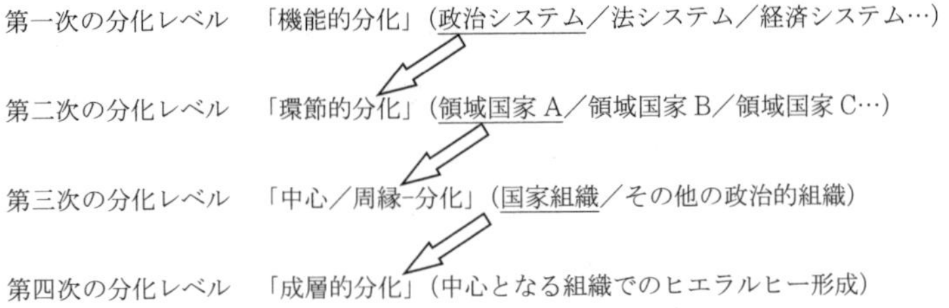

第一次の分化レベル　「機能的分化」（政治システム／法システム／経済システム…）

第二次の分化レベル　「環節的分化」（領域国家A／領域国家B／領域国家C…）

第三次の分化レベル　「中心／周縁-分化」（国家組織／その他の政治的組織）

第四次の分化レベル　「成層的分化」（中心となる組織でのヒエラルヒー形成）

4. ルーマン政治論の諸論点

　ルーマン政治論の全体像を描くには，ほかにも，「世論」の位置づけ[22]，「偶発性定式（Kontingenzformel）」について議論[23]，「国家」論，政治システムによる全体社会の「制御」をめぐる論議など，検討すべき論題は多い。また，たとえば毛利透（2002）は，ルーマンのコードの概念（与党／野党）と，そのコードの「技術化」（またそこから導き出される民主制の考え方）を念頭に置きながら，これが主として二大政党制の国家（たとえば戦後ドイツ）を想定した理論構想であって，多党制，あるいは高度経済成長期の日本のように，早々と社会党が政権獲得を諦め自民党による一党優位体制が築かれてきた国々が非民主的だ，とは，ただちには言えないのではないか，と批判しているが，少なくとも，ルーマンの政治論がどこまで「一般化」しうるのかという論点も，十分にありえよう。さしあたって本章では，ルーマンの政治システム理論のごく基本的な構想を検討してきたが，こうした政治システムの「自律」を軸にした議論から導き出されうる諸論点のうち，いくつかについて，最後に記しておきたい。

4-1 集合性の問題

まず検討しておきたいのは，政治的なものの「機能」としてルーマンが述べていた「集合的に拘束力のある決定の創出のキャパシティの用意」のうちの「集合的に」の部分にかかわる点である。これは，機能的分化の「第一次性」（すなわち，他の分化類型，とりわけ環節的分化よりも，機能的分化が「第一次的（プライマリー）」である）というルーマンの主張に関連してくる。

政治は言うまでもなく，「われわれ」の社会にかかわる案件について，拘束性をもつかたちで決定を下すのをその任としている。とはいえ，ここで考慮しなければならないのは「われわれ」とは誰か，という厄介な問題である。この問いにはさまざまな角度で取り組むことができそうだが，ここでは，これを，拘束力をもった決定に従う人々の範囲，つまり「集合性」についての問いとして考えてみることにしたい。

このときに重要になるのは「社会」の概念と「システム分化」の概念である。いたるところでルーマンは，従来の社会学の社会の概念は地域的，領域的に限定された統一体として想定してしまっている，と批判しており，つまりは，USAやロシアやタイといった領域国家を，たとえばロシア社会であるとか日本社会といったかたちで前提にしているという。しかし，今日では「社会」は，すでに領域国家の枠を越えて「世界社会」として表象すべきものである，というのが，ルーマンの「社会の理論」の基本となる認識であった。すると，言うまでもなくルーマンの最後の政治に関する著作の表題『社会の政治』で言われている「社会」とは「世界社会」であって，つまりはコミュニケーションがなされうる最大限の包括的な範囲を指し示す概念である。

それゆえにルーマンは，このような社会の概念に依拠していることを示すために，『社会の政治』においても，「世界社会政治システム」について幾度か言及し[24]，さらに，世界政治システムと領域国家との関連について一節を割いて説明している。たとえば，「世界社会の政治システムは，《諸国家》へと分割されているので，国家という概念は，この機能システムの〔環節的な〕内的分化を指し示すのに不可欠である，言い換えれば，世界社会の政治システムは，すべての地域で国家が形成されるよう取り計らっているのだ」

とする観点がありうることを等閑にはできない（PG: 196）という記述や，あるいは「政治的国家の本来的な意味は，世界政治にとってそれが不可欠だという点にある」（PG: 196）という指摘がそれである。

ただしここでルーマンが世界社会政治システムと語っていることの内実は，精緻な記述がなされているわけではないので必ずしも明確ではない。論述（PG: 220ff.）からすると領域国家同士の「国際的なコミュニケーション」といった意味合いであろうと推測される[25]が，いずれにせよ，はやくも70年代初頭に「世界社会」の概念を掲げているルーマンは，グローバル化する趨勢に，従来の社会の概念の改鋳によって対応しようとしていたわけである[26]。

とはいえ，ルーマンによれば，「政治的な決定手続きにおいて多数派／少数派の図式で民主制的なコンセンサスを探求したり民主制的なかたちで運用したりすること」を，世界政治システムのレベルで思い描くことはほとんどできない（PG: 222-223）と考えており，選挙制度についても，現在の国民国家レベルで現実化されているようなかたちでのそれを構想してみることは難しいし，国家レベルで見出される官僚組織や議会といったものもそうである。つまり，（EUのようなレベルであればともかく）この世界政治システムのレベルでは，集合的に拘束力のある決定を下しうる機能が充足されうるとは，見ていない，ということである。

そうしてみると，上述した「政治的なもの」の機能の宛先である「集合体」とは，少なくとも現時点では，領域国家しか想定できないということになる。さらにいえば，政治的なものは（少なくとも現段階では）領域国家においてこそ，現実化しうるのである。「政治の機能の最適化――『民主制』がそのための指標である――は，〔国民国家への〕環節的な第二の分化を介してのみ，達成される」（PG: 223）[27]（図1-2参照）。民主制としてルーマンが描いていたものは，領域国家のレベルにおいて現実化されうるものであり，ここに領域国家の存在意味が，つまりは機能的分化のなかでの「環節的分化」の意味があるとする。

しかも，上述したように，ルーマンにおいては，社会の複雑性が増大するにつれて，公式の権力循環とともに非公式の権力循環（対抗権力循環）も（いわば「必要悪」として？）誘発されると考えられているわけだが，この

対抗権力循環は，たとえば，政治家が有権者を説得するために選挙区に入り込む（政治→公衆）とか，公衆による行政への自発的協力のように，（居合わせている者たち同士のコミュニケーションと定義される）「相互作用」をかなりの程度必要としている（PG: 263）。つまり，ここでは公式権力循環においてよりも多く，「空間」への準拠が——つまりはその場に人々が顔をつきあわせてコミュニケーションすることが——必要になる[28]。非公式なものとはいえ，複雑性の増大にともなって，こうした対抗権力も無視しえないのであれば，空間から切り離された機能的分化の論理のみを強調するわけにはいかず，その「諸環節」への分化もまた，同程度に意味を持ってくることになるに違いない。

確かに，こうしたルーマンの政治論を，ベック等が言うような「方法論的ナショナリズム」として括ることは可能かもしれない（Beck 1997; 大森2006）し，いずれにしても，「社会の政治」というタイトルを掲げているにしては（「社会」の概念をルーマン的な意味で厳密に理解するならば），「世界社会政治システム」についての叙述が手薄であるとの印象はやはり拭えない（Stichweh 2002）。

しかし，そもそも民主制は国家という枠組みを前提にした体制であるとする以上の所説は，逆に言えば，世界政治システムというレベルで「集合的に拘束力のある決定」を作り出すことの困難さを示唆したものとして，領域国家を越えた民主制の可能性，あるいはたとえば，「民主主義の不足（Defizit）」とも評されるEUの今後の動向，等々を観察する上で重要な視点を提供することになるのではないだろうか。また，グローバリゼーションとの関わりでいえば，グローバル化し国境を容易に越えてゆく「リスク」に，国家は対応できるのか，といった議論が，いわゆる「リスク社会論」を背景にして重要度を増しているが，思うに，——確かに，国際NGOの果たすべき機能は当然無視できないにしても——，リスク問題への対処のための諸資源や説明責任の観点からすれば，依然としてこの点における国家の役割は重要なものがあるのではないだろうか。

とはいえ，こうした論点を精確に追求してゆくためには，社会の第一次的な（primär）分化とされる「機能的分化」と，その下のレベルで進行する

「環節的分化」との関係についても，もう少し立ち入った考察が必要になるだろう[29]。

4-2 人物か政策か

もう一つは，政治システムに「不確実性」の契機をもたらす選挙の機能にかかわる論点を，いくつか考えてみたい。

まず，政治システムの「自律」を支える「コード」の問題は，政治システムの「人物化」，あるいは心理システムと（政治システムという）社会システムとの構造的カップリングの問題ともかかわってくると思われる。ルーマン（PG: 51）は，ウェーバーの《カリスマ》概念を引き合いに出しながら，政治システムにおいては，しばしば，政治的決定が，「人格（Person）」と関連づけられることにより，決定は「可視化」される，と言っている（「《決定》が可視的なものになるという理由から，人格と関連づけられた帰属が二次的に構成される」（a.a.O.））。こうした決定を観察するにさいして，「ある人物の属性」を，安定したかたちで一種の（自己観察にとっても／外部観察にとっても）「観察材料」にできるようになれば，それは，当該政治システムにとっては一つの「資源」ともなりうる（PG: 381）。たとえば，「小泉劇場」のように，「小泉」という人格名によって，当該政権についての記述が容易になり，また同時に，支持率の上昇につながったり，人気を博する，といったようにである。「このような属性が与えられた者は，他の人が引き受けるわけにはいかない，成功が約束されたコミュニケーションを，おこなうことができる」（PG: 51）。

じじつ，日本においてもドイツにおいても，たとえば国会議員選挙／連邦議会選挙は，政治的なプログラムのオプションをめぐる争いというよりは，首相の人格あるいは宰相候補者の人格の魅力をめぐる争いとしての性格をも強くもっていた（この観点からのルーマン批判として，毛利透 2002: 67）。そのようなばあい，各政党の選挙戦略は，いかに魅力的でカリスマ性のある人格を選ぶかを重要な焦点にすることになる。逆に，野党のほうが魅力ある人物をリーダーに選出すれば，政権交代の可能性も増大するといった事態も十分にありうる。

ただし、このような「人物化」という事態は、一方で、ルーマンが指摘するように（PG: 380）、「政治が道徳的な評価にきわめて敏感になる」ことをも意味する。とりわけ政治的プログラムの内容によって、ではなく、政治家のスキャンダルにより選挙の勝敗が決まるという事態は、明らかに、政治の道徳化、つまり政治の中への、尊敬／軽蔑というコードの介入を、招きかねない。当然、こうした政治の道徳化は、政治システムの自己言及的システム論にとって受入れ難く、実際上も、政策内容とは別次元のものが政治を左右することでもたらされる負の影響は、小さくはない。上述したように、ルーマンの政治システムにおける民主制論には、それぞれ固有の政党綱領（「マニフェスト」）を掲げ、それによって「与党」という選好コードを目指して競合しあい、それが民主制を健全なものにする、という、（二大政党制が効率的な民主制を生むというディベルジュの政党分類論にも連なると思われる）認識が、基本にあった。とすると、この、政治システムにおける「人物化」と政治システムのコードとを、どのように関連づけて評価すべきだろうか、という論点は重要であるように思われる。

この点との関わりでいえば、日本の投票行動に関する議論においても、（利益誘導型の選挙政治にしばしば見られるパタンである）パーソナル・ヴォート、つまり人物本位的な投票か、それとも（2000年代以降のマニフェスト選挙に典型的な）政党の掲げる政策本位の投票なのか、が問われることがある。つまり、近年の日本において、誰に、ではなく、どの党に属す る誰に、へと変化してきているのかどうか、という議論である。もしそうだとすれば、これを、「人物化」からの離脱の兆候と見るのが妥当なのか否か、検討してみる余地があるだろう。

4-3 争点投票をめぐって

また、今述べたこととも関連するが、「有権者」像についても、政党帰属型の有権者像をイメージすべきなのか、それとも、争点投票型の有権者像のほうが現実に合致しているのかという議論があるが、とくに現在ではむしろ、政党への帰属や愛着心から投票をおこなう有権者よりも、「争点投票」型の有権者のように、政党への帰属感よりもそれぞれの個々の政策や争点ご

とにみずからの判断を選挙に反映させていくという有権者像が，次第に大きな意味を持ってきているように見える。争点投票型の有権者像がどこまで妥当かは議論の余地がありうるが，いずれにしても，政党と有権者との結びつきが流動化している現在，政党帰属感から得票数をある程度確実に予測する，といったやり方はあまり通用せず，政策への評価・判断によって得票率が大きく変動してゆくわけで，そこでは，政党帰属型の有権者を想定できる時代よりも，より不確実性が増大してきている，といえる。その意味では，政治システムに不確実な未来を供給するという機能を果たす「選挙」，というルーマンの見方は，こういった動向をある程度反映したものだと評価できるかもしれない[30]。

4-4 社会の亀裂と政治の亀裂

さらに，ここまで述べたことは，政治システムにおける対立のラインと全体社会の中での対立のラインとの区別，という議論とも重なる。クリーヴィッジと表現されることもある全体社会の分裂や亀裂が，政治システム内部に直接入り込んでくることがなくなりつつあるという現状認識が，それである。たとえば，ルーマンは『社会の政治』で次のように述べている。「宗教的信念の量的には著しい影響力（《キリスト教的》政党）も，生産過程の中の位置づけ（《労働党》）も，近年では，明確に減少してきている。こうした傾向が定着しこれ以降も続いていくならば，理論的には，政治という機能システムの分出のためのさらなる指標として，この傾向を把握することができる。政治システムはますます，固有のダイナミズムのために，また，自己産出した未規定性の継続的な処理のために，解放されるようになる」(PG: 117)。

また，別の箇所では，オランダ政治に特徴的ないわゆる「柱状化」に関して，これが現在では後退してきている，といった指摘を行っている (PG: 133)。「柱状化 (Versäulung)」とは，19世紀末から20世紀中葉までのオランダ政治の特徴を表現したモデルであり，レイプハルトによれば，カトリックとプロテスタントの各宗派が，政党，労組，新聞，放送局，学校などの系列的組織化を進め，「自由主義グループ」，「社会民主主義グループ」，「カトリックグループ」，「カルヴァン派グループ」といった社会集団を作り上げ，各社

会集団は世界観の水準からして互いに対立しあっており，社会に深刻な亀裂を生み出し，さらに，政治的な対立のラインをも形作ってきた。これらがあたかも垂直の柱のように，互いに相容れないかたちで並列しているので，「柱 (zuil)」と呼ばれている。とはいえこれが深刻な分裂状態をもたらさないのは，各「柱」に所属する政治エリートたちの妥協と合意によってその対立が緩和され，「多極共存民主主義 consociational democracy」と呼ばれる秩序が可能となっているからだ，とされる。このモデルは，かつては，英米型の二大政党制モデルに疑問をつきつけるものであったが，70 年代末以降は，オランダ社会では「脱柱状化」が進みつつあると言われ（水島 2001），ルーマンの上記の指摘は，この点を踏まえたものである。つまり，全体社会の対立のラインを，政治システムの中での対立のラインに「読み替え」ていくといったやり方は，ますます妥当しえなくなっているのである。

あるいは，90 年代に，労働組合から距離をとりその影響力を大幅に縮減させ「新しい労働党（New Labour)」をアピールしたことで，所得格差に不満をもつ人々や長期政権にいささか食傷気味だった有権者の支持を集めたいわゆる「第三の道」路線も，経済システムの「生産過程の中の位置づけ」が政治システムの中で減退していることの一つの現れと言える。

政治システムの対立のラインは，まさに政治システム固有の対立ラインなのであって，もはや全体社会の中に（政治システムの「外部」に）存在している何らかの対立を「転写」したものではないとする主張は，こうした事態を背景にしてみると，その今日的な意味と課題とが，浮かび上がってくるように思える。

＊本研究は JSPS 科学研究費（基盤研究 (C)：課題番号 24530596）の助成を受けた。

(小松丈晃)

注

1) たとえば，Scharpf 1989 や Barben 1996 などを参照。
2) とりわけルーマンの権力分立論に焦点を当て，初期の諸論考から『社会の政治』にいたるまでのルーマンの主張の変遷を詳細にたどったものとして，大森 2006, 2007, 2008 を参照。
3) ドイツではすでに，この著作に関するシンポジウムに基づいた本も刊行されている (Hellmann & Schmalz-Bruns 2002; Hellmann, Fischer & Bluhm 2003) が，ルーマンの政治論については，日本では小野耕二氏によるかなり以前からの精力的な論考と近年の大森貴弘

氏による業績などをのぞけば、（とりわけ後期ルーマンの政治論については）それほど数多く紹介されているわけではないので、その基本的な視角を明らかにすることに重点をおいてみたい。

4) ルーマンのシステム理論に基づく「全体社会の理論」の全体像を明快に呈示した著作としては、長岡 2006、ならびに馬場 2001 を参照。

5) 確かに、ルーマンは、政治の「本質」とは「公共の福祉」の実現であるとする立場は取らない。他方でしかし、「公共の福祉」（これを、ルーマンは、下記脚注 23 のとおり、機能システムに「神の声」を備え付ける「偶発性定式」の一つとして捉えている）など所詮は純然たるユートピアにすぎない、と一笑に付す「シニカル」な態度とルーマンの見解とは、厳しく区別されなければならない。ルーマンによれば、「決定的に重要なのは、公共の福祉は所詮それ自体がユートピアなのだと主張する《シニカルな》短絡さを避けること」であり、「政治システムが、公共の福祉へと志向していることに対して、純粋にユートピア的ではない説得力のある意味を与えることによって、政治的実践は、この〔公共の福祉はいかにして可能かという〕問いを手がかりにしながら、みずからをテストしていかなければならないのである」(PG: 131)。

6) この点を少しく敷衍しておこう。ある一つの出来事（コミュニケーション）は、どのような脈絡に接続してゆくかに応じて、別様の「意味」を持ちうる。たとえば、「どんなものでも、それを使用しそこから利益を得ている人が、それにかかる費用を負担すべきだ」という発言は、道徳的なコミュニケーションとしても解釈されうるし、教育の現場で「公民的資質」を説く場面で発せられることもありうるし、あるいはもちろん、たとえば日本自動車連盟（JAF）が、「道路特定財源の一般財源化」という政府の政治プログラムに反対するという脈絡で、「政治的」コミュニケーションとして理解することもありうる。このように、個々のコミュニケーションは、次に接続するコミュニケーションのなかで多様に「理解」されてはじめて、その発言に、しかるべき意味が付与される。一つのコミュニケーションは、理解された後から振り返って、多様な（政治的、道徳的、教育的…）意味づけが施されてゆくわけである。コミュニケーションは「情報、伝達、理解」の総合であると言われるゆえんである。

7) もっとも、ルーマン自身述べるとおり、このポジティブなサンクションと(3)のネガティブなサンクションとが、現実において截然と区別されうるわけではなく、ポジティブなサンクションがネガティブに（たとえば、規則的に期待される肯定的なサンクション、たとえば給料の支払いが、生活設計の中に組み込まれうるので、解雇通告によるネガティブな脅しを行うことができる）、あるいは逆に、ネガティブなサンクションがポジティブに用いられうる（たとえば、否定的なサンクションが差し迫ってきていると予期されるのに、たとえば上司が否定的サンクションをあえて加えないという可能性をほのめかし、これをうまく利用しながら、強制できない何らかの行動を動機づける、といったように、否定的なサンクションの可能性を利用しないことを肯定的なサンクションとする）こともルーマンは認めている (PG: 50-51)。したがって、ポジティブなサンクションは経済システムに「属」し、ネガティブなサンクションは政治システムに「属する」といった図式的な整理はできないだろう。ただし、他方で、この(2)と(3)の区別は、経済システムと政治システムの分化にとって重要だ、とも述べており (PG: 46)、影響力の区別と機能システムの区別との対応関係は、未整理な印象を与える。

8) メディア／形式と、シンボリックメディアとの関係については、GG: 190ff.=2009: 209 以降を参照。

9) もちろん、この権力上の優位／劣位という区別そのものを一つの区別として、別の区別から区別することができる。たとえば、「物事を権力にものを言わせて片付けるのではなく、道徳的に善いものかどうかで判断すべきだ」という場合には、権力の上下のコード（区別）が、それとは別の道徳的な善悪のコード（区別）によって観察されている。道徳上の善悪という区別は、権力の上下という区別からみると、「排除された（というのは権力の上下という範疇には入って

第1章　ルーマン政治論におけるシステムの分出の条件と諸論点　33

こないので）第三項」であり，これは権力の区別にとっての「棄却値」と呼ばれる。ギュンターに倣って，「超言的（transjunctional）」な作動，とも言われることがある（PG: 89 を参照）。こうした，区別の「外部」で，一つの区別を他の区別から区別する，というレベルにおいて，あるコミュニケーションが，権力関係の枠内に置かれるべきものなのか，それともそれ以外の，たとえば宗教的な，あるいは道徳的な，あるいは科学的な枠内に置かれるべきものかが，議論されることになる。権力の上下というコードの「内部」にいるかぎりは，こうした問いは出てこない。

10）ここでは，Regierung と Opposition の訳語を与党／野党としたが，その理由は以下のとおりである。まず，本文中にあるとおり，「民主制とは政治システムの頂点の分割」であり，この「システムの頂点に対して，新しいコードが準備されることになる。つまり，Regierung と Opposition というコードである」（PG: 97-98）。そして，この Regierung と Opposition というコードは下記のとおり「技術化」され，この技術化が民主制を支える，という認識である。その含意は，要するに「異なる政党同士が，固有の政策プログラムを呈示しあい，政権運営を目指して有権者の得票数を競い合い，かつ政権交代の可能性がたえず保持されている」状態である。とすると，これは実質的に，後述の（政治システムの下位システムとしての）「政治」に相当する領域とみてよい。Regierung は「政府」とか「統治」とも訳せるが，この訳語では，サブシステムとしての「行政」（＝国家組織）と区別できなくなる。「政治」という領域の担い手として想定されているのは，後述のように，主として政党であり（ほかにも「利益集団」も想定されているが），この政党が主たる担い手となっている「政治」の領域が Regierung と Opposition とに二分されている，という理解が妥当なところだろう。したがって，「与党」と「野党」，あるいは，「政権党」と「反対党」といった訳語が適切であろうと思われる。これらの点につき，とりわけ大森 2008 等を参照。

11）ただし，それゆえに，このルーマンの政治システム論は，二大政党制を想定したものであり，戦後ドイツの現実を一般化しているのではないか，という批判は十分ありうる。たとえばそのような批判として，毛利透 2002: 66 などを参照。これについては，後述。

12）ルーマンがここで参照しているハーシュマンの「離脱 exit―発言 voice」理論とは，組織と顧客との関係に着目したもので，当該組織が従来どおりの商品を作れなくなれば，顧客には「その製品を買わない」＝離脱する，という選択肢と，「その組織にクレームを付ける」＝声を上げる，という選択肢が与えられる。顧客にとっては製品を買わないという選択肢のほうが容易であるので，ハーシュマンによれば私企業は比較的「exit」という選択肢のほうを重視しがちであるのに対して，公企業や政府という組織は，exit という選択肢があまり考えにくいために，voice，つまり抗議行動を重視してきた。ハーシュマンの基本的な考え方は，経済学が重視する exit と政治学が重視する voice の双方に着目すべきだというもので，のちに，東ドイツの崩壊過程にこの議論が転用されてゆくことになる。詳しくは，Hirschman 1970=2005 を参照。

13）ヘルマンは，同論文で，周縁に位置する多様な組織を，どれだけ「ヴァリエーション」を用意できるのかに応じて，区分している。Hellmann 2003: 203ff. を参照。

14）この論点について，ルーマンの初期の論考にまで遡り，精緻に分析を加えているものとして，大森 2007 および 2008 を参照。

15）この政治システムの内的分化と，その間の権力循環に触れたものとしては，高橋徹 2002，日比野 1993，毛利透 2002，毛利俊俊 2002，を参照。また，ルーマンの理論展開過程でのこの意味内容の変遷については，小野 2002，大森 2006, 2007, 2008 等を参照。

16）パーソンズの場合，「公衆」としては「有権者」とともに「利益集団」も考えられていたようだが（高城 1986: 265），ルーマンの場合，「利益集団」は，基本的には，「政党」とともに，こ

こでいう狭義の「政治」に属する。
17) この政治には当然，労働組合や社会運動も加えることができるだろう。事実，後述するように「中心／周縁」の区別について論じるさい，ルーマンは，（狭義の）「政治」に相当する「周縁」に，（「新しい周縁」というかたちで）「抗議運動」を組み入れている（PG: 316）。この部分において問題になりうるのは，政党と利益集団を並列的に取り扱っている点であろう。この両者の区別については，『社会の政治』ではとくに詳論はないようだ。
18) これに関連して触れておくと，ルーマンは，政党の機能について，「集合的に拘束力のある決定〔にいたるまで〕の，拘束力のないかたちでの準備」という点にあると述べている。PG: 266を参照。
19) ちなみに，立法（議会）と裁判は，後期ルーマンの場合，法システムに属するとされる。とりわけ裁判は後述するとおり法システムの「中心」である。立法（議会）については，かつては『福祉国家における政治理論』（1981＝2007）での記述に見られるように，政治システムの（広い意味での）「行政」に属するものとされていたが（たとえばPTW: 45=2007: 45），『社会の理論』シリーズの後期ルーマンでは，『社会の法』においても『社会の政治』においても，法システムに属する領域となっている。しかし，大森（2007等）が指摘するとおり，かつてルーマンは，立法も司法もともに，「政府（government）」の一部として把握する考え方が一般にあることから，政治システムに数え入れていたが，おそらくオートポイエーシス論の洗練とともに，政治システムと法システムとの自律性に焦点をあわせていく過程で，このような把握に変化していったと推察できる。
20) パーソンズはかつて，流通のために社会の承認を必要とする「貨幣」とのアナロジーで権力を捉え，権力もまた，社会による合意がその背後には必要なのであって，だからこそ，権力は，社会で広く作用することが可能だと考えていた。ルーマンの視点からすれば，これでは，合法的な権力しか視野に入ってこず，本稿での脈絡でいえば，「権力の対抗循環」が把握されえない，ということになるだろう。
21) ルーマンの場合，抗議運動（「新しい社会運動」を念頭に置いている）は，従来「周縁」とされていた集団が次第次第に「中心」の位置に近づき，「コーポラティヴな国家」という「拡大された中心」が形成されてきた結果，さらにその周縁に，「新しい周縁」として生まれてくるものだとされている（PG: 315）。こうしたルーマンの叙述と，ドイツ政治との関係については，小松 2003および 2004において触れておいた。ちなみに，ドイツの社会運動論の脈絡でいえば，ルーマンの運動論は，「運動論（Bewegungstheorie）」から「運動研究（Bewegungsforschung）」あるいは「運動学（Bewegungswissenschaft）」への変化と軌を一にしている（小松 2004）。
22) これについて詳しくは，本書の高橋徹論文（第7章）を参照。
23) 政治システムにおける偶発性定式は，ルーマンによれば，伝統的には「公共の福祉（Gemeinwohl）」ないし「公益」であるが，その後，公／私の一義的な区別が困難になったことから，「正統性（Legitimität）」へと変化している，とされる（PG: 118-126などを参照）。
24) 世界社会とグローバル化との関連については，春日淳一 2002を参照。
25) こうした国際的な「世界政治システム」は，ルーマンによれば，国家の正統性という点でも重要である。個々の国家の正統性の本来的な源泉は，「人権の保護」や「国民主権」といった価値にあるというよりもむしろ，じつは国際関係のなかで承認されるという点に，つまりは世界政治のコミュニケーションの名宛人として承認されるという点に存しているとされる（PG: 225）。
26) ただし，シュティッヒヴェーが指摘するように，この「世界社会」の概念は，70年代の概念提起以来，順調に彫琢されてきたとはいえず，とりわけ後期の『社会の〜』シリーズでも，その輪郭は依然として曖昧なままに終わっている。Stichweh 2002: 287-296.を参照。
27) またなによりも，（組織としての）国家の集合的なコミュニケーション能力は，世界政治シス

テムにとって不可欠である。もっとも、国家の集合的なコミュニケーション能力は、必ずしも、その国家内部でいかに強力に権力が貫徹しているかとはあまり関係がない。犯罪の多発に悩まされている国々も、人口抑制策や経済政策に失敗している国家も、疑問の余地なく国家性 (Staatlichkeit) を有している。重要なのは、世界政治システムのコミュニケーションの宛先として「権威あるアドレス」を有している、ということである。したがって、内戦状態に陥っているとか対抗政府があまりにも強い権力を掌握しているといった事態により、権威あるアドレスが欠落してしまうと、世界政治コミュニケーションにとっては問題ある事態が出来してしまうというわけである。

28) もっとも、それゆえに歓迎されないアスペクトもまた対抗権力循環において目立ってくることになる。たとえば、パーソナルな知己関係、いわゆるコネや、利害のもたれあい、人格的接触の頻繁さ、等々である。それゆえに「対抗権力は、公式的な権力循環よりも、地域的な起源をもつ特殊な利害を引き立たせるチャンスを、より多く形成することになる」(PG: 263) のである。

29) たとえば、この点を指摘し、ルーマン政治論を検討する脈絡のなかで、機能的分化と環節的分化との関係を、(ルーマンのように「第一次的に機能的に分化した社会」像を基軸にすえる議論のように) どちらか一方を「第一次的なもの」とする思考から離れ、近代を多様な分化形式の「水平的な混在状況」として把握すべきだとする議論として、Holz 2003 を参照。

30) とすると、他方で、今度は、そうした「有権者」像(争点投票型の有権者は多くの場合「無党派」層)と、政党とのかかわりが問題になるだろう。

文献

馬場靖雄, 2001, 『ルーマンの社会理論』勁草書房。
Barben, D., 1996, *Theorietechnik und Politik bei Niklas Luhmann*, Westdeutcher Verlag.
Beck, U., 1986, *Risikogesellschaft*, Suhrkamp.(=1998, 東廉・伊藤美登里訳『危険社会』法政大学出版局。)
――, 1997, *Was ist Globalisierung?*, Suhrkamp.(=2005, 木前利秋・中村健吾監訳『グローバル化の社会学』国文社。)
福井康太, 2002, 『法理論のルーマン』勁草書房。
Hellmann, K-U., R. Schmalz-Bruns, 2002, *Theorie der Politik: Niklas Luhmanns politische Soziologie*, Suhrkamp.
――, 2003, "Demokratie und Evolution", Hellmann, K. U., K. Fischer, H. Bluhm, 2003, 179-212.
――, K. Fischer, H. Bluhm, 2003, *Das System der Politik: Niklas Luhmanns politische Theorie*, Westdeutcher Verlag.
日比野勤, 1993, 「国家における自己正当化と市民宗教」樋口陽一・高橋和之編『現代立憲主義の展開(芦部信喜先生古稀祝賀)下』有斐閣, 797-835。
Hirschman, A. O., 1970,, *Exit, Voice, and Loyalty: Responces to Decline in Firms, Organizaions and State*, Cambridge Mass.(=2005, 矢野修一訳『離脱・発言・忠誠――企業・組織・国家における衰退への反応』ミネルヴァ書房。)
Holz, K., 2003, "Politik und Staat. Differenzierungstheoretische Probleme in Niklas Luhmanns Theorie des politischen Systems", Hellmann, K. U., K. Fischer, H. Bluhm, 2003, 34-48.
春日淳一, 2002, 『貨幣論のルーマン』勁草書房。
小松丈晃, 2003, 『リスク論のルーマン』勁草書房。

―――, 2004,「不安のコミュニケーション―社会システム理論とドイツ運動研究―」『社会学研究』76: 5-28。
―――, 2007,「リスク社会と信頼」今田高俊責任編集『リスク学入門(四) 社会生活からみたリスク』岩波書店, 109-126。
Luhmann, N., 1975, *Macht*, Enke. (=1986, 長岡克行訳『権力』勁草書房。)
―――, 1981, *Politische Theorie im Wohlfahrtsstaat*, Olzog. (=2007, 徳安彰訳『福祉国家における政治理論』勁草書房。)〔**PTW**と略記〕
―――, 1984, *Soziale Systeme: Grundriss einer allgemeinen Theorie*, Suhrkamp. (=(上)1995, (下)1998, 佐藤勉監訳『社会システム理論』恒星社厚生閣。)〔**SS**と略記〕
―――, 1987, *Soziologische Aufklärung* 4, Suhrkamp.〔**SA4**と略記〕
―――, 1993, *Das Recht der Gesellschaft*, Suhrkamp. (=2003, 馬場靖雄・上村隆広・江口厚仁訳『社会の法(1)(2)』法政大学出版局。)
―――, 1998, *Die Gesellschaft der Gesellschaft*, Suhrkamp. (=2009, 馬場靖雄・赤堀三郎・菅原謙・髙橋徹訳『社会の社会(1)(2)』法政大学出版局。)〔**GG**と略記〕
―――, 2000, *Die Politik der Gesellschaft*, Suhrkamp.〔**PG**と略記〕
March, J. G., & H. A. Simon, 1958, *Organizations*, John Wiley&Sons. (=1977, 土屋守章訳『オーガニゼーションズ』ダイヤモンド社。)
水島治郎, 2001,『戦後オランダの政治構造：ネオコーポラティズムと所得政策』東大出版会。
毛利透, 2002,『民主政の規範理論』勁草書房。
毛利康俊, 2002,「社会システム論における法―政治関係論の一動向」『西南学院大学法学論集』35(1/2): 85-201。
長岡克行, 2006,『ルーマン／社会の理論の革命』勁草書房。
Nassehi, A., 2002, "Politik des Staates oder Politik der Gesellschaft? Kollektivität als Problemformel des Politischen", Hellmann&Schmalz-Bruns 2002: 38-59. (=2004, 土方透編著『宗教システム／政治システム』新泉社, 84-116。)
小野耕二, 2002,「ニクラス・ルーマンの政治理論」『年報政治学』2002: 163-179。
大森貴弘, 2006「ニクラス・ルーマンの権力分立論」『早稲田法学会誌』56: 61-113。
―――, 2007「再びニクラス・ルーマンの権力分立論」『早稲田法学会誌』57: 1-47。
―――, 2008,「権力分立論における政党の位置―三たびニクラス・ルーマンのシステム理論に着目して」『早稲田法学会誌』58(2): 151-198。
Scharpf, F. W., 1989, "Politische Steuerung und politische Institutionen", *Politische Vierteljahresschrift* 1: 10-21.
Stichweh, R., 2002, "Politik und Weltgesellschaft", in: Hellmann&Schmalz-Bruns 2002: 287-296. (=2004, 土方透編著『宗教システム／政治システム』新泉社, 154-166。)
高城和義, 1986,『パーソンズの理論体系』日本評論社。
高橋徹, 2002,『意味の歴史社会学』世界思想社。

第2章
「支払い」の時間論
―― ルーマンの迷路(ラビリンス)の先へ ――

1. テーマとしての「不支払い」

　ルーマン理論において経済システムの基本作動（Grundoperation）ないし究極要素（Letztelement）は「支払い」（Zahlung）であるとされている（WG: 17, 54＝1991: 5, 43）。「支払い」は出来事・時間・構造・オートポイエシスといったルーマン流社会システム論の基礎概念と結びつくことによって，経済システムを社会システムの部分（下位）システムとして整合的に位置づけるのに主導的な役を果たす。とはいえ本章の主役は「支払い」そのものではなく，むしろ「支払い」の片割れ（Gegenstück）の「不支払い」（Nichtzahlung）である。論述の順序に従うと，まず次節で「支払い」・「不支払い」いずれを扱うにせよ欠かせない上記基礎概念（出来事・時間等々）の概略を把握したうえで，「不支払い」をめぐるルーマンの分かりにくい，というより歯切れの悪い，記述に着目する。当該記述解読のこころみは難渋するが，結果的に支払いと不支払いの間にある「対称性の破れ」が明らかになる（第3節）。不支払い論に歯切れの悪さ（あるいはいびつさ）を生じさせたのは「不作為」というやっかいなテーマである。第4節でこの「不作為」に少しふれたのち，後半の第5節以下では，前半のいわば迷路脱出過程で得られたヒントをもとに「脱支払い」（Entzahlung）について論じる。「脱支払い」とは，不支払いの第三のカテゴリーとして筆者が提唱するものであるが，その意義からすればむしろ不支払いからは独立した，Zahlung, Nichtzahlungとならぶ第三のカテゴリーとすべきかもしれない。ともあれここでの議論は，ルーマンのシステム論を土台としつつも筆者の想念のおも

むくところに従って展開され，ネガ／ポジ関係（第5，6節），可逆／不可逆（第7節）といったテーマが扱われる。ふり返れば，ルーマンの不支払い論の整理・拡張を進めるうちに，筆者はいつのまにか・時・点・論・と・の・た・わ・む・れ (ein Denkspiel mit der Zeit) に誘われてしまったようである。

2. 出来事と時間

2-1 社会システムの要素と構造

ルーマンによれば，社会システムの基底的・究極的な要素は「生じるや否や再び消滅し，持続しえない」ので，システムはその安定性を「動態的安定性としてのみ，すなわち消滅していく要素を，新しい別の要素によって継続的に置き換えていくことによってのみ，獲得しうる」（GG: 52＝2009: 43）という。システムの要素をこのように束の間のものとしてとらえることを彼はシステム（の要素）の「時点化」（Temporalisierung）[1]，時点化された要素を「出来事」（Ereignis）とそれぞれ呼んでおり（GG: 52＝2009: 43, SS: 76-79＝1993: 73-77），その発想はフロイド・オルポート（Floyd Allport）の「出来事―システム理論」に帰せられるようである（SS: 389＝1995: 537）。要素が時点化されることで，社会システムは自らの要素を自ら絶えず再生産しなければ存続できないため，おのずと「オートポイエティック・システム」（自らを構成する要素を自ら再生産するシステム）とならざるをえない。ルーマンにとって要素の時点化は，社会システム論とオートポイエシス論を接続する要(かなめ)の発想と言ってよいだろう（SS: 28-29＝1993: 16）。そして彼の見るところ，社会システムの時点化された要素（＝出来事）とは「コミュニケーション」である。コミュニケーションは自ら次々と新たなコミュニケーションを生み出していく能力つまり接続能力（Anschlußfähigkeit）をもつと同時に，システムの構造によって接続のあり方を規定される（SS: 388-391＝1995: 536-539）。この点を説明するのに好適な例は会話であろう（SS: 388＝1995: 536）。会話は社会システムの一類型である相互作用とみなしうるが[2]，会話のシステムが維持されるためには会話が途切れずに続くとと

もに，話に脈絡がなくてはならない．参加者のひとりが何か言ったあと，誰も何も言わなければ，あるいはあらかじめ言うべき科白(せりふ)がすべて決まっているのであれば，会話は成り立たないが，かといって次に誰が何を言ってもよいというわけでもない．しかるべき人がしかるべきことを言ってはじめて意味のある会話となる．この「しかるべき」か否かを区別するものが構造にほかならない．つまり「システムの構造の核心は，…そのシステムにおいて許容される諸関係を限定することに存している」(SS: 384＝1995: 530) のであり，「構造とは，接続可能な作動の領域を制限する条件である」(GG: 430＝2009: 493)．ここからも見てとれるように，「構造」は複雑性すなわち「可能な出来事の全体」を縮減する働き（機能）をもっており[3]，全員沈黙や科白の完全事前確定のケースのように縮減すべき複雑性がなければ，構造ひいてはシステムの出番もない．たとえ言えば複雑性は社会システムの作動にとって不可欠な燃料にほかならず，各システムはその燃料に合わせて構造を設えるのである．燃料が薪，木炭，石炭，ガソリン，ディーゼル油のいずれであるかによって，機関車や自動車のとくに駆動部分の構造が変わってくることからも類推できるように，燃料（複雑性）の如何でシステムの構造が変動（ないし進化）しうる点は，「何か固定的なもの」(etwas 》Festes《)という「構造」概念に付着した旧来のイメージに抗して頭に入れておく必要がある (GG: 429-431＝2009: 492-494)．

2-2 出来事と時間

　生じるや否や消滅するという「出来事」の性質は，時間との関係で重要な意味をもっている．出来事と区別される「物」(Objekt) は時間とともに老化するという事実から逃れられないのに対し，出来事は老化よりはむしろ消滅を選ぶことで時間からの自由を手にする．「どんな出来事でも，現在という性質を次の出来事に譲り渡しており，この次の出来事からすると（つまり，当の出来事の未来からすると），当の出来事は過去の出来事になる」(SS: 389-390＝1995: 537-538)．出来事は過去，未来そして現在という時間の全変容 (Gesamtmodifikation) をいわば体現するのである．時間を抜きにして出来事（＝要素）の時点化を語れるわけではもちろんないが，消滅と

全変容という技を用いることで時点化は時間に対する最大限の自由をシステムにもたらすのである。ただ，自由の獲得が複雑性の氾濫につながらぬよう，出来事による出来事の再生産を規制する必要がある。この規制の役をになうのが上述したシステムの「構造」なのである。

　出来事と時間の関係についてルーマンが述べるところを要約すれば以上であるが，例によって（？）話はかなり込み入っているので，もう少しくだいた言い方をこころみてみよう。まず上の「時間の全変容の体現」にかんして言えば，「物」（Objekt）と違って出来事は時間という線にベッタリと貼りついておらず，点として身軽に位置を占めることができる。いやむしろ，時間という線がはじめから引かれているのではなく，出来事という点が打たれることによって「それ以前」と「それ以後」つまり過去と未来が分離され，点は時間的な意味での現在となるのである（GG: 52-53＝2009: 43）。出来事が次々と（点々と）繰り出される（＝接続していく）ことで時間の流れ（線）が顕在化する，あるいは（一見逆説的だが）出来事の瞬間性がシステムに時間性を与えると見るべきなのである。そしてこれは第4章3-2（主に109-110頁）でよりくわしくとりあげる「区別の境界横断が時間を成立させる」という議論につながってくる。重ねて『社会の社会』から引用すれば，システムの「あらゆる作動は特定の時点に結びつけられた出来事であり，現実化されるや否や消えていく。したがって常に他の出来事によって置き換えられねばならない。にもかかわらず作動が継起する，すなわちシステムが存続するはずだというのならば…，作動の進展の中で形式〔＝区別〕の境界が横断されねばならないことになる。つまりそれ以前は指し示されていなかった別の側における何か〔＝他の出来事〕へと移行していかねばならない」（GG: 54＝2009: 44-45.〔　〕内は引用者による補足）。ところが「形式の一方の側から別の側へと至る（境界を横断する）ためには時間が必要となる」（GG: 143＝2009: 153）のであるから，出来事がシステムの要素であるかぎり，時間はいわばシステムとともに生まれる。先の「出来事の瞬間性がシステムに時間性を与える」はこの事態の別表現とみなしてよいであろう。筆者はこれをさらに分かりやすく，「出来事はシステムにとっての時計である」と比喩表現したい。なぜなら，時計の針はある一瞬だけ文字盤上のある位置

を指すが，次の瞬間には別の位置を指すことによって時間の経過を教えるからである（針がずっと同じ位置に止まっていては時間が計れない！）[4]。

3.「不支払い」という迷路(ラビリンス)

3-1 出来事としての不支払い

　出来事，システム，構造，時間といった基礎概念を手にしたところで話を経済システムに転じよう。経済システムは全体社会システムの機能的に分化した下位システムであり，その要素は「支払い」というコミュニケーションである。したがって経済システムの存続は，束の間の出来事としての支払いが自らを途切れることなく再生産していくか否かにかかっている。ところがルーマンによれば，「たんに支払いだけが問題なのではなく，不支払いもまた重要である…。車が高価になりすぎたので新車を買わないという決断もまた，経済システムの要素となる出来事（Elementarereignis）なのである。そしてこのことは，買うのをずっと思いとどまったままでいて，かといって相当する金額を別のやり方で使うわけでもない，というばあいにもそうなのである」(WG: 53＝1991: 42)[5]。出来事であれば当然コミュニケーションであるということになるが，不支払いはいかなる意味でコミュニケーションなのだろうか。「〔不支払いが経済システムの〕出来事と認められるために必要なのは，──出来事であるかないかの境界設定は，不作為にかんする回りくどい論議から分かるように，やっかいな問題をひき起こすのだが──支払いが，願望としてか予期としてか義務としてか，とにかくなんらかの形で心にまず浮かんではいたのだが，にもかかわらず行なわれないままであるという事実である」(WG: 53＝1991: 42.〔　〕内は引用者による補足)。このように説明されても，「理由はともあれ，支払われないのだから受取人がいないわけで，そもそもコミュニケーションは生まれないのではないか」との疑問は拭えない。

　たしかにルーマンの説明は読み手にとって十分なものとは言いがたい。しかし，彼の理論にある程度なじんだ者なら，自分なりに補って読むことは可

能である。筆者はここでとりあげられている不支払いを自己とのコミュニケーションと解釈したい。支払いを中止してその額だけ自分で受け取ったと考えてもよい。つまり，自己を支払い相手とする再帰的コミュニケーションを含めることで，ルーマンが着目するような不支払いのケースは経済システムの出来事という資格を得るのである。もちろん，すべてのコミュニケーションが再帰的なものであれば，経済システムは外部観察者の目には作動を停止している，あるいは空転している，と映るだろう。しかし，だからといって再帰的コミュニケーションを経済システムの作動の阻害因とみるのは正しくない。再帰的コミュニケーションは支払いの前の熟慮・再考プロセスであり，次になされる支払いにとっていわば予熱（Vorheizung）を意味するものなのである。経済システムにおいては，「予熱」によって呼び起こされた支払いや「予熱」を伴わない支払い（たとえば，ルーティン化した支払いや「衝動買い」）が入り交じって，全体としては非再帰的なコミュニケーションつまり他者への支払いが絶えず生み出されている（＝作動が継続する）と考えてよいだろう。

　こうしてなんとかルーマンの言うように，「支払いが，願望としてか予期としてか義務としてか，とにかくなんらかの形で心にまず浮かんではいたのだが，にもかかわらず行なわれないままである」とき，この不支払いは経済システムの出来事（＝要素）とみなせそうである。ところがこれで一件落着とはいかないのである。上の引用部分に続いて彼はこう述べる。すなわち，「支払いと不支払いは，ひとつの図式論によって結び合わされた出来事であり，一方は否定を経由してつねに他方を意味的に包含する。支払う者はまさにそのことで彼の貨幣を手元にとどめておけないし，とどめておく者は支払えないというわけで，つねに反対方向への同時指向がついてまわる。…基底的作動のレベルでの〔経済〕システムの自己準拠は，そのつど必要でそのつど同時決定を余儀なくされる，反対物の否定を通じて媒介される」（WG: 53-54＝1991: 42-43. 下線および〔 〕内は引用者による付加・補足）。さらに同じ著作の四章先では，「貨幣自体が稀少性を保つことによって，支払いはそれ自身ひとつの意思決定となる[6]」。貨幣は支払い作動でしか使えないとはいえ，稀少性は不支払いにも意味を与える。なぜなら，貨幣の保有は保有以

外の他の使用可能性の総体を表わすからである。それゆえ、たとえ支払いの
かたちでしか使えないにせよ、一定の貨幣額を（どのような動機からであ
れ）支払おうか支払うまいかと熟考するのは意味あることなのである」
(WG: 198＝1991: 195. 下線は引用者の付加）とも言っている。ここで鍵と
なるのは「(意思)決定」(Entscheidung) という用語である。

3-2　意思決定と予期

「意思決定行動の社会学的局面」と題する『社会の経済』第8章には、「わ
れわれの分析は〔たとえば経済学的〕意思決定理論でふつう選好概念が占め
ている位置に行動予期概念を据える。…選好 (Präferenz) はつねに予期
(Erwartung)、具体的にはより良い方に決めるとの予期、であるとも解釈
しうるので、右の理論修正によって選好理論のメリットが犠牲になるわけで
はない。問題は選好理論が意思決定領域の部分集合しか扱っていないことで
ある。なぜなら、〔たんに選好に従うケースのみならず〕特段の選好なしに、
あるいはそれどころか自己の選好に反して、予期に意思決定を通じて反応す
るケースが多数存在するからである」(WG: 280-281＝1991: 287.〔　〕内は
引用者による補足。訳文一部変更) とある。手短に言えばルーマンの提案
は、「行為が自らに向けられた予期に反応するばあいにはつねにその行為を
意思決定とみなせ。…そのさい他者の予期が問題であっても、行為者自身の
自己予期が問題であってもよい」(WG: 278＝1991: 285) というものであ
る。一読して分かりやすい記述とは言いがたいが、「予期」ということばが
別名で前項の会話の例にすでに登場していたと知れば、多少理解の助けには
なろう。会話のシステムは「しかるべき人がしかるべきことを言ってはじめ
て」維持されるものであった。この「しかるべき」とは「予期されている」
（ルーマンの用語でよりくわしくは「規範的に予期されている」）ということ
にほかならない。「しかるべき」か否かを区別するものはすなわち会話シス
テムの「構造」であった。とすれば、予期そのものをシステムの構造と考え
ることもできる。じっさいルーマンは「それ自体として考えれば予期は構造
であり、出来事ではない。したがって予期は独立の、どちらかといえば時間
的に安定した同一性をもっているが、…〔それは〕システムの再生産のため

にのみ形成されるのであって，…要素からの要素の再生産を可能にするというこの機能においてのみ，自ら現実性を獲得する。逆に，予期に触れ合うことがなければどんな意思決定も行なわれないであろう」(WG: 283-284＝1991: 289-290) と言っている。

話がどの方向に進むのかそろそろ心配になってきたところで元に戻ろう。ただこの間に先の基礎概念リスト（出来事，システム，構造，時間）に，出来事としての「意思決定」および構造としての「予期」という二概念が加わったことはのちの議論にとって少なからぬ意味をもつ。そこであらためて「支払いと不支払いは，ひとつの図式論によって結び合わされた出来事であり，一方は否定を経由してつねに他方を意味的に包含する。…基底的作動のレベルでの〔経済〕システムの自己準拠は，そのつど必要でそのつど同時決定を余儀なくされる，反対物の否定を通じて媒介される」という上記引用文の解読に取りかかることにしよう。

3-3 支払いと不支払いの「対称性の破れ」

当該引用文を素直に読めば要するに，ある者が支払う（たとえば新車を購入する）と決めるなら，その意思決定は同時に不支払い（新車を購入しない）の否定（この否定もまた意思決定である）を含意するから（逆のばあいは逆），ふたつの意思決定がいわば背中合わせになって同時に行なわれる，ということであろう。「そのつど必要でそのつど同時決定を余儀なくされる反対物の否定」などと形式ばった表現をされると一瞬とまどうが，このように解釈すれば分からないでもない。ただし，ここで同時になされるふたつの意思決定は異なる（別々の）意思決定ではありえない。もし異なる意思決定であればふたつは区別されており，第2節末尾にもあるとおり「形式〔＝区別〕の一方の側から別の側へと至る（境界を横断する）ためには時間が必要となる」(GG: 143＝2009: 153.〔 〕内は引用者の補足) のだから，同時とはなりえないことになるからである。それゆえ，「ふたつの意思決定」ではなく「同一意思決定の裏表ないしネガとポジ」と言い表わすほうが誤解を招かないかもしれない（ちなみにルーマンは「ふたつの意思決定」という表現はしていない）。なお，ネガ／ポジという視点からは「支払い」と対をなす

項を「不支払いの否定」とするのではなく，(当の支払いにともなう)「支払い可能性の喪失」とするほうが適切だと思われる。「不支払いの否定」でも誤りではなく，じっさい引用部分の文脈では「否定」という語がポイントになっているのだが，貨幣の稀少性ゆえ「貨幣の保有は保有以外の他の使用可能性の総体を表わす」(WG: 198＝1991: 195) ことをも加味すれば，「支払い」と「支払い可能性の喪失」をペアにすることはたんなる言いかえ以上の意味をもっている。当面はルーマンの表現に従うが，第5節では後者のペアにもとづいてネガ／ポジの議論を深化させたい。

　問題の引用文に戻ると，もうひとつ疑問点が残っている。すなわち，「不支払いの否定」のさいに否定される「不支払い」ははたして意思決定なのか否か，である。もともと新車購入が「願望としてか予期としてか義務としてか，とにかくなんらかの形で心にまず浮かんではいたのだが，にもかかわらず行なわれないまま」(WG: 53＝1991: 42) であったとすれば，あいにく在庫がなく購入を断念したといったケースを含めて，不支払いは(否定される時点すなわち購入の決定がなされる時点からみて過去の)意思決定とみなすことができる。では「衝動買い」のばあいはどうであろうか。いくら衝動買いとはいえ，潜在的な願望はあったのだとか，瞬間的ではあれ躊躇するだろうといったこじつけによって，意思決定としての不支払いを想定できないわけではないが，スーパーで食料品を買うばあいなどを思い浮かべればやはり無理がある。初物のサンマを思わず買ってしまったとき，このサンマへの支払いは「サンマを買わない(サンマへの不支払い)という意思決定」の否定ではなく，たんにサンマを買わなければ手元に置けたはずの金額が減っただけである。このばあい否定される不支払いは意思決定したがってまた出来事ではない。これは不支払いが出来事と認められるための要件，すなわち上記の「支払いが，願望としてか予期としてか義務としてか，とにかくなんらかの形で心にまず浮かんではいたのだが，にもかかわらず行なわれないままである」を満たしていないケースである。

　「支払いはそれ自身ひとつの意思決定である」(WG: 198＝1991: 195) のに対して，不支払いは意思決定であるとはかぎらない。支払いと不支払いの間にあるこのいわば「対称性の破れ」は，「不支払い」をとりあげたルーマンの

記述の冒頭（WG: 53＝1991: 42）にすでに示唆されていたと考えざるをえないが，厄介なのは当該記述にすぐ続く「支払いと不支払いは，ひとつの図式論によって結び合わされた出来事であり，一方は否定を経由してつねに他方を意味的に包含する。…」があたかも支払いと不支払いの完全対称性を謳っているかのように聞こえることである。念のために原文を掲げると，Zahlung und Nichtzahlung sind durch einen Schematismus gekoppelte Ereignisse, das eine impliziert immer über die Negation das andere. となっており，不支払い（Nichtzahlung）は無条件に出来事（Ereignis）とされている気配がある（単数形の Zahlung と Nichtzahlung がともに Ereignis なので，合わせて複数形の Ereignisse となる）。このあたりで混乱を生じないよう筆者は，出来事（意思決定）としての「不支払い」と出来事でないたんなる貨幣の手元保有としての「不支払い」を分けて考えることを提案したい。新車購入の例でいえば，購入（＝支払い）が従前の新車を買わないという意思決定をくつがえしてなされるのか，たんに使途不確定のまま保有していた貨幣の取り崩しを意味するだけなのか，を区別するということである。両ケースとも支払い（新車購入）が同時に「不支払いの否定」である点においては異ならないのだが。誤りなきよう再確認しておくと，ルーマンの表現で「同時決定」（mitentscheiden）されるのは，「支払い」と「不支払いの否定」であって，「支払い」と否定される「不支払い」ではない。さらにもう一点，前節の最初に出来事としての不支払いを自己から自己への再帰的支払いとみなす工夫を取り入れたが，このばあいの再帰的支払いは不支払いの意思決定の「反転図」（ネガ／ポジの関係にある）であり，当の不支払いと「同時決定」されるこれまたひとつの意思決定と解しうる。

以上ほぼ6ページをついやして，『社会の経済』原書1ページ強の解読をようやく終えたことになる。あたかもルーマンが仕掛けた迷路をからがら抜け出した気分である。次々節（第5節）以下ではここまでの考察から得られたヒントにもとづいて，ルーマン理論の枠にはこだわらず（迷路を脱出した解放感に従って）筆者独自の議論を展開していきたい。議論の核心にくるのは「ネガ／ポジ関係」であるが，そこへいく前にルーマンが「出来事である

かないかの境界設定は，不作為にかんする回りくどい論議から分かるように，やっかいな問題をひき起こすのだが」(WG: 53＝1991: 42) と言っていた「不作為」(Unterlassung) について少しふれておこう。

4. 不作為について

　支払いのみならず不支払いにもコミュニケーション上の意味を見いだしたことでルーマンはグレゴリー・ベイトソンの立場に近づいている。ベイトソンは『精神の生態学』において，コミュニケーションの世界では力や衝撃ではなく差異がイフェクトを生むとして次のように言う。「精神の中では，無―すなわち存在しないもの―も出来事を引き起こす原因になりうる…。…心の世界，コミュニケーションの世界では，ゼロもイチとの間に差異を持つという理由によって，原因になりうるのです。書かない手紙に対して怒りの返事が来ることがあります。提出しなかった納税申告書が引き金となって，税務署の面々がエネルギッシュな行動を起こすことがあります」(Bateson 1972＝1987: 652)。

　手紙を書かないことや申告書を出さないことは支払わないことと並んで「不作為」の例となるが，不作為には上で不支払いについてみたように意思決定をともなうもの（ルーマンに即した言い方では，それ自身が意思決定であるもの）とそうでないものがある。手紙のばあいであれば，意図的に書かないのか，そもそも書くことに思い至らない（失念している）のかの違いである。不作為がいずれの種類であるかによって，あとに続くコミュニケーションの様態が異なってくる。わざと手紙を書かないのであれば早晩コミュニケーションの断絶を招くだろうが，失念のばあいにはお詫びの手紙によって友好的なコミュニケーションが復活するかもしれない。不支払いについても，たとえば税金の不払いを例にとることでコミュニケーション様態の違いが浮かび上がるだろう。つまり，脱税なのかたんなる払い忘れなのかで税務署とのコミュニケーション，あるいは経済システム内的コミュニケーションである支払いそのもの，の様態が変わってくるのである。

いささかやっかいなのは（これがルーマンのいう「やっかいな問題」のひとつかどうかは分からないが），不作為が意思決定であるか否かでコミュニケーションの始点が変わってくるという点である。ルーマン的にいえばコミュニケーションは社会システムの要素たる出来事であるから，出来事でない（したがってまた意思決定でない）不支払いはコミュニケーションではない。それゆえ，気づかず手紙を書かなかったり納税申告をしなかったりというばあいは，手紙や申告書提出を期待（＝予期）している側が行動を起こすかぎりで，そこからコミュニケーションがスタートするのに対して，意図的な不作為のばあいは不作為そのものがコミュニケーションの（途中の，ときには最初の）一環をなしている。第3節で引用した予期と意思決定の関係にふれた文章，すなわち「行為が自らに向けられた予期に反応するばあいにはつねにその行為を意思決定とみなせ。…そのさい他者の予期が問題であっても，行為者自身の自己予期が問題であってもよい」（WG: 278＝1991: 285）を思い起こすなら，意図せざる不作為のケースでは当の者は自らに向けられた他者の予期を察知しておらず，したがってその不作為は予期に反応したものではない。一方，意図的不作為のケースでは当の者は自らに向けられた他者の予期に背くかたちで反応している。

　『社会の経済』第8章「意思決定行動の社会学的局面」の記述に従うかぎりでは，不作為についての上のようなケース分けは至当と思われるのだが，『社会システム理論』第八章第六節「決定と行為」（ただし，原著には節の標題はない）にはやっかいなくだりが出てくる。すなわち，「ここでは，決定概念の規定にさいして，決定という意味を付与するのは誰なのか，つまり，行為者自身なのか観察者なのかということは，未決定のままにしておく」として，行為者自身には決定であるとの認識がないのにもっぱら他者によって決定と認定されるケースをあげている（SS: 401＝1995: 551-552）。これを不作為のばあいにあてはめると，意図せざる不作為でも他者の予期が対置されるや当の予期に応えるか逆らうかの二者択一視点が生じ，この不作為は当の他者にとっての意思決定となる。だがこうした扱いは「他者」の範囲が広がるにつれて現実離れしたこじつけに陥ってしまう。他者が意思決定と認定すれば不作為はすべて社会システムの要素つまりコミュニケーションになる

というのであれば，一例として商品を売りたいメーカーや販売店が存在するかぎり不支払いはつねに他者の予期に反しており，他者によってつねに意思決定したがってまたコミュニケーションと認定されることとなる。これはコミュニケーション概念ひいては社会システム概念の発散ないし掘り崩しをまねくのではないかと筆者は危惧する。それゆえ，意思決定にかんする上述の『社会システム理論』中の記述はあくまでもポジティヴな（つまり不作為でない）行為に限ったものと解釈しておきたい。

「不作為」について述べるのはこの程度にとどめよう。さらに続けると「回りくどい議論」に巻き込まれ「やっかいな問題」で動けなくなるおそれがある。ルーマンが不作為論に立ち入らず参照文献さえあげていないのはそれなりの理由があるのだろう。早々に切り上げて本来のテーマに戻るのが賢明なようだ。

5. 支払いのネガとしての脱支払い――出来事と反出来事――

出来事（意思決定）としての「不支払い」と出来事でないたんなる貨幣の手元保有としての「不支払い」を分別することで，「支払い」と「不支払い」の非対称性を明確にしようというのが筆者のここまでの提案であった。第3節のはじめに示した『社会の経済』（WG: 53）の引用からも読み取れるように，ルーマンの関心は出来事としての不支払いにあり，出来事でない不支払いへの言及は不作為論とともに棚上げされている。しかし，本節以下で注目したいのは不支払いの第三のカテゴリー，すなわち支払いと同時に生じるいわば「支払いのネガ」としての不支払いである。たとえば新車を買って支払う（＝出来事が生起する）瞬間に，新車の代金に相当する額だけ他の使途への支払い可能性が失われる。これをいまだ特定化されていない使途への不支払いの発生とみなすのである。ルーマンは「支払い」と「不支払いの否定」（「新車購入」と「新車不購入の否定」）が同時（意思）決定されるととらえたが（3-3参照），本章では同じ事態を「支払い」と「支払い可能性の喪失＝未確定使途への不支払い」の同時決定ととらえる。ルーマンのばあい

の「不支払い」には出来事であるか（意思決定としての新車不購入），出来事でないか（使途未確定の貨幣保有）両方のケースがありえたが，われわれのばあいの「未確定使途への不支払い」はまず，当の不支払いを生じさせた支払い（たとえば新車購入）とは異なる（区別された）「出来事」ではありえない。この点については（ルーマンに即してではあるが）第3節第3項のはじめに説明ずみである。支払いと同時に生じる「未確定使途への不支払い」は当該支払い（＝出来事）のネガという意味で反出来事（Antiereignis）であり，他の不支払いと区別するために（「反支払い」としたいところだが，逆方向の支払いと解されるおそれがあるので）「脱支払い」（Entzahlung）と呼ぶことにしよう。切り絵に喩えれば，「支払い」という絵を切り抜いたあとに元の紙にあいた穴（脱け殻）が「脱支払い」である。

　物理学ではすべての粒子に対して反粒子（Antipartikel）が存在するとされ，物質を構成するすべての粒子を反粒子で置き換えた反物質（Antimaterie）というものも考えられている。いま問題にしている出来事と反出来事ないし支払いと脱支払いの関係は，この粒子と反粒子あるいは物質と反物質の関係に極めて近いと筆者は見ているが，今のところ直感の域を出るものではない。いずれ同型性あるいは平行性が確認されるにせよ，とりあえずは経済システムを素材にして独自に議論を進めるべく切り絵の比喩に戻ろう。

6. メディアと形（フォルム）

　経済システムにおける出来事は支払いであり，システムが存続するかぎり支払いは次々と支払いを生み出し続けるから，支払いという出来事が切り抜かれる原紙も尽きることなくロールから次々と繰り出されねばならない。経済システムにおいてこの原紙にあたるものは貨幣である。貨幣は一時点をとれば量が限定されている（ある時点でロールから出ている紙幅は限られている）が，（あたかもエンドレス・テープを回すように）支払いにともなって繰り返し使われるから，時の経過を含んだフローとしては無尽蔵である[7]。支払いのにない手である経済システムの参加システム（家計や企業）ないし

組織のレベルで見ると，たとえば新車の購入は参加システムないし組織の意思決定を通じて貨幣メディアに形（Form）を与えることにほかならない[8]。より厳密に言えば，貨幣メディアの基体（Substrat）をなす〔抽象的・一般的レベルで考えられた〕支払いという出来事に〔特定の具体的な〕形を与えることである（WG: 305＝1991: 313．〔 〕内は本章筆者の補足）。形(フォルム)は新車や飲料水の購入であったり企業設備への投資であったりするが，消費や投資の対象である新車や飲料水や企業設備そのものが形(フォルム)なのではないことに注意すべきである。形とはあくまでも刻印されたメディアを指すのであって（WG: 303, 308＝1991: 311, 316，GG: 197＝2009: 217），その点では言語における語（メディア）と文（形）の関係をイメージするほうが分かりやすい。経済システムのばあい特定の消費支出あるいは投資支出として用途指定された貨幣が「形」なのである。この意味での「形」は当該消費・投資対象とは異なり，いったん「形」をなしてもすぐにバラバラに分解（entkoppeln）できる。ある文を作るために諸々の語が結び合わされたとしても，結合をほどけばそれらの語はいつでも別の文に使うことができる。同様に用途指定を解かれた貨幣はいつでも他の支出に振り向けることができる。しかも，指定解除された貨幣には前の使途，ましてや遡った由来・来歴を物語る痕跡はいっさい残っていない。紀元1世紀にローマ皇帝ウェスパシアヌスが「臭いのない貨幣」（pecunia non olet）と表現したこの特性にふれてG. ジンメルも，「貨幣の匿名性と無色性とは，貨幣が現在の所有者に流れた源泉を認識不可能なものとする。貨幣は…，どれほど多くの具体的な所有対象と関係したかの由来証明をけっして身につけない」（Simmel 1920: 424-425＝1978: 173）と述べている。こうして「メディアは，（デジタル的には）一定の粒状性を示し，（アナログ的には）一定の粘性を示さなければならない」（Luhmann 1990: 53＝2009: 42）とルーマンが言うその性質を，貨幣というメディアは見事に示しているのである。ちなみに言語のばあいには，誤用の定着，流行語，死語・廃語など，使用履歴が語にいわば「臭いを残す」ケースが少なからずあり[9]，メディアとしての純度は貨幣ほど高くはない。

　「デジタル的には一定の粒状性を示し，アナログ的には一定の粘性を示さねばならぬ」メディアは，いまや切り絵の原紙よりもクッキーづくりの小麦

粉ないし生地に喩えるほうが適切であろう（小麦粉以外の材料は度外視する）。ケーキかクッキーか，はたまたマドレーヌか，いずれを焼くのか用途未定の小麦粉は袋にはいっており，袋をあければ「粒状性を示して」サラサラとこぼれ出す。菓子作りが趣味のA夫人は子供たちの大好物であるクッキーを焼くことにした。用途が決まった小麦粉は「一定の粘性をもった」生地にされねばならない。この生地をクッキー型で抜けば，動物や乗物や星の「形」をした生地片と，穴のあいた残り生地とに分かれる。穴は生地片と同じかたちをしており，生地片をポジとすれば穴はネガである。残り生地はそのつど次の型を抜きやすいように，いったん丸めてふたたび平たく伸される。伸された生地には穴はもはやないが，大きさは抜かれた生地片の分だけ小さくなっている。さしあたりここまでを貨幣メディアのケースに対応させると次表のようになるであろう。

小麦粉 ⟵⟶ 貨幣
生　地 ⟵⟶ 貨幣メディアの基体としての支払い
動物や星の「形」をした生地片 ⟵⟶ 特定の具体的支払い ＝ 貨幣メディアに刻まれた「形」
生地にあいた穴 ⟵⟶ 脱支払い（反出来事）

ルーマンによれば「メディアの利用が行なわれるのは，結合を解かれた出来事を結びつけ，それによって自らをメディアに刻印しうるリジッドな構造を通じてである」（WG: 306＝1991: 314）。貨幣であれば，その基体（Substrat）をなす抽象的・一般的レベルでの支払い（＝結合を解かれた出来事）に特定の具体的な対象への支払いという「形」を与える（＝基体を結びつけ自らを刻印する）のは，消費や投資のプログラムをはじめとして，それらプログラムを作成し実行する家計，企業，行政組織など，幾重もの層をなす「リジッドな構造」である。クッキーづくりの例に戻るなら，たとえば星形の生地片が抜かれるにあたっては，A夫人の趣味，子供たちの嗜好，クッキー型といった，いくつもの「リジッドでそう簡単には変形できない構造」（WG: 306＝1991: 314）が作用していることが見てとれる。この生地片をオーブンに入れて焼き上がった星形クッキーは，生地片（＝支払い）と引

き換えに手に入れた製品であり，新車購入のばあいの乗用車に相当する。小麦粉や生地を食べてもおいしくないが，クッキーはおやつとして子供たちを喜ばす。新車代金分の貨幣に乗って移動することはできないが，届いたクルマは買い物やレジャーの足として家族を喜ばす。そして忘れてはならないもう一点がある。すなわち，クッキーは砕いたり水に浸したりしても，もはや生地や小麦粉に戻せない（不可逆性）ということである。同様に，いったん購入した新車はもはや新車ではなく，欠陥車でもないかぎりいつでも返品・返金に応じてもらえるなどということはない。次節ではこの不可逆性と可逆性に焦点を当てて議論をさらに進めよう。

7. 不可逆性と可逆性

7-1 脱支払いは可逆か

いったん焼かれたクッキーが生地や小麦粉に戻せないように，いったん生じた出来事としての貨幣支払い（たとえば新車購入）は「不可逆」である。不可逆性があるからこそ，支払いという出来事は未来へ向かって次々と繰り出され（＝接続し），経済システムの存続を支えるのである。もし支払いが可逆的であれば，つまり無条件の返品・返金が認められているならば，経済システムは成り立ちえない。支払いの不可逆性ゆえに，「経済はまるでジェット推進原理に従っているかのように前へ前へと駆りたてられるのである」（WG: 137＝1991: 135）。第2節で得られた「出来事の瞬間性がシステムに時間性を与える」あるいは「出来事がシステムの要素であるかぎり，時間はいわばシステムとともに生まれる」という洞見に従うなら，システムの基底的要素が支払い（という出来事）であるがゆえに，経済システムにおける時間は不可逆性を帯びる，とも言いうるだろう。

だがひとつ問題が残っている。はたして不支払いや脱支払いは可逆なのか不可逆なのか，という問題である。買うつもりにしていた新車の購入をとりやめるといった「意思決定としての不支払い」のばあい，その意思決定をくつがえして（否定して）購入することは可能である。この不支払いを自分で

自分に支払う再帰的支払いとみなすなら、可逆性はいっそう見やすくなろう。再帰的支払いでは商品が動いていないため逆転が可能なのである。では（通常の非再帰的な）支払いと同時に生じる反出来事としての脱支払いのばあいはどうであろうか。クッキーづくりでは穴のあいた生地は丸めてふたたび伸され、穴の痕跡は失われる。星形に抜かれた生地片は焼かれるが、星形にあいた穴のほうを焼くことはできないので、（ネガとしての）穴のかたちは容易に消滅しうるのである。貨幣メディアのばあいも、支払われた貨幣（新車の代価）はすでに他者（ディーラー）の手にあり、当方に残るのは固形化した支払いの痕跡（購入された乗用車）であるが、未支払いの保有貨幣に目を向けるなら、特定の支払いの前後で（さしあたり量が減るとはいえ）その特性（粒状性・粘性）が変わるわけではない。新車を買ったあとの貨幣ではサンマが買えなくなる、などということはない。こうしてみると脱支払い（一般的に反出来事）は可逆ととらえるのが適切であるように思われる。ポジの支払いが不可逆、ネガの脱支払いが可逆という非対称性も、議論の展開をおもしろくしてくれそうである。だが、筆者はあえてこの誘惑に逆らってみたい。非対称性はもっと奥深いところにあると直感がささやいているからである。以下しばらく、本章冒頭（第1節）で「議論はルーマンの社会システム論を土台としつつも、少なからず筆者の想念のおもむくところに従って展開される」と記したその本領が一段とあらわになるので、ご寛恕を請うしだいである。

7-2 脱支払いの不可逆性

脱支払いの可逆／不可逆を論じる出発点にひとつの仮説をおくことにしよう。すなわち、「出来事が未来へ向かって次々と繰り出されて（＝接続して）いく一方で、反出来事は出来事の記憶として連鎖状に過去へ向かって繰り出され、ますます遠くなる過去を絶えず現在につなぎ止めている」と。これはあくまでも仮説であって正しさの証明を要するわけではないが、ある程度のもっともらしさ（Wahrscheinlichkeit）は示すことができる。たとえば「身内の死」を出来事とすれば、対する反出来事はその身内がもはやこの世にいないという「欠落」である。欠落（＝出来事のネガ）こそが、ますます

遠くなる過去の出来事（身内の死）を絶えず思い出すきっかけになっている，と言われてうなずくひとは少なくないであろう。この仮説に従うなら，出来事とならんで反出来事もまた不可逆である。以下の筋書きを先取りすると，反出来事はほんらい不可逆であるが，しばしば不可逆性が見えにくくなっており，その代表的なケースが脱支払いである。そして脱支払いの不可逆性を溶暗（フェードアウト）させるのは，ほかならぬ貨幣メディアの粒状性と循環性なのである。

　上記仮説のもとで議論を進めるにさいし，まずとりあげるべきは鍵概念のひとつ「記憶」である。もともと出来事は「生じるや否や再び消滅し，持続しえない」のであるから，反出来事もこの特性を共有するとつい考えたくなる。しかし，「欠落はほんらい永続する」のである（亡くなった身内は永遠に帰ってこない）。仮説で反出来事を出来事の記憶としているのはこの意味においてであり，反出来事はいわば忘却を知らない「完璧な記憶」なのである。しかし人間の頭の中の記憶はとかく不完全でしかも薄れがちである。これは生にとって必須の能力として神が人間に記憶と忘却をセットにして与えたがゆえの帰結であろう。ところがこの思し召しに逆らって人間は，記憶の限界を克服すべく文字や印刷をはじめとして，記憶を助けたり支えたり代替したりする記号・技術・装置・媒体といったさまざまな手段を編み出してきた（対照的に，忘却を助ける手段の開発はほとんど耳にしない）。人間にほんらい備わった記憶能力はこうした手段で人工的に補強されているのである。再度「身内の欠落」を例にとると，欠落という穴（反出来事）の回りを故人の愛用品，手紙・日記，写真，ビデオ等々で固めることによって，遺された者たちは在りし日の故人をより鮮明に思い出すのである。この例は，一方で「完璧な記憶」としての反出来事（欠落）と，他方でそれを自らの記憶能力と補強手段を駆使して保存・再生しようとする人間の営為，この両者の関係を典型的ないし原型的に（ほんらいの姿のまま）示す好例といえよう。しかし，物事がしばしば原型から外れることもまた「ほんらいの姿」であり，この原型からの乖離が次のテーマとなる。

　反出来事が「完璧な記憶」であるのは，欠落が永続するかぎりにおいてである。「身内の死」にはまさにこれがあてはまる。ではクッキーづくりのば

あいはどうであろうか。穴のあいた生地は丸めてふたたび伸され，穴の痕跡は失われてしまう。欠落は永続するどころか，すぐに消滅するのである。貨幣をメディアとする支払いのばあいも同様であることは前項（7-1）ですでに見た。反出来事（欠落）としての脱支払いは，貨幣メディアの粒状性ゆえに容易に消滅する。注意すべきは，出来事である支払いが「生じるや否や消滅する」性質を生まれながらもっているのに対し，脱支払いの消滅はメディアの特性からもたらされている，という点である。脱支払いを消滅に導くメディアの特性とは，一方で貨幣の粒状性，他方で貨幣の循環性である。粒状性についてはすでにふれたが，循環性とは何なのか。

　ことばからすでに察せられるとおり，貨幣の循環性とは，貨幣が

支払い→受け取り→支払い→受け取り→……

と次々に持ち手を変えていくとともに，支払った者はやがて受け取り，受け取った者はやがて支払うという関係が常態となっていることを指している。このうち目下の文脈で肝心なのは，支払った者がやがて受け取るという局面である。受け取り（収入・所得）があることで，支払いによって生じた欠落（脱支払い）は埋め戻され，形状のみならず量的な痕跡までもが失われる。この消失は，受け取りの状況（いつ，どれだけ受け取るのか）に応じて一気にまたは徐々に起こる。前項（7-1）で「新車を買ったあとの貨幣ではサンマが買えなくなる，などということはない」と言ったが，貨幣がいくら粒状性をもっていても，受け取り（所得）による貨幣の補填がなければ，早晩「新車を買ったためにサンマすら買えなくなる」事態が生じうる。支払い（＝出来事）の記憶としての脱支払いは，貨幣の粒状性ゆえに溶暗（フェードアウト）するかと思われたが，貨幣受け取りの欠如ないし不足（＝貨幣循環の停滞）ゆえに逆に溶明（フェードイン）してしまうのである。サンマの購入は以前の新車購入とはなんのかかわりもないはずだったのが，「あのとき新車を買わなければサンマぐらい買えたのに」と後悔する破目に陥るわけである。

　以上の議論から，本項冒頭で先取りした結論すなわち「反出来事はほんらい不可逆であるが，しばしば不可逆性が見えにくくなっており，その代表的なケースが脱支払いである」が，その前段「出来事である支払いは生じるや否や必ず消滅する定めを負っているのに対し，脱支払い（反出来事）はほん

らい永続するものであるが，貨幣メディアのもつ粒状性と循環性ゆえに永続性が損なわれ容易に消滅ないし溶暗(フェードアウト)する」と合わせて導かれる。前段を含むこの結論には「ねじれた非対称」とでも名づけるべき事態が顔をのぞかせている。出来事と反出来事はともに不可逆ではあるが，その不可逆性の由来は対照的なのである。「出来事の瞬間性がシステムに時間性を与える」という表現を使って第2節で説明したように，出来事は生じる瞬間に消滅することで「以前」と「以後」を分離し時間を前に進ませる。言いかえると，出来事はその瞬間性ゆえに自らを不可逆にしているのに対し，反出来事に不可逆性を与えるのは永続性（＝完璧な記憶）である。メディアが反出来事の永続性を侵すケースでは，不可逆性が見えにくくなり可逆であるとの錯覚も生じうる。前項（7-1）で支払い（出来事）は不可逆，脱支払い（反出来事）は可逆というシンプルな非対称を確信しそうになったのはまさにその例である。いまや明らかなように，非対称はねじれたかたちで現われるのである。

8. 固有値としての時間秩序

　出来事と反出来事（それゆえ支払いと脱支払い）はともに，ほんらいは不可逆である。出来事（支払い）は未来へ向かう時間軸をひたすら前進するほかなく，後戻りは原則として不可能である。とすれば，ポジの出来事に対してネガにあたる反出来事（脱支払い）の不可逆性は，過去へ向かう時間軸をひたすら後退することとして表わされるのであろうか。出来事の瞬間性が（正方向の）時間を生み出すのに対して，反出来事の（本来的な）永続性は逆方向に流れる時間を生み出すのであろうか。しかしかりに「われわれの世界と逆の方向に進む時間を有する第二の世界」があったとしても，「この第二の世界にわれわれは接近できない。なぜなら，そうした第二の世界からわれわれの世界のなかへ入って来ようとするあらゆるものは，われわれの時間によると，向こうの第二の世界に戻っているからである」(SS: 71＝1993: 67)。反出来事は出来事の記憶であり，いわば出来事の録画テープであるが，このテープを逆回しした画像を現実のものとして体験することは（少なくと

も目下の技術では）できないのである。「いずれにせよ，時間は，それぞれの時点からの前進か後退かに関して無差別のものとは考えられない。後戻りすること，または復元することの可能性は，時間と相容れないわけではない。しかし，この可能性は》もともと《，不可逆的な時間の推移の上に重なる層をなしている」（SS: 72＝1993: 67）。要するに，テープを逆回ししている間にも時間は前に進むということである。われわれは記憶に頼りつつ過去を想起しうるが，過去の時点に立つことは断念したほうがよさそうである。

時間は過去→現在→未来と一方向に進み，その時間軸に沿って記憶し予想し，また忘却し予想を外し予想不可能性に突き当たる。これはわれわれ「第一の世界」に住む者が日常的にそう考えそうしている慣れ親しんだ事柄（慣習）であり，ルーマン流に言えば社会システムの「固有値」それも最も基底的な固有値である（「固有値」については次章で詳論する）。この固有値があってこそ，タイムマシンの登場する物語（SF）が人びとを惹きつけるのではなかろうか。実際に時を逆転させて過去の時点に立ったり，時の歩みを早めて未来の世界を垣間見たりできるとすれば[10]，人生は支えなく宙に浮き崩壊を急ぐしかないであろう。あるいはここでも人間は魔境を楽園に変える術を編み出して生き延びるのであろうか。

ともあれ，貨幣メディアの粒状性と循環性をフルに活かして支払い（出来事）の記憶である脱支払い（反出来事）を溶暗させ，言いかえると過去をふり返る手間を省き（あるいは，ふり返る余裕を奪い），自らと自らの参加システム（家計・企業・行政組織等）を前へ前へと駆りたてている今日の経済は，他の部分システムや全体社会(ゲゼルシャフト)における時間の歩みにおかまいなく，ひとり時計の針の回転を早めているかのようである。気がかりなのは，人びとが市場経済の仕掛けた「加速する時の世界」（第三の世界？）に否応なく引き込まれ，心身をすり減らしてしまうことである。目下のユーロ危機も，「加速する時の世界」に適応できる国民と，どうにも適応しきれない国民を同じ通貨で統合したつけと見れば，それぞれの国民固有のテンポ（時計の針の回転速度）に合ったそれぞれの通貨に戻ることがあってもよいだろう。少なくとも，後者の国民を「怠惰」と決めつけテンポを早めるよう督促するのは筋

違いであろう [11]。

(春日淳一)

注

1) Temporalisierung はふつう「時間化」と訳されるが,ここでは意味するところをより分かりやすく伝えるべく,「時点化」と訳した。いずれにせよルーマンの用語法では「時間化」は「時点化」を含む概念である。
2) 社会システムとしての相互作用と全体社会 (Gesellschaft) の関係についてくわしくは Luhmann 1997 第四章 XIII (GG: 812-826=2009: 1105-1121) 参照。
3) この「構造の機能」は,ルーマンの最初期(いわゆる「機能-構造理論」時代)の著作 (Luhmann 1970) ですでに指摘されている。同様の内容は『社会の社会』第一章 IX「複雑性」(GG: 134-144=2009: 144-154) にも含まれているが,記述が格段に精緻化されたことと引き換えに,錯綜して分かりにくくなった印象を(少なくとも筆者は)受ける。
4) 出来事と時間の関係についての要約的な記述は,Baraldi et al. 1997: 42-45, および Krause 2005: 144 参照。
5) のちの議論(第4節)と関連してここで,「〈活動しないこと〉も情報を担いうる」というありふれた,しかし忘れられがちな,事実に注意をうながした G. ベイトソンの名をあげておこう (Bateson 1972=1987: 456-457)。
6) 支払いを意思決定であると明言している箇所としてほかに Luhmann 1985: 333 を参照。
7) この点についてくわしくは,春日 1996: 41-42 参照。
8) メディアと形にかんしては,Luhmann 1988 第9章 I -IV, 1990 第一章 V, 1997 第二章 I 参照。
9) ルーマンもこの点を忘れていないことは,GG: 200-201=2009: 222 の記述から読み取れる。
10) 正しくは,時を逆転させたり時の歩みを早めたりすることと,自分が逆転した時間の世界や時間の進み方の早い世界に入り込むこととは区別されねばならない。この点については Davies 2001=2011: 176-179 を参照。
11) 以前にも筆者は加速する市場経済の危うさについてふれている(春日 2003: 55-61)。

文献

Baraldi, C., G. Corsi and E. Esposito, 1997, *GLU Glossar zu Niklas Luhmanns Theorie sozialer Systeme*, Suhrkamp.
Bateson, G., 1972, *Steps to an Ecology of Mind*, Harper & Row (=1986-7, 佐伯泰樹・佐藤良明・高橋和久訳『精神の生態学』上・下 思索社)。
Davies, P., 2001, *How to Build a Time Machine*, Viking (=2011, 林一訳『タイムマシンのつくりかた』草思社)。
春日淳一, 1996, 『経済システム:ルーマン理論から見た経済』文眞堂。
――, 2003, 『貨幣論のルーマン』勁草書房。
Krause, D., 2005, *Luhmann-Lexikon*, 4.Aufl., Lucius & Lucius.
Luhmann, N., [初出 1967] 1970, "Soziologie als Theorie sozialer Systeme," N. Luhmann, *Soziologische Aufklärung* Bd.1, Westdeutscher Verlag (=1988, 土方昭監訳『法と社会システム』[改訳版]新泉社)。
――, 1984, *Soziale Systeme: Grundriß einer allgemeinen Theorie*, Suhrkamp (=1993-5, 佐藤勉監訳『社会システム理論』上・下 恒星社厚生閣)。[SS と略記]

―, 1985, "Erwiderung auf H. Mader," *Zeitschrift für Soziologie*, Jg.14, Heft4.
―, 1988, *Die Wirtschaft der Gesellschaft*, Suhrkamp（＝1991，春日淳一訳『社会の経済』文眞堂）.〔**WG** と略記〕
―, 1990, *Die Wissenschaft der Gesellschaft*, Suhrkamp（＝2009，徳安彰訳『社会の科学』1, 2 法政大学出版局）.
―, 1997, *Die Gesellschaft der Gesellschaft*, Suhrkamp（＝2009，馬場靖雄・赤堀三郎・菅原謙・高橋徹訳『社会の社会』1, 2 法政大学出版局）.〔**GG** と略記〕
Simmel, G., 1920, *Philosophie des Geldes*, 3. Aufl., Duncker & Humblot（＝1978，居安正訳『貨幣の哲学（綜合篇）』〔ジンメル著作集 3〕白水社）.

第 3 章
社会の支えとしての「固有値」

1. 社会の観察から「固有値」へ

　21世紀にはいって，社会の混迷ないし無秩序化を印象づける出来事がますます増えているように思われる。すでに前世紀後半から，社会がいたるところで拠り所を失い，より大きな不確実性・不安定性・不透明性にさらされるようになったとの認識は強まっており，いわゆるリスク社会論も勢いを得てきた。とはいえ，本当のところ何が起こっているのかはそう簡単に診断できるわけではない。性急な診断にもとづいて誤った処方箋が出されたのでは事態は悪化するばかりである。いま必要なのは，冷静な観察のうえに社会の作動メカニズムを説得力あるかたちで描写することではなかろうか。
　この課題をこなしうる社会理論家として筆者はルーマンの名を第一にあげたい。21世紀を見ることができなかったルーマンではあるが，彼の理論は「自分の見ることができないものを見る」（Er sieht, was er nicht sehen kann.）というパラドックスを脱し（entparadoxieren），21世紀を語っているのである。本章はルーマン理論の持つすぐれた時代診断力を「固有値」（Eigenwert）というキーワードを中心に論じるものである。
　最初に（第2節）ルーマンが「固有値」という語で何を指し示そうとしていたのか，おおよそのイメージをつかんだのち，それをより明確にすべく数学概念との照合をこころみる（第3節）。ルーマンが固有値と呼ぶものは一見多彩であり，そのままでは概念の意義をとらえにくい。固有値の集合の整序が必要とされるゆえんである。本章ではまずシステム・レベルの違いに着目し，機能（的下位）システム・レベルの固有値と全体社会レベルの固有値

を区別する（第4節）。ルーマンの固有値論で目につくのはハイエクの自生的秩序論との近接性である。両者には符合するところが少なくない。しかしややくわしく見ると、形式上の符合にもかかわらず理論の性格は異なっており、分析用具としての汎用性において固有値論に利のあることが分かる（第5節）。最終第6節では、先のシステム・レベルの区別をふまえた固有値の入れ子構造ないしピラミッド状構成という整序図式のもと、固有値概念の有効性を「改革」のケースについてテストしてみる。なお、末尾に付した「補論」では、ウィトゲンシュタインの思考にルーマンの固有値論に通じるものがあることを確認する。

2. ルーマンにおける「固有値」のイメージ

著作の索引を手がかりに、ルーマンがいつごろから「固有値」という用語を使い始めたのかを調べてみると、『社会システム理論』(1984) よりもあとの時期らしいとの見当がつく。同書の索引には「固有値」はのっていないからである。『社会の経済』(1988) ではただ1ヵ所、最終章「制御の限界」に登場し、ルーマンがこの数学的概念に興味を示していることが感知されるものの、『社会の法』(1995) に見られるような用語の積極的な使用には至っていない。こまかい詮索はさておき、この用語にルーマンが込めようとした意味を簡潔に示す記述から出発するとしよう。

該当の記述は『近代の観察』(1992) の第一章「近代社会における近代的なるもの」の末尾に見いだせる (BM: 46-48) が、引用だけでは分かりにくいので内容を補足しながら話を進めていこう。ルーマンのばあい全体社会 (Gesellschaft) はコミュニケーションがコミュニケーションを連鎖的に再生産していく（オートポイエティック・）システムととらえられている。そのさいシステムの作動は観察（ないし記述）を不可分のかたちで伴っているという点に留意すべきである。すなわち、接続するコミュニケーションにおいて、後続のコミュニケーションが生じるためには少なくとも直前のコミュニケーションの観察が欠かせないのである。直前のコミュニケーションもま

たその前のコミュニケーションの観察に依拠して生じたとすれば，全体社会システムの作動は観察の観察（二次観察）や観察の観察の観察（三次観察）といった高次の観察を伴っていることになる。言いかえると，コミュニケーションがコミュニケーションを連鎖的に再生産していくという全体社会システムの作動にはいわば分身（Doppelgänger）として観察の連鎖が並行しているのである。ここで問題となるのは，「ではいったい，最初のコミュニケーションは何を拠り所にして生じたのか」である。最初であるから先行するコミュニケーションが，したがってまた依拠すべき観察が，欠けているにもかかわらずコミュニケーションはいかにして生じたのだろうか。これはいわゆる「究極の根拠」問題の一ヴァージョンにほかならない（「究極の根拠」については，馬場 2001: 17-20 参照）。この問いに対するルーマンの答は，少々突き放した言い方をするなら，「究極の根拠など探しても無駄である。いまやコミュニケーションを始動させるのは偶発的（コンティンジェント）なものであるほかないからである。むしろ，コミュニケーション（したがってまた観察）が繰り返されていくうちに（あとから）根拠らしきものが生まれてくるのだ」ということになる。「〔観察の観察という〕作動の進行につれて固有値，すなわち観察の観察を続けていくさいにもはや変化せず安定性を保つような立脚点が生じると期待できよう。とはいえ，こうした固有値は近代社会においてはもはや直接的な観察の対象ではない」（BM: 46＝2003: 28. ただし訳文および〔　〕内は引用者による）。近代社会の固有値は具体的な何物かの同一性として表象されうるわけではないし，究極の（理性的に根拠づけ可能な）規範的前提の中に見つかるものでもない。近代社会において固有値は偶発性という様相のもとに定式化されるしかないのではないか。これがルーマンの見方（＝観察）である。偶発性というのだから何もあてにできない，どんなことでも起こりうる，要するにルーマンは近代社会に何でもあり（Anything goes.）の無秩序状態を読みとったのだ，と早呑み込みしてはならない。彼の見るところ，選択肢が限定されていることから生まれるぎりぎりの秩序は残っているのである。「そこでは固有値は《位置》ないし《機能》として現れてくる。ある位置を別様に占め，ある機能を別様に担うことは常に可能である。しかしまったく任意に可能というわけではない。むしろわれわれが目に

するすべてのものに関しては，限定的な代替可能性しか考えられない。安定性を保証してくれるのはまさにその点なのである」(BM: 47＝2003: 29)。たとえば，引越しは思い立ったときにすぐできるわけではなく，ほかに住む家が見つかったばあいに限られるから，そのぶん引越しは無秩序化を抑えられ多少の安定性を獲得する。全体社会のレベルでいえば，現今の社会で国家や法や貨幣の代わりになるものを探せと言われてもおいそれとは見つからないがゆえに，欠陥や不満があっても（いまのところ）国家や法や貨幣そのものの廃棄といった事態には立ち至らずにすんでいる。そもそも機能分化社会自体が，後継社会の見取り図を未だ描きえぬがゆえに命脈を保っていると言ってよいだろう。要するに国家や法や貨幣の機能さらには機能的分化という機能を肩代わりするものの欠如が安定性をもたらしているのである。のちの考察に備えてルーマン自身の文章を引用しておくと，「われわれにとっては国家，法，貨幣，研究，マスコミのどのひとつを欠く社会でも思い浮かべるのは困難である。いまあげた範囲の機能は〔他のもので置き換ええないがゆえに〕自己代替的秩序を形成しているのである。いわんや分化しきった機能システムをまったく持たない社会秩序を思い浮かべることは，言いかえると機能分化の機能の代替的担い手を見いだすことは，むずかしい」(BM: 47-48＝2003: 29. ただし訳文および〔 〕内は引用者による)。

　以上の議論のポイントは，筆者なりに喩えをまじえて表現すれば次のようになろう。すなわち近代以前の古い社会では偶発性にいわば軛が掛けられており，さまざまな場面で確かな拠り所（Anhaltspunkt）を見いだすことがまだ可能であった（少なくともそう信じられていた）。旧社会には直接的に観察できる堅い固有値（feste Eigenwerte）が存在したのである。しかし近代社会に至って偶発性の軛が外れ，確かな拠り所は消失してしまった。固有値が偶発性の海に溶け出してしまったのである。だが固有値が溶け出したのは果てしなき外洋ではなく「機能の代替的担い手の欠如あるいは限定」という湾内であった。固有値はかつての固形物から液体に姿を変え，かろうじて湾内に漂っている有様である。それはもはや「一時的な準拠点としてしか考えることができない。しかしそれを除去すれば《カタストロフィ》に至ることになるだろう」(BM: 48＝2003: 29)から，近代社会はそれにすがるし

かない．ルーマンの言う「偶発性という様相のもとに定式化された固有値」とは，近代社会における固有値のこのようなあり方を指しているのであろう．

3. 数学的イメージとの照合

　前節でルーマンによる「固有値」概念の用語法を総論的に紹介したが，もちろんこれだけでは固有値なる語をわざわざ使う意味がどこにあるのか納得させるには十分ではない．総論と合わせて各論すなわち用語例の提示も必要であろう．ただその前に，「固有値」という語が元来もつ数学的な意味に立ち返ることで，のちの議論の足固めをしておきたい．

　（筆者にとって）幸いというべきか，ルーマンが自らの議論に取り入れているのは数学概念としての「固有値」のごく一般的な性質であって，固有値論の細部はさしあたり問題とはならない．そこでまず，『近代の観察』に参照指示のあるハインツ・フォン・フェルスター（Heinz von Foerster）の著作から分かりやすい例解を引いておこう（Foerster 1985: 214）．

例：演算子（Operator）Op として「2 で割って 1 を加える」という線形変換を考える．

かりに初期値 $x_0 = 4$ とすると，
$x_1 = Op(4) = (4/2) + 1 = 3$
$x_2 = Op(3) = 2.500$
$x_3 = Op(2.500) = 2.250$
$\vdots$
$x_6 = Op(x_5) = 2.031$
$\vdots$
$x_{11} = Op(x_{10}) = 2.001$
$\vdots$
$x_\infty = Op(x_\infty) = 2.000$

初期値 $x_0 = 1$ とすると，
$x_1 = Op(1) = 1.500$
$x_2 = Op(1.500) = 1.750$
$x_3 = Op(1.750) = 1.875$
$\vdots$
$x_8 = Op(x_7) = 1.996$
$\vdots$
$x_{10} = Op(x_9) = 1.999$
$\vdots$
$x_\infty = Op(x_\infty) = 2.000$

　以下，どんな実数を初期値にしても $x_\infty = 2.000$ となる．この 2 という値が演算子（Op）「2 で割って 1 を加える」の固有値である．$Op(2) = 2$

であるから，変換 Op の固有値は元の値の変換が元の値に等しいような当の値のことである。なお，たまたま「2 で割って 1 を加える」という演算子（変換）はただひとつの固有値を持っていたが，複数の固有値を持つ演算子もある。

フェルスターが認知理論の文脈でとりあげた固有値概念からルーマンはいかなる着想を得たのであろうか。前節で「コミュニケーションがコミュニケーションを連鎖的に再生産していくという全体社会システムの作動には観察の連鎖が並行している」と述べた。要するにコミュニケーションはコミュニケーションの観察にもとづいておこなわれるしかない，ということである。そこから，頼るべき観察をもちえない最初のコミュニケーションは何を根拠にしてなされるのか，つまり「究極の根拠」は何かが問われることになる。しかし賢明なるルーマンは「究極の根拠」問題につまずいたりはしない。コミュニケーションは確たる根拠なしに偶発的に始動し，以後コミュニケーション（ないし観察）の繰り返しのなかから当座の根拠が自生してくる。これが彼の答である。ルーマンをこの独創的な答に導いた（あるいは少なくとも，この答に説得力を与えた）もの，それがほかならぬ固有値概念であった。上述の「演算子：Op」を「観察」，「固有値」を「当座の根拠」（ルーマンのことばでは「一時的な準拠点」）とそれぞれ読みかえてみよう。このとき，初期値の任意性は最初のコミュニケーションが偶発的であることに対応する。演算（変換）の繰り返しはもちろん観察の連鎖を意味する。観察（したがってまた，コミュニケーション）が繰り返されていくうちに，最初の偶発的なコミュニケーションがどのようなものであれ（$x_0=4$ であれ $x_0=1$ であれ），次第に「もはや変化せず安定性を保つような〔コミュニケーションの〕立脚点」（BM: 46＝2003: 28）が姿を現わしてくる。そしてついには立脚点の観察が当の立脚点そのものを生み出す段階に達する（$Op(x)=x$）。もはや立脚点は最初のコミュニケーション（x_0）の痕跡をまったく残しておらず忘れ去られてもなんら支障は生じない（この段階の立脚点つまり固有値を他の立脚点 x と区別するために X と表記する）。

数学的な概念である固有値を社会理論に取り入れるというルーマンのアイデアがひときわ光彩を放つのは，経済システムにおける貨幣のばあいであ

る。ルーマン自身がそう考えていたかどうかは定かでないが，フェルスターの数学的例解にならって固有値の社会理論上の例解をこころみるとすれば，貨幣ほど格好の例は他にないように思われる。そこで次節の議論への橋渡しを兼ねてひとまず経済システムに着目してみよう。

　経済システムの作動（＝コミュニケーション）としての貨幣の支払いと受け取りがスムーズに進行する背後には貨幣への信頼がある。人びとは次の支払いに使えると信じるがゆえに，物理的にはたんなる紙片・金属片にすぎないものを受け取るのである。「貨幣への信頼」はまぎれもなく経済システムの作動を支える固有値なのである。われわれは，だれがどのようにして貨幣を使いはじめたのか知るよしもないまま，ごく自然に貨幣を用いる取引（＝経済的コミュニケーション）に参加している。フェルスターの例解でいう初期値 x_0 は，たとえば貝殻を媒介とした取引だったかもしれない。この x_0 の観察 $Op(x_0)$ にもとづいて次の取引の立脚点 x_1 が生まれる。x_1 はたとえば，「貝殻を使ったＡとＢの取引が成立したのだから，自分も貝殻を使ってＡまたはＢと取引ができるだろう」といった予期のかたちをとるかもしれない。ここから先なおもフェルスターの例解に沿って話を進めようとすれば，社会理論（というよりルーマン理論）独特の解釈が必要になる。それは $x_1 = Op(x_0)$ の左辺の x_1 は初期取引 x_0 を観察した結果えられるコミュニケーションの立脚点であるが，次段階の観察 $x_2 = Op(x_1)$ の右辺の x_1，つまり観察対象としての x_1 は，観察結果としての立脚点にもとづいてなされ・・・・・・・・・・・・・・・・・・たコミュニケーション・・・・・・・・・・（目下の例では取引）と解されねばならないということである。要するにコミュニケーションの観察結果は次のコミュニケーションの立脚点であると同時にその立脚点にもとづいてなされたコミュニケーション自体をも意味するのである。この解釈上の工夫をすれば，あとはフェルスターの例解のきれいな翻訳が可能となる。貨幣使用が始まって間もないころは，コミュニケーションの立脚点はそのつど変わる不安定なものであり，そこには取引当事者（上例のＡやＢ）への人格的信頼（Luhmann 1973 訳第六章参照）や貨幣素材（貝殻，金，銀など）への信頼といったものが混入していたであろう。しかし取引がたび重なるにつれてそうしたいわば「不純物」は取り除かれ，ついには当事者の人格や貨幣素材から独立した一般的

な「貨幣への信頼」より正確には「貨幣を用いる取引システムへの信頼」(Luhmann 1973＝1990: 90-95 参照) が固まってくる (固有値の成立)。上記数値例でいえば, 各段階で変化していた数値がやがて2へと収束していくプロセスである。2が初期値 (4, 1 など) と独立しているように,「貨幣への (システム) 信頼」もまた, 初めの貨幣が何であり最初の取引者がだれであったかとは無関係である。いまや人びとが貨幣制度 (Geldwesen) を信頼して貨幣を日常的に使用するそのことが貨幣制度への信頼を生むという自己準拠的関係 (Op(2)＝2 あるいは Op(X)＝X) が成立しているのである。

ただひとつの固有値を生み出すような演算子をあらかじめ前提するなら話は以上で終わる。これは幸運にも社会理論的な固有値の生成につながる観察が最初からおこなわれていたというケースにほかならない。もちろん, ルーマンの目がもっぱらこの幸運なケースに注がれていたなどと信じる者はいないだろう。演算子ないし変換には固有値を持つものも持たないものもある。また, ひとつの演算子が複数の固有値を持つばあいもある。無数の演算子からいかにして唯一の固有値を持つ演算子が選ばれるのであろうか。これが肝心の点である。社会理論に翻訳するなら, 安定的な立脚点 (＝固有値) の創出に結びつくような観察視点 (＝演算子のかたち) はいかにして選ばれるのか, である。ここにかかわってくるのが前節でふれた「選択肢の限定」すなわち「機能の代替的担い手の欠如あるいは限定」という事情である。数学的には無数の演算子があるとはいえ, 選択可能な観察視点は限られているのである。貨幣に戻って一例をあげるなら, かつてさまざまな素材 (家畜・米・布・石・貝殻など) が貨幣として用いられたが (原始貨幣), それらの素材を観察する視点は「おいしさ」や「肌ざわり」ではなく, 貨幣としての使いやすさに置かれたはずである。あるいは, 当初の観察視点は生活用品としての機能にあったにせよ, やがて貨幣機能へと視点の変更がなされたにちがいない。このように, 観察視点は観察がおこなわれる脈絡(コンテクスト)によって (目下の例でいえば, 消費活動にかかわる観察なのか, 取引に関連した観察なのかによって) 限定されるのであり, 視点の選択はまったくの任意ではない。機能分化の進んだ今日の社会ではとりわけ, いかなる機能システムにおける観察なのかが, 視点の選択に縛りをかける。演算子のばあいなら, どんな変換で

も選べるのではなく，あるタイプの変換が指定されるといった状況を考えればよい。

　さて問題はこのあとである。演算子（変換）のタイプが指定されたからといって，唯一の固有値を持つ演算子が選ばれる確率が高まるとは限らない（指定されたタイプの変換もまた無数にあるかもしれない）。言いかえると，観察視点の限定は固有値の生成を保証してはくれないのである。そしてこの状況においてこそ，われわれはルーマン理論の精神に立ち返って悟る必要がある。すなわち，社会理論上の固有値が現に確認（観察）されるという事実は固有値生成の必然性を何ら含意していないのだ，と。固有値は，視点の限定・変更を伴った観察（とコミュニケーション）の繰り返し・積み重ねがたまたまもたらした「進化上の成果」(evolutionäre Errungenschaft) 以外のものではないのである。社会は唯一の固有値を持つ演算子をはじめから与えられはしなかったが，手探りの（でたらめの，ではない！）選択を繰り返すうちにそれを偶然つかんだのである。ルーマンのいう「進化上の成果」は，社会システムの進化の過程で出現する「複雑性処理により適合した新たな可能性」を指し，彼自身がしばしばとりあげる言語や文字・印刷・通信，法，貨幣などのコミュニケーション・メディア（およびその拡充メディア）のほか，制度，ゼマンティクといったものまでをも含む広い概念である（GG: 505-516＝2009: 577-589 参照）。「進化上の成果」は意図的・計画的につくられるものではなく，その有用性は事後的かつ偶発的に見いだされるケースが多い。しかしいったん有用性が認められると社会はその「成果」を前提にして作動するようになるので，「成果」の廃棄は破壊（カタストロファル）的な影響を広範囲に及ぼしかねず，事実上廃棄はできなくなる（GG: 508-511＝2009: 580-583）。固有値がこうした性格をもつことは前節ですでに論じたとおりである。ルーマンの社会理論の集大成である『社会の社会』(1997) を見るかぎり，ふたつの用語の異同にことさら言及しているわけではないが，少なくとも「固有値」が「進化上の成果」に含まれることは間違いないと思われる（たとえば，GG: 217-219, 312-315＝2009: 242-244, 350-355）。

4. システム・レベルと固有値──機能システムか全体社会か──

「進化上の成果」と同じく「固有値」もかなり広い概念であって,そのイメージはなかなかつかみにくい。前節では数学的概念をいわば補助線としてイメージの明確化につとめたのであるが,本節ではルーマンの『社会の…』シリーズにおける用例を参照しつつ,この概念のより鮮明な像に迫ってみたい。ポイントとなるのは,機能システムにとっての固有値と全体社会(システム)にとっての固有値の区別である。前節を受けてまずは機能システムとしての経済から出発しよう。

4-1 経済システムと法システム

もろもろの機能システムのなかで最適の用例を与えてくれるのが経済システムであることは前節で見たとおりである。ルーマンは初期の著作『信頼』(1973) で,「貨幣にたいする信頼が制度化 (institutionalisiert) され,全体として確証されているならば,そこに一種の確実性の等価物 (Gewißheitsäquivalent) が創造されたことになる」(Luhmann 1973=1990: 93) と述べ,のちの「固有値」に相当する概念を「確実性の等価物」と言い表わしているが,「貨幣にたいする制度化された信頼」は,「もはや直接的な観察の対象ではなく」,「具体的な何物かの同一性として表象されうるわけでも」「究極の規範的前提の中に見つかるものでもない」という点で,また「一時的な拠り所としてしか考えることができないが,それを除去すれば《カタストロフィ》に至る」という点でも,近代社会の固有値がもつ性格を典型的に示していると言えるだろう。

貨幣(への信頼)とともに取引(=経済システムにおけるコミュニケーション)の円滑な遂行に欠かせないのは「所有権」および「契約」の制度である。といっても,それら制度の入り組んだ中味や歴史的変遷が経済システムの関心事になるわけではない。与えられた所有権と契約の制度にもとづいて取引(=コミュニケーション)とその観察が繰り返されていくうちに,両

第3章　社会の支えとしての「固有値」　71

制度はもはやそのつど内容を問われることなく経済システムの作動の不可欠の拠り所となる。この意味で「所有権」と「契約」は経済システムにとって固有値となるのである（RG＝2003: 590-607）。スーパーやコンビニで買い物をするたびに契約や所有権といったことばを思い浮かべる客がまずいないことは，固有値化の身近な証拠といえよう。

　一方，法システムにとっては所有権と契約をどう規定するかは重要問題であり，内容を問わず自己の作動の拠り所にするなどという扱いつまり「固有値」扱いはできない。これは，ルーマンが「所有権〔および契約〕という観察図式はむしろ，法システムと経済システムそれぞれにおいて，異なる定式化を許すのである」とか「所有権〔契約〕は二重の意義を持っている。すなわち経済システム内における意義と，法システム内における意義を，である」（RG＝2003: 593-594.〔　〕内は引用者の付加）と述べていることと対応する。所有権と契約は経済システムにとっては固有値であるが法システムにとっては固有値ではないのである。ならば法システムの固有値としてはどんなものがあるのだろうか。ルーマンのあげる代表的な固有値は「法の妥当」（Rechtsgeltung）である。法の妥当は経済システムのばあいの貨幣（への信頼）に相当する地位を占めている。「貨幣の場合と同様に，妥当というシンボルは内因的価値をもたない」（RG＝2003: 103）。すなわち，貨幣への信頼がいわば自分で自分を支える自己準拠的性格を持っていたように（前節参照），法の妥当も規範とか「法源」（Rechtsquelle）といった外部の支えに頼っているのでなく「妥当している法こそが，法的妥当の条件を規定するのである。……妥当とは，法システムの《固有値》である。それは，システム内部の作動の回帰的な実行によって成立するのであり，他のところではけっして生じえないのである」（RG＝2003: 104, 106）。経済システムの作動が「通用する（＝信頼を得た）貨幣」によって支えられているのと同様，法システムの作動は「妥当する法」によって支えられている。貨幣はなぜ通用するのかと問われれば，通用するから通用する（人びとが信頼するから信頼する）と答えるほかない。同じように，法はなぜ有効と認められて適用されるのかと問われれば，妥当するから妥当すると答えざるをえない。法の妥当は，法システムが自らの作動の繰り返しを通じて生み出し，かつ自らの作動の拠り所として

いるもの，つまり固有値にほかならないとルーマンは見るのである。

4-2　全体社会レベルの固有値

　所有権と契約は経済システムにとっては固有値であるが法システムにとっては固有値でないということを前項で確認した。固有値はそれぞれのシステムの作動の繰り返しの中から生み出されるものであるから，同じ（名で呼ばれる）ものがシステムによって固有値であったりなかったりするのはむしろ当然のことである。機能システムのレベルにとどまっているかぎり，この点は容易に理解できよう。しかし，上位システムである全体社会(ゲゼルシャフト)が視界にはいってくると，話がやや複雑になる。そこでは，機能システムレベルのいわばミクロの固有値と全体社会レベルのマクロの固有値の区別が新たに問題となるからである。一例として学術システムを取りあげてみよう。ルーマン自身がはっきり固有値と呼んでいるわけではないが，馬場靖雄氏の言及とも合わせて判断すれば，学術システムにとっての固有値の代表例は（演繹的方法とサイバネティクス的方法では位置づけが違うとはいえ）「公理」や「経験的データ」であろう（Luhmann 1990: 418-419＝2009: 479-480）。「学システムにおいて〈公理〉や〈データ〉は通常の場合，議論の出発点として扱われる。しかしそれは公理などが内因的価値をもっているからではなく，事実として後続する学的議論の前提として扱われている限りのことである。逆にそうである限りそれらは学システムの固有値であり続けることになる」（馬場 2001: 18-19）。つまり，とりあえずにせよ公理やデータを拠り所にしなければ学的議論が始まらないのだが，公理やデータそのものに確たる根拠があるわけではない，ということである。ちなみにサイバネティクス的方法と演繹的方法は，公理やデータの固有値的性格をつねに意識するか（前者），否か（後者）という点で区別される（Luhmann 1990: 418＝2009: 479）。

　一方，『社会の学術』（1990）の末尾でルーマンはこうも述べている。すなわち，「研究ひいては学術は一定の機能をはたしており，そのことによって現代社会のひとつの安定的な固有値を再生産しているといえよう。研究をおいそれとやめるわけにはいかない。そんなことをすれば破滅(カタストロファル)的な結果─ここでは〔研究ないし学術の機能的等価物ではない〕他の固有値への切り替え─を

招いてしまう。そしてまさにそれゆえに、〈もうひとつの社会〉と称する仮想空間に逃亡したいのでなければ、研究批判自体も研究の体裁をとっておこなうのが当然である」(Luhmann 1990: 717-718＝2009: 751.〔 〕内は引用者の補足→BM＝2003: 29-30 参照)、と。要するに学術（システム）そのものが全体社会にとっての固有値になっているというのである。ここにきて、ルーマンの固有値概念はかなり広いものであると思い知らされる。改めて『社会の学術』を見ると「機能分化は、観察の観察の観察…という回帰的観察において安定的なものとして生み出された全体社会システムの〈固有状態〉である」(Luhmann 1990: 692＝2009: 726. 傍点は引用者の付加) とも書かれている。「固有状態」(Eigenzustände) は同書の索引から「固有値」の別表現ととれるので、機能分化という全体社会の分化の形式までもが固有値のカテゴリーに含まれることになる。固有値概念の及ぶ範囲 (Reichweite) の広さを『社会の学術』で確認したあと、本章第2節の『近代の観察』第一章からの引用（64頁参照）に立ち返ってみよう。そこでは、機能の代替的担い手の欠如ゆえに社会に安定性をもたらしている例として、研究や機能分化のほかに国家、法、貨幣、マスコミがあげられていた。ルーマンはこれらをも全体社会レベルの固有値と考えていたのである（ちなみに『近代の観察』第一章のもとになった草稿と『社会の学術』はほぼ同時期に書かれている）。

5. 「自生的秩序」と固有値

5-1 自生的秩序

　ルーマンが全体社会レベルの固有値として並べた例からすぐに想起されるのはハイエク (F. A. Hayek) の「自生的秩序」(spontaneous order) である。筆者（春日）の胸にはすでに、「全体社会のレベルではコミュニケーション・メディアや組織形態（具体的組織ではなく、組織の編成ないし formation）や制度に加え機能システムそのものまでが固有値になりうるとすれば、固有値概念が拡散ないし錯綜してしまって切れ味を失うのではないか」という思いがわきはじめていたので、一瞬「ルーマンのいう固有値は結局ハイエクの〈自生

的秩序〉の言い換えにすぎないのではないか」と疑ってしまいそうになった。このあたりは少し整理しておくほうがよさそうである。

　ハイエクの「自生的秩序」論は三巻本の『法と立法と自由』(1973-1979)においてまとまったかたちで展開されているが，その叙述は細部にわたって明快とは言いがたい。しかし当面の課題は厳密なテクスト解釈ではなく，ハイエクの描こうとした社会の全体イメージとルーマンのそれとの突き合わせである。細部にこだわることなく眺めてみれば，両者はかなりの部分で重なる。まず目につくのは両者の進化論的性格である。ハイエクは「進化という概念はわれわれの議論の全体を通して中心的な役割を演じる」としたうえで，「18世紀に進化と自生的秩序形成という双子の概念がついに明確に定式化され，ダーウィンとその同時代人たちに生物学的進化に応用しうる知的道具を与えたのだが，ここに至る過程をはぐくんだのは，言語や道徳，法や貨幣といった社会的形成物にかんする議論であった」(Hayek 1973: 22-23)と言う。進化概念のルーツが生物学にではなく人文・社会科学にあるとの指摘はとりあえず脇に置いて，注目すべきはここで「社会的形成物」(social formations) と呼ばれているものが，第3節でふれたルーマンの「進化上の成果」とほぼ完全に合致することである。あげられた実例の合致もさることながら，意図的・計画的につくられるのでなく自生的に形成されること (Hayek 1973: 37)，あらかじめ目的や用途が特定されているのでなく，社会にとっての有用性は事後的ないし作動を通じて（目的ではなく）機能として発見されること (Hayek 1973: 39) など，両者は同一物を指し示していると見てよさそうである。この段階ですでに，「自生的秩序」と「固有値」がきわめて近い概念であると推測できるが，もう少しハイエクの秩序論を見ておこう。

　ハイエクは『法と立法と自由』第1巻「ルールと秩序」で「秩序概念，とりわけ〈つくられた〉秩序，〈おのずと育った〉秩序と呼ぶ二種類の秩序の区別をめぐって議論を進める」(Hayek 1973: 35)。二種の秩序のうち「おのずと育った秩序」(grown order) は，上で「社会的形成物」と呼ばれていたものや生物有機体がそれに該当し，「自生的秩序」という名が与えられる。また，意図的設計の産物である「つくられた秩序」(made order) はしばし

ば「組織」で代表される (Hayek 1973: 37)。一方，社会秩序 (social order) についてハイエクは次のような見取り図を描く。すなわち，あらゆる自由な社会では「人びとは特定の目的を達成するために集団となってさまざまな組織に参加するが，これら個々別々の組織すべての活動ならびに個々人の活動の調整〔というむずかしい課題〕を成し遂げるのは自生的秩序を生み出す諸力である」(Hayek 1973: 46.〔 〕内は引用者の補足)。それゆえ，政府を含めたもろもろの組織は「より包括的な自生的秩序に統合されているのであり，〈社会〉(society) という用語はこの自生的全体秩序を表わすものとして使うのが賢明である」(Hayek 1973: 46-47)。かくして「どの個人も，大社会 (Great Society) の一員であることに加えて，他の多数の自生的下位秩序ないし部分社会，ならびに包括的な大社会の内にあるさまざまな組織の一員ともなっている」(Hayek 1973: 47)。ハイエクのこの見取り図をルーマンのシステム分類図（図3-1）と同じ形式で示せば図3-2のようになり，両者がかなり似通っていることが分かるだろう。

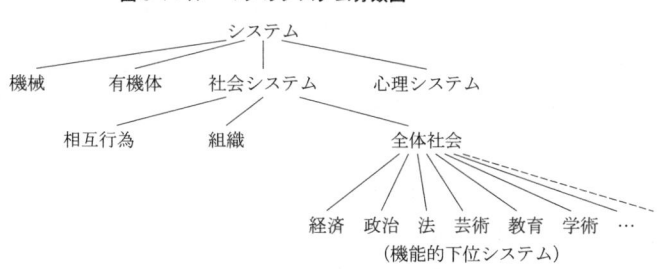

図3-1：ルーマンのシステム分類図

```
                        システム
        ┌─────────┬─────────┼─────────┐
      機械     有機体   社会システム   心理システム
                   ┌──────┼──────┐
                相互行為  組織   全体社会
                           ┌────┬───┬───┬────┬────┐
                          経済  政治  法  芸術  教育  学術 …
                              （機能的下位システム）
```

出所：Luhmann 1984=1993: 2. ただし，「機能的下位システム」は引用者による補足

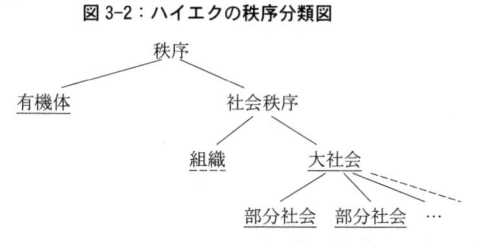

図3-2：ハイエクの秩序分類図

```
                  秩序
          ┌────────┴────────┐
        有機体            社会秩序
                      ┌──────┴──────┐
                    組織           大社会
                              ┌──────┼──────┐
                           部分社会  部分社会 …
```

注：実線下線を引いたものは「自生的秩序」，点線下線を引いたものは「つくられた秩序」（図は筆者作成）

さしあたりシステムないし秩序の要素が何であるかや作動の様式如何を度外視すれば、ハイエクの「秩序」、「社会秩序」、「大社会」、「部分社会」は、それぞれルーマンの「システム」、「社会システム」、「全体社会」、「機能的下位システム」に対応する。さらにルーマン理論に多少なじんだ者であれば、「自生的秩序」を「オートポイエティック・システム」と読み替えたくなるかもしれない（ただし「組織」の性格づけの違いゆえ、すべての「オートポイエティック・システム」が「自生的秩序」であるとは言えない）。たしかにハイエク、ルーマン両者が描いた社会のイメージは、上図に示された範囲では（相互参照の形跡はないにもかかわらず）驚くほどよく似ている。しかし注意すべきは、ハイエクが「ばあいによっては〈秩序〉の代わりに〈システム〉〈構造〉〈パターン〉などの語を用いることができる」(Hayek 1973: 35) と言っている点である。つまり彼の「秩序」概念はつねに「システム」を意味するものではないのである。そうであれば、「自生的秩序」もシステム（ましてやオートポイエティック・システム）であるとは限らず、自生的構造とか自生的パターンといった呼び名がふさわしいケースも含まれることになる。一方「固有値」に目を転じると、システムそのものが固有値となるケースもあるが、それ自体がシステムではない貨幣や言語などのコミュニケーション・メディアや組織の形態、制度といったものも固有値のリストにはいっている（4-2 参照）。概念の広がり(カバリッジ)を考慮すれば、「自生的秩序」に照応するのは、上図で示唆された「オートポイエティック・システム」ではなく、「固有値」であるということになろう。

　以上、進化論的性格および概念の広がりの両面から、ハイエクの「自生的秩序」とルーマンの「固有値」が互いに強い類縁性を持つ概念であることが確かめられた。では「自生的秩序」に対して「固有値」の独自性はどこにあるのか。あるいは現下の社会情勢に照らして「固有値」概念の有効性ないし強みはどこにあるのか。この点を続く二項（5-2, 5-3）および第6節において順に検証しておこう。

5-2 「自生的秩序」概念の難点

　よく知られているようにハイエクの自生的秩序論は、社会全体の作動を特

定の人間の手で制御しようと企てる「設計主義」(constructivism) に対して，その根本的な誤りをただすべく展開されたものである。「組織」においては，限られた数の人間が明確な目的を持って計画的に当の組織を運営することが可能であり必要でもあるが，このやり方を社会全体に押し広げてはならないとハイエクは強く警告する。それゆえ彼のばあいに「組織」は自生的秩序ないし大社会（＝自生的全体秩序）と対照的な性格を持つものとされる。ルーマンのばあいには組織は社会システムの一類型であり，オートポイエティックという性格を全体社会と共有しているから，ハイエクと同じ意味で組織と全体社会が対照的位置にあるわけではない。このこととも関連して，ハイエクの議論には彼の価値観ないし期待がはっきりと刻み込まれているのに対してルーマンは観察者の立場を離れない，という姿勢の違いにも留意する必要がある。ハイエクは熱く語りルーマンは冷静に説くのである。ハイエクにとって「自生的秩序」は彼の期待に応えてくれるプラスの価値をになった概念であるのに対して（この点にかんしては春日 2003: 129-135 参照），ルーマンは「固有値」に個人的価値評価を込めてはいない。固有値の値（Wert）はシステムにとってそのつどプラスにもマイナスにもなりうるのである。固有値の持つこの「自由度」は，社会を観察ないし分析するさい強みとなる。筆者はハイエクの反設計主義（≠市場原理主義）に共感を覚えはするが，彼は「自生的秩序」概念にあらかじめ価値を張りつけることで，この用語のもつ社会分析上の有効性（価値！）を損なったと考える。

　「自生的秩序」についてはその用語法にもいささか問題がある。たとえばハイエクは法をさしあたり自生的秩序あるいは「社会的形成物」の例としてあげるのだが，のちにノモス（司法過程から生じる正しい行動にかんするルール＝自由の法）とテシス（権威によって制定された組織にかんするルール＝立法の法）という区別を導入して（Hayek 1973: 122-123），「自生的秩序の諸条件から導かれる」法をノモスに限定する。しかし，現実の法はこうした二分法に必ずしもなじむものではなく，解釈をめぐって不一致が生じうる（この点は，『法と立法と自由』第 1 巻邦訳巻末の嶋津格氏の新版解説 242-245 頁を参照）。「自生的秩序」概念を無用な混乱から守るためにも，自生的なのは「法」という社会装置ないし制度一般であって，個々の具体的な

法には自生的か否かの区分はあてはまらないと考えたほうがよいのではなかろうか。一方，ルーマンが法を「固有値」とみなすばあいの「法」は，個別・具体的な法ではなく「法というコミュニケーション・メディア」あるいは「機能システムとしての法システム」を指しており，用語法上の混乱が生じる余地はない。

5-3 「市場秩序」と「経済システム」

ハイエクの自生的秩序論にまつわるもうひとつの難点は「市場」の位置づけにかんするものである。彼は「市場秩序はおそらく人間的社会の全域に広がる唯一の包括的秩序でもあるのかもしれない」（Hayek 1973: 115＝2007: 153）とか，「全人類を一つの世界にしつつある人びとの相互依存性は，〔多様な目的の平和的調和を可能にする〕市場秩序の効果であるばかりか，それ以外の手段では決してもたらすことのできなかったものである」（Hayek 1976: 112＝2008: 156．〔 〕内は引用者の補足）と言う。この表現からすると市場秩序は包括的な自生的全体秩序の下位秩序，言いかえると大社会の内にある部分社会というカテゴリーにはおさまらないように見える（図3-2参照）。そもそも部分社会は「空間的な近さや，構成員同士をより深く結びつけるその他の特別な事情の結果として生ずる」（Hayek 1973: 47＝2007: 64）とされており，ハイエクの頭には市場秩序のような抽象的なものではなく，もっと具体的なイメージがあったと想像される。では，それ自体が「人間的社会の全域に広がる唯一の包括的秩序」である市場秩序と「包括的な自生的全体秩序」である大社会との関係はどうとらえればよいのだろうか。筆者はここでもまた，ハイエクの「熱い語り」を冷まして聞く必要があると考える。ハイエクは『法と立法と自由』第2巻第10章「市場秩序またはカタラクシー」で，自由を保障するものとして市場メカニズムを高く評価する。その思いがあまって，市場秩序を「人類すべてを包括する唯一の全体的秩序」（Hayek 1976: 113＝2008: 156）とまで言ってしまうのだが，これでは彼自身の定義する「社会」あるいは「大社会」（本章75頁参照）と区別がつかなくなる。市場秩序の精妙さに感じ入るのはよいとして，理論であるかぎり用語の定義をおろそかにすべきではなかろう。「市場」概念を貨幣以外のメ

ディアが用いられる領域にまで拡張するなら，究極において市場秩序と社会そのものが重なるというケースも想像されなくはない。しかし，上掲第10章の叙述にそのような市場の拡大解釈を読みとることはできず，「財産と不法行為と契約についての法的ルールの範囲内で人びとが行為することを通じて，市場によって生みだされる特種な自生的秩序こそが，カタラクシー〔＝市場秩序〕にほかならない」(Hayek 1976: 109＝2008: 151.〔〕内は引用者の補足) といった記述から思い浮かぶのは，貨幣を用いた財・サービスの取引の場としての「市場」である。

　ハイエクは自生的秩序とりわけ市場秩序に強い信頼と期待を寄せるあまり，これら概念（自生的秩序，市場）の理論用語としての正確さや有効性に十分思いが至らなかったのではなかろうか。そしてこのことが，彼の思想を「市場原理主義」ないし「市場万能主義」へと俗流化する一因にもなったのではなかろうか（ハイエクと「市場原理主義」の関係については，たとえば佐伯 2009: 185-188 参照）。いずれにせよハイエクの用語法は厳密とは言いがたいので，彼の議論の主旨を汲みつつ若干の整理・補強をこころみてみよう。

　まず，前項ではハイエクの「部分社会」をルーマンの「機能的下位システム」と対応させたが（75-76頁），これは分類図（図3-1, 3-2）の上での表面的・形式的な対応にすぎず，実際にはこのふたつは系列を異にする概念である。すなわち，ハイエクの「下位秩序」ないし「部分社会」は，たとえば大社会の中の地域社会というように，具体的な空間において（あるいは構成員の範囲において）全体の一部をなすのに対し，ルーマンの「機能的下位（部分）システム」にはそうした具体的なイメージはあてはまらない。顕著な例は経済システムであろう。今日，機能的下位システムとしての経済システムに参加しない（完全な自給自足）人間を探すのはむずかしい。経済システムはある意味で社会全体をカバーしているのである。この事実は「市場秩序は人間的社会の全域に広がる唯一の包括的秩序であるかもしれない」という先のハイエクのことばを思い起こさせる。そしてここに新たな対応関係，より正確には用語の混乱に紛れて今まで見えなかった対応関係，が浮かび上がってくるのである。

新たに見えてくる対応関係は，ハイエクの「市場秩序」(＝カタラクシー)とルーマンの「経済システム」の間のそれである。このふたつは同系列の概念であり，表面的・形式的にではなく実質的内容において明確に対応する。ハイエクは「唯一の包括的秩序」(the only comprehensive order) などと強調表現するが，要するに市場秩序はもはや不可欠のものとして社会の全域に広がっている。一方経済システムもまたそれなしには全体社会が立ちゆかない。しかも今日の経済は貨幣メカニズムを欠く「生存維持経済」(Subsistenzwirtschaft) ではなく「市場経済」として編成されているのだから (WG＝1991: 90)，「市場秩序」と「経済システム」が同義語であることを疑う余地はほとんどない。「目的」との関係もまた，同義を裏づける重要な証拠となろう。ハイエクによれば，「目的にかんする合意を不要にし，多様な目的の調和を可能にするということが，市場という自生的秩序の大きな利点である」(Hayek 1976: 112＝2008: 155)。そもそも「自生的秩序は外部の誰かによってつくられたものではないため，それ自体では目的を持ちえない」(Hayek 1973: 39)。市場秩序は個々人の持つ多様な目的の社会的調停という機能をはたすが，この機能は誰かが定めた市場秩序の目的ではない。法や言語と同様に市場秩序も「ある周知の目的のためにつくられてきたのではなく，その下で行動している人びとに，自らの目的をより有効に達成させたがゆえに，発達してきたのである」(Hayek 1973: 113＝2007: 150)。一方ルーマンも，全体社会の機能的下位システムとしての経済システムには「なんら目的というものは結びついていない。……経済〔システム〕のオートポイエシスはあらゆる〔個別参加者の〕経済的目的を超越しており，まさにそのことによって経済〔システム〕を意味あらしめるのである」(WG＝1991: 46.〔 〕内は引用者の補足) と言う。目的からの独立ないし目的の超越を強調し，(目的ではなく) 機能に着目する点でも両者の見方は一致しているのである。

　　※すでに1990年代初めに，大澤真幸氏はルーマンの経済システム論を手がかりとしてハイエクの市場秩序論に検討を加えている (大澤 1991-1992)。しかしそこでの中心テーマは「市場の均衡」であり，当時まだ本格的に登場していなかった固有値概念に焦点を合わせる本章とは接点がほとんどない。

6. 「固有値」概念の有効性

　前節ではハイエクの自生的秩序論をとりあげ，ルーマンの社会システム論との親縁性を確認するとともに，自生的秩序に寄せるハイエクの熱い思いが，この概念から理論用語としての正確さと自由度をいささか奪っていることを指摘した。一方，「自生的秩序」に対応するルーマンの「固有値」は，彼自身の社会システム論の枠組みにもとづいて編み出された理論概念であり，そこには「自生的秩序」のようなバイアスはかかっていない。それゆえ，固有値論は汎用性を備えた社会分析の用具となりうるのに対して，ハイエクの自生的秩序論はむしろ固有値論の特殊展開版ないし一応用例と位置づけられよう（念のためつけ加えれば，ここでは理論としての優劣を問題にしているわけではない）。

　自生的秩序論との対比で固有値論の汎用性が示唆されたので，あらためて固有値概念を整序したうえで，この概念の有効性をテストしておこう。テストケースは「社会の改革」である。

6-1　固有値概念の整序

　第4節で指摘したように固有値概念は，法や貨幣などのコミュニケーション・メディア，国家や銀行といった組織形態（組織編成），制度，機能システムそのもの，機能的分化という社会分化形式そのものなど広範囲に及んでおり，一見すると締まりなく拡散していく印象を与える。これでは概念自体の意味が希薄化するのではないかとの疑問もわいてくる。ルーマンにこの疑問をぶつけることのできない今，とりあえず筆者なりの概念整序をしてみよう。

　まず話が錯綜しないように，機能的に分化した全体社会という枠組み（第5節の図1参照）を前提とする。このとき，機能（的下位）システムレベルの固有値と全体社会レベルの固有値の区別が重要であることは，第4節ですでに強調しておいた。たとえば経済システムにとっての固有値の筆頭にあげ

られるのは貨幣というコミュニケーション・メディア（より正確には貨幣メディアへの信頼）であり，他に所有権や契約といった制度も含まれる。ところがそうした固有値によって（当面）支えられている経済システム（＝ハイエクの「市場秩序」）自体は，法システム・政治システム・学術システム等々と並んで全体社会のいわばマクロの固有値になっているのである。つまり全体社会はそれら機能的下位システムによって（当面）支えられているというわけである。この様子をもう一段マクロ的に眺めると，全体社会にとって機能分化そのものが固有値になっているとも言える。それゆえ全体として見れば固有値はミクロからマクロへと（あるいはマクロからミクロへと）入れ子式の構造を示しているのである。おそらく機能システムレベルの固有値（たとえば貨幣への信頼）を支えているよりミクロの固有値を析出することも可能であろう。ただし，すべての固有値が単一の入れ子構造におさまるわけではない。全体社会にとって，その作動に参加するもろもろの組織（より正確には組織の編成）もまた固有値であるが，こちらは機能システムとは別系列の入れ子を構成しているとみるべきであろう。ともあれ，「入れ子」という視点を取り入れることで，まとまりなく見える固有値の集合を多少整理できるのではないだろうか。

6-2　固有値概念の有効性──「改革」のケース──

　ルーマンのいう固有値は社会システムの作動の（一時的な）準拠点，いわば社会を支える（仮設の）柱であった。入れ子構造をなす固有値は，ピラミッド状に組み上げられた柱に喩えることができるだろう。下へいくほど柱つまり固有値の数は多くなるが，これは全体社会の重量を分散させる点で理にかなっている。全体社会が多数（あるいは無数）の固有値から構成された支持構造のうえにのっているとすれば，そして固有値が一時的準拠点ではあるにせよ一朝一夕にできたものではなく，長い時間をかけて「進化上の成果」としてかたちづくられてきたのであれば，「社会の改革」や「もうひとつの社会」に対する姿勢はおのずから慎重とならざるをえない。そしてここにルーマンの固有値論の眼目があると筆者は考える。『近代の観察』（BM: 48＝2003: 29）や『社会の学術』（Luhmann 1990: 718＝2009:

751)でルーマンは,「もうひとつの社会」(を目指す運動)の無謀さや非現実性をカタストロフィとか仮想空間といったことばで当てこすっているが,彼の理論からすれば粘土をこね直すように社会を一挙に造りかえる企てに成功の見込みはない。懐疑の目は「改革」(を叫ぶ者)へも向けられる。それはシステムの作動様式と固有値の布置状況をふまえているのか,と。

　では,固有値論をふまえた改革とはどのようなものなのか。社会の観察者としてのルーマンがあからさまにこのテーマを論じているわけではないので,ここでも筆者なりに見取り図を描くしかない。全体社会がピラミッド状に組み上げられた固有値の柱に支えられているととらえるなら,上層の柱ほどそれを外すと全体社会が崩れる(カタストロフィを引き起こす)危険が大きいと予想できる。第2節(64頁)で引用したルーマンの言葉を思い起こそう。「われわれにとっては国家,法,貨幣,研究,マスコミのどのひとつを欠く社会でも思い浮かべるのは困難である。…いわんや分化しきった機能システムをまったく持たない社会秩序を思い浮かべることはむずかしい」。この点を顧慮すれば,「聖域なき改革」などという威勢のよい叫び声は出てこないはずである。一方,下層へいくほど柱の数は増えてそれぞれの柱にかかる重量は減るので,一部の柱を一時的に取り外しても全体が崩れる危険は小さいと考えられる。かくして,とりうる改革手法は次のようなものとなろう。すなわち,いきなり上層の柱＝固有値に手をつけるのではなく,全体社会における固有値の布置状況(＝柱のピラミッド構造)を精査したうえで,下層の柱＝固有値からひとつずつ慎重に取り替えていく,という手法である。そんなやり方では思い切った改革はできないとか,現状擁護の保守的手法だといった批判は当然ありえよう。しかし,そもそも粘土の像をつくるように短期間に「望ましい社会」や「もうひとつの社会」を実現することは可能なのだろうか。ハイエクなら「そんな幻想(mirage)は捨てよ」と熱を込めて言うだろうが,ルーマンは黙って自らの理論を指し示すだけである。取り替えた新しい柱は時間の経過とともに固有値になるかもしれないが,ならないかもしれない。下層での柱の取り替えは時が経つにつれて上層の固有値の変貌を引き起こすかもしれないし,引き起こさないかもしれない。なるかならぬかは状況次第(コンティンジェント)とはいえ,「より良き社会」をあきらめる必要はない。

試行錯誤が実ることもあるのだ。ルーマン理論の教えはおよそこんなところであろう。

　ちなみにいま述べた下層からの柱の取り替え（＝改革）という考え方は，機能分化社会は「すべての機能に目配りするいわば超機能をになうべき部門をもっていない」（WG＝1991: 349）ので，全体社会を全体として（上から）制御することはできない，というルーマンの制御の限界論（WG 第 10 章）とも整合する。全体社会をたとえば政治の力で制御（改革）するといった企ては機能分化のもとではありえないのである。「政治システムは，システムと環境の差異の政治特有の構成を用いて自分自身を制御しうるにすぎず，こうした制御の実行はその方法とも合わせて，他の機能システムにとって自らの指針とすべき諸々の差異を生み出すがゆえに，疑いなく全体社会に甚大な影響を及ぼす。しかしこの効果は…もはや〔政治による他の機能システムの，いわんや政治による全体社会の〕制御ではなく，制御可能なものでもない」（WG＝1991: 345.〔　〕内は引用者の補足）。要するに，機能分化社会においても政治システム固有のメディアである権力を用いて「より良き全体社会」を目指した政治を行なう（政策を立案・実行する）ことは可能である。しかしそれが実際に「より良き社会」を招来するかどうかは多分に偶発的（コンティンジェント）であり，政治システムの制御の及ぶところではない，ということである。他の機能システムについても同様であり，たとえば「社会に活力を与えるための市場競争原理の導入」（経済システム）や，「社会にとって有能な人材を発掘するための早期英才教育の実施」（教育システム）が効を奏するかどうかはたんにコンティンジェントであるばかりか，ばあいによっては社会にネガティヴな効果をもたらす。

　固有値論，制御限界論のいずれからも読み取れるように，機能分化社会における「改革」にはいわば見えない箍（たが）がはめられている。それは偶発性（コンティンジェンシー）という箍である。偶発性のもとで機能分化社会がなしうる改革は，たとえば政治システム，経済システム，学術システム等々の機能システムが相互に刺激し合いながらそれぞれのシステム内で「より良き全体社会」を目指す慎重な試行錯誤を繰り返すというかたちをとるしかない。つまり，手分けして手探りで見えない箍に対処するしかない。箍に気づかぬまま，社会の全体的改革

（制御）が可能であると錯覚してはならない。そのような錯覚にもとづく「改革」は，良き社会に導くどころか，かえって社会に取り返しのつかないダメージを与えるおそれがある。無自覚のうちに箍を切ってしまい，樽（＝全体社会）の崩壊を引き起こすかもしれないのである。こうしてみると，偶発性こそが機能分化社会の固有値の最たるものと言えるのではなかろうか。固有値はピラミッド状に組み上げられて全体社会を支えており，その布置状況をふまえぬ改革は社会の崩壊につながる危険をはらんでいるとすでに述べたが，機能分化社会（＝近代社会）では偶発性がピラミッド状固有値群の最上層に位置していることをまず認識すべきではなかろうか。この認識を欠く改革ははじめから失敗を約束されているようなものであろう。偶発性を機能分化社会の固有値とみるのはほかならぬルーマン自身である。彼は『近代の観察』第三章「近代社会の固有値としての偶発性」でこのテーマを詳細に論じている。筆者はその結論を借りて自らの「改革論」の見取り図に組み込んだまでである。

　本節では固有値概念の有効性を「社会の改革」というテーマのもとで論じてみたが，より具体的なテーマ，たとえば郵政民営化，裁判員制度，憲法改正といったテーマ，を取りあげることも可能である。郵政民営化のばあい，郵便（局）の制度・機構はそれ自体が固有値化していると思われ，その点を含め郵便にかかわるさまざまなレベルの固有値の布置状況を明らかにすることで，民営化の功罪ないし郵政改革のとるべき（だった）道筋をより説得的に示しうるのではないだろうか。ただし，すでにスタートしてしまった「改革」を論評するだけが能ではない。固有値論はほんらい，新たにスタートする改革論においてこそ生かされるべきであろう。

補論　ウィトゲンシュタインの論考に見る「固有値」

　第5節でルーマンとハイエクの近接性を論じたが，近接性ということではウィトゲンシュタインの名もあげるべきであろう。馬場靖雄氏の『ルーマンの社会理論』にはすでにウィトゲンシュタインへの言及があり，「固有値」

の文脈で『確実性の問題』(Wittgenstein 1969) からの引用もみられる (馬場 2001: 19, 193)。馬場氏の記述は，ウィトゲンシュタインが言語ゲームにおいてルーマンの「固有値」に相当するものをイメージしていたことを知るのに必要十分ではあるが，多少の蛇足をつけ加えてみたい（文字通りの蛇足であり，ウィトゲンシュタインの哲学と本格的に取り組もうというのではない）。

　まず，固有値に関連してルーマン自身がウィトゲンシュタインにふれた箇所があるのかどうか，主要な著作にあたってみたが筆者は見つけることができなかった。固有値に限らず，そもそもルーマンの著作にはウィトゲンシュタインの名があまり（めったに）登場しない。しかもその稀少な言及例には共通するニュアンスが感じられるのである。訳者作成の人名索引のおかげでピックアップできた『社会の芸術』の例からみていこう。「世界は自分自身をいかにして観察しうるのか。このように問いを立てることはたいていの場合，ウィトゲンシュタインに帰せられている。しかしそれは必ずしも新しい発想ではない[84]。［注 (84)］確かに定式化自体は新しいのかもしれない。しかし，＜世界が自身を完成させるためには観客を必要とする＞という観念は，古くからキリスト教のなかで保持されてきた発想なのである」(KG: 148＝2004: 147, 553)。「芸術の概念は定義されうるのか。この問いが立てられたのは，ウィトゲンシュタイン哲学の計り知れない影響を受けてのことだった。ゲームの概念ですら定義不可能なものに留まらざるを得ないのなら，芸術についてはなおさらのことだろう。…しかしさしあたりそれによって否定されるのは，芸術の《本質》に対応する定義，あるいはあらゆる観察者から見て一義的に指し示されうる定義，が存在しうるという議論だけである。したがって…脱出口はまだ残されていることになる」(KG: 393＝2004: 403)。もう一例は『社会の経済』の脚注に出てくる。すなわち，パーソンズがダブル・コンティンジェンシー（二重の偶発性）の問題，さらには行動予期の相補性の問題をとりあげて以来，それまで社会学的分析の基本単位とされてきた価値，規範，役割，人物（パーソン）といった概念がいわば解体され，これらは今や束ねられた行動予期と解釈できるようになったと述べたあと，「とはいえ，同じ方向で衝撃を与えたこれとは別の旧概念解体の企て，しかも学史上

おそらくより大きな成果をあげた企て，が存在したことを否定するものではない。なかでも顕著な企てはもちろん言語への還元，あるいは別の言い方で＜ウィトゲンシュタインびいき＞，である」(WG: 292＝1991: 308) と注をつけている。ちなみに＜ウィトゲンシュタインびいき＞の原語は Vorliebe für Wittgenstein であり，ウィトゲンシュタインに対する偏愛，くだけた表現ならウィトゲンシュタインに首っ丈といった意味である。

これらの例を見るかぎり，ルーマンはウィトゲンシュタインとの間に距離をおこうとしているように思われる。あるいはウィトゲンシュタインをもてはやし過大評価する風潮に醒めた目を注いでいると言えるかもしれない。じっさいこの推測を裏づけるかのように，1988年に京都で開催されたシンポジウムの席上ルーマンは，「一般的な形で言えば，言語理論をコミュニケイション理論によって置き換えようと私は思っている訳です。従って，重要な操作はただ話すということではなくて，コミュニケイションをするということであります。ということは，スピーチ・アクトではなくて，情報を伝達し，その情報を理解するということの方が重要なオペレーションとなって来ます。こう考えますと，オックスフォードからアメリカにかけての分析哲学におけるヴィトゲンシュタイン崇拝とは当然線が分かれて来る訳です。勿論，ヴィトゲンシュタインには他の側面もありまして，これは十分真剣に受け止めねばなりません。それは構成に繋がるヴィトゲンシュタインであります」(河上 (編) 1991: 207) と発言しているのである。テキストが独特のいわば神秘的スタイルをとること，著作の大部分が完成度の異なる遺稿をさまざまな加工度で編集したものであることなど，ウィトゲンシュタインの哲学には当のウィトゲンシュタインを離れた一人歩き (＝自己準拠的作動) を助長する条件が揃っている (この点にかんしては，鬼界 2003 第1部参照)。ルーマンの目にこの自己準拠システム化した「ウィトゲンシュタイン哲学」が映っていたとするなら，彼の冷淡さも理解できよう。しかしそれにもかかわらず，ルーマンの固有値とぴったり符合するものをすでにウィトゲンシュタインが探り当てていたという点はやはり指摘しておくべきであろう。

前掲の『確実性の問題』(1969) はウィトゲンシュタインの死によって下書きの段階で中断された文字通りの絶筆であり，「一連の考察が完成される

までには，なお幾段階ものきびしい作業が積み重ねられるはずであった。つまり『確実性の問題』はノートの集成にすぎず，…他の遺稿と比べても，完成度において遠く及ばないものである」（邦訳「訳者あとがき」Wittgenstein 1969＝1975: 395）。それゆえ，並み以下の読み手があれこれ解釈を振り回すのは危険なのであるが，あえて印象に残った節をつなぎ合わせてみよう（括弧内は節番号：以下，ウィトゲンシュタインの著作からの引用は全集邦訳による）。「私はひとつの世界像をもっている。それは真であるのか偽であるのか。とにかくその世界像が，私のあらゆる探究，すべての主張を支える基体なのである。そしてこれを記述する諸命題が，みな同等に検証の対象となるわけではない」（162）。「およそ検証に際しては，検証の対象とはしない何かをわれわれはすでに前提している」（163）。たとえば「大地が存在するということはむしろ，私の信念の出発点になっている全体的な像の一部なのである」（209）。このように「多くのことがわれわれによって揺るがぬ真理と見なされて，交通の要路から切り離される。いわば廃道に押しこまれてしまう」（210）。「それらがわれわれの考察，われわれの探究に形を与えている。かつては論議の対象ともなったであろうが，おそらく遙か昔に，われわれの考察のすべてを支える足場に組込まれてしまったのだ」（211）。繰り返そう。「私の世界像は，私がその正しさを納得したから私のものになったわけではない。私が現にその正しさを確信しているという理由で，それが私の世界像であるわけでもない。これは伝統として受けついだ背景であり，私が真と偽を区別するのもこれに拠ってのことなのだ」（94）。

　ウィトゲンシュタインは人間の思考にかんして，つまりルーマンの用語でいう「心的システム」ないし「意識システム」のレベルで述べているのではあるが，固有値の議論ときれいに重なっていることが見てとれよう。とりわけ211節は，本章第3節で論じた固有値の進化的性格を簡潔に表現しているといってよい内容である。ここまでくれば，もはや「類似」とか「近接」ではなく「一致」を宣言すべきではなかろうか。なるほどルーマンの固有値論は主に（もっぱらではない）社会システムのレベルでなされている。とはいえ彼は固有値概念を自己準拠的システム全般に適用できるものと考えており，思考ないし意識のオートポイエティック・システムである心的システム

第3章 社会の支えとしての「固有値」　89

(=意識システム）のレベルで固有値を論じる可能性にも言及している（Luhmann 1995a: 105)。それゆえ『確実性の問題』から取り出した上記の引用箇所は心的システムレベルの固有値論と呼んでもさしつかえないだろう。ただし急いでつけ加えるが，これはウィトゲンシュタインがもっぱら心的システムの固有値に視野を限定していたという意味ではない。『哲学探究』で展開される言語ゲーム論は，『確実性の問題』ほど明瞭にではないが，社会システム（=コミュニケーションのシステム）の基礎的メディアである言語の固有値的性格を照らし出しているのである。筆者は鬼界彰夫氏の著書からこの点にかんする示唆を与えられたのだが（鬼界 2003: 281-301)，あえて『哲学探究』そのものに証拠を求めるとすれば240以下の三節が最も印象的であろう。すなわち，言語ゲームあるいは言語による意思疎通が「規則に従って生じたのか，そうでないのかについて，いかなる論争も起らない。……それ〔＝規則〕は，われわれの言語の働く（たとえば記述を行なう）足場の一部になっているのである」（240：〔　〕内は引用者の補足）。「"それだから，あなたは，何が正しく，何が誤まっているかを，人間の一致が決定する，と言っているのだな。"——正しかったり，誤まったりするのは，人間の言っていることだ。そして，言語において人間は一致するのだ。それは意見の一致ではなく，生活様式の一致なのである」（241）。「言語による意思疎通の一部になっているのは，諸定義の一致だけではなく，（非常に奇妙に響くかもしれないが）諸判断の一致である。このことは論理を破棄することであるように見えるが，しかし論理を破棄しているわけではない。——測定方法を記述するのは一つのこと，測定結果を見て話すのは別のことである。ところが，われわれの「測定」と名づけているものは，測定結果のある種の恒常性によっても決定されている」（242）。

　人びとはふだん，言語の「規則」とか語の「定義」とかをいちいち意識しながらことばを用いているわけではなく，一方で規則は言語使用を支える自明の足場と化しており，他方で言語使用はしばしば定義に先立つ。いま，「赤」という語の使われ方を考えてみよう。「"＜赤＞というのは，＜赤＞という語を聞く際，わたくしの念頭に浮ぶ色のことを意味する"——これは一つの定義であろう。語による表記の本質を説明するものではない」（239）。

じっさい，この定義ゆえに「赤」にかんする人びとの判断が一致し意思疎通が成り立つのではない。生活様式を同じくする人びとのあいだで「＜赤＞という語を聞く際，念頭に浮ぶ色」が（ほぼ）同じであるがゆえに「赤」という語は意思疎通に使えるのである。つまりこのばあい，定義の一致が判断の一致を生むのではなく，判断の一致が事後的に（非本質的）定義を派生させるのである。そもそも言語（ことば）は，はじめに使用規則や語の定義があって，人びとがそれら規則・定義にかんして合意したうえで「使用開始」となるようなものではない。話はむしろ逆である。人びとによって使われるうちに「ある種の恒常性」がおのずと生まれ，それが規則や定義としてあとから見いだされるのである。242節の「測定方法…」以下は，この点を指摘したものであり，「測定」は言語（ことば）の使用，「測定方法」はことばの使用規則や定義，「測定結果」はことばの使用実績とでも読み替えることができるだろう。こうしてみると，ウィトゲンシュタインが言語の体系，彼自身の用語でいえば「言語と言語の織り込まれた諸活動との総体としての言語ゲーム」（『哲学探究』7節），のもつ固有値的性格を見抜いていたことは間違いない。

　ともあれ，記述スタイルの特異性にもかかわらず，ウィトゲンシュタインの思考はルーマンのそれと共振するところが少なくないと筆者は直観するのである。

（春日淳一）

文献

馬場靖雄, 2001,『ルーマンの社会理論』勁草書房.
Foerster, Heinz von, 1985, *Sicht und Einsicht: Versuche zu einer operativen Erkenntnistheorie*, Vieweg.
Hayek, F. A., 1973, *Law, Legislation and Liberty*, Vol.1: Rules and Order, University of Chicago Press（=2007, 矢島鈞次・水吉俊彦訳『法と立法と自由〔I〕ルールと秩序』〔ハイエク全集I-8〕春秋社).
――, 1976, "The Market Order or Catallaxy," *Law, Legislation and Liberty*, Vol.2: The Mirage of Social Justice, University of Chicago Press（=2008, 篠塚慎吾訳『法と立法と自由〔II〕社会正義の幻想』〔ハイエク全集I-9〕春秋社, 第10章「市場秩序またはカタラクシー」).
春日淳一, 2003,『貨幣論のルーマン』勁草書房.
河上倫逸（編), 1991,『【ルーマン・シンポジウム】社会システム論と法の歴史と現在』未来社.

鬼界彰夫，2003，『ウィトゲンシュタインはこう考えた：哲学的思考の全軌跡 1912－1951』講談社．

Luhmann, N., 1973, *Vertrauen: Ein Mechanismus der Reduktion sozialer Komplexität*, 2.Aufl., Ferdinand Enke（＝1990，大庭健・正村俊之訳『信頼—社会的な複雑性の縮減メカニズム』勁草書房）．

―, 1984, *Soziale Systeme: Grundriß einer allgemeinen Theorie*, Suhrkamp（＝1993-1995, 佐藤勉監訳『社会システム理論』上・下　恒星社厚生閣）．〔**SS** と略記〕

―, 1988, *Die Wirtschaft der Gesellschaft*, Suhrkamp（＝1991，春日淳一訳『社会の経済』文眞堂）．〔**WG** と略記〕

―, 1990, *Die Wissenschaft der Gesellschaft*, Suhrkamp（＝2009，徳安彰訳『社会の科学』1, 2 法政大学出版局）．

―, 1992, *Beobachtungen der Moderne*, Westdeutscher Verlag（＝2003，馬場靖雄訳『近代の観察』法政大学出版局）．〔**BM** と略記〕

―, 1993, *Das Recht der Gesellschaft*, Suhrkamp（＝2003，馬場靖雄・上村隆広・江口厚仁訳『社会の法』1, 2 法政大学出版局）．〔**RG** と略記〕

―, 1995a, "Die Autopoiesis des Bewußtseins," *Soziologische Aufklärung*, Bd.6, Westdeutscher Verlag.

―, 1995b, *Die Kunst der Gesellschaft*, Suhrkamp（＝2004，馬場靖雄訳『社会の芸術』法政大学出版局）．〔**KG** と略記〕

―, 1997, *Die Gesellschaft der Gesellschaft*, Suhrkamp（＝2009，馬場靖雄・赤堀三郎・菅原謙・髙橋徹訳『社会の社会』1, 2 法政大学出版局）．〔**GG** と略記〕

大澤真幸，1991-1992，「経済の自生的反秩序：ルーマンに映したハイエク」『現代思想』第 19 巻第 12 号，第 20 巻第 1 号，第 2 号．

佐伯啓思，2009，『大転換：脱成長社会へ』NTT 出版．

Wittgenstein, L., 1953, *Philosophische Untersuchungen*, Basil Blackwell（＝1976，藤本隆志訳『哲学探究』（ウィトゲンシュタイン全集 8）大修館書店）．

―, 1969, *Über Gewißheit*, Basil Blackwell（＝1975，黒田亘訳『確実性の問題』（ウィトゲンシュタイン全集 9）大修館書店）．

※ Luhmann 1990 および 1997 の邦訳は，本章のもとになった原稿の執筆時には未公刊であったため，本文中の引用文は筆者の訳による．また Hayek 1973 の引用で訳書の頁を記載していない箇所も訳は筆者によるものである．

※ 本章は関西大学『経済論集』第 61 巻第 1 号（2011 年 6 月）に掲載された同名の論文に一部加筆したものである．

間奏曲
<small>インテルメッツォ</small>

第4章

ヘルマン・ヘッセにルーマンを見る
――『社会の芸術』に寄せて――

1. 執筆動機の告白

　ふとした（というより実にトリヴィアルな）きっかけで[1]ヘルマン・ヘッセの作品の翻訳を，それも恥をさらすようだがこの歳になって初めて，読むことになった。しかし初めてだからこそなのだろうか，乾いた砂地に水が吸い込まれるように，文庫本で10冊ばかりを次々といわばむさぼり読む結果になった。これは当初予期しなかったことである。何がどう惹きつけたのか。さしあたり作品の醸すもろもろの雰囲気に今の自分の精神状態が共振したとでも言うしかない。読みながら，わが来し方への追憶や反省が深みから湧き上がってくるのをひしひしと感じ，その追憶と反省の綯い交ぜの中にしばし浸っていた。だがこうした情緒的な共振とは別に，いささか実利的な共振があったことも認めざるをえない。というのも，この読書を通じて筆者はある決断を先送りすることができたからである。その決断とは，もうこのあたりで専門研究から潔く身を引くか，いましばらく居残るかの決断である。本章はタイトルにすでに見えているように，決断先送りの証拠物件にほかならない。

　なお言わずもがなではあるが，本章は文学論といったものとはなんのかかわりもない。筆者がヘッセを読むうちに，「おや？　これはルーマン的だな」と思い当たったところを少しくわしく調べた「蝶の採集記録」のようなものである。それも，ヘッセ野原をくまなく探し回ってルーマン蝶を残らず数え上げたのではなく，小学生が「夏休みの課題」でやるレベルの記録である。ヘッセの邦訳は，たまたま筆者の肌に合ったという理由ですべて高橋健二訳

（新潮文庫版）を，原典はズールカンプ版（入手の都合で『シッダールタ』のみ前田真三氏の写真を表紙にしたハードカバー，他は suhrkamp taschenbuch［st］版）をそれぞれ参照した。

2. 観察

2-1 自己観察

　生得のものであれ鍛え上げたものであれ豊かで鋭敏な観察眼をもつことは，文学（あるいは芸術）と科学とを問わず，それなりの仕事をするための必要不可欠な条件であろう。この点でヘッセとルーマンは際立っている。両者が観察に並々ならぬ意を注いだ著作家[2]であることは，その作品から容易に見てとれる。ルーマンについてはさしあたり代表的著作『社会の社会』(1997)の索引で確認すると，「観察」(Beobachtung)という語は「観察すること」(Beobachten)および「自己観察」(Selbstbeobachtung)を含めて，最頻出語であることが分かる（他に「宗教」，「道徳」，「パラドックス」，「分化」などが頻出）。ヘッセにはこんな機械的な確認は興ざめだから，『青春は美わし』(Schön ist die Jugend, 1916)の一文を引いておこう。異郷でひとかどの者になった主人公（ヘルマン）が帰省して，幾年ぶりかで郷里の野の花を観察する場面である。「青や黄の〔花の〕うてなのどれからも，私の楽しかった幼年時代がいつになくなつかしく身近に私の目の中をのぞいていた」(Hesse 1916＝1954: 29.〔 〕内は引用者の補足)。花を見ている私の目を花が見ているというのである。ここで花は幼年時代の私を映すいわばスクリーンである。いま私は花とともにスクリーン上の幼き私を見ているが（今の私が行なう一次観察），その観察する私は逆にスクリーン上の私に見られているかのようである（スクリーン上の私が行なう二次観察＝観察の観察→今の私が行なう三次観察＝観察の観察の観察）。もはや私はたんに花や花が映し出す幼き日の私を見ているのではなく，それら花や幼き日の私に照らして今の私自身を見ているのである（自己観察）。ヘッセのこの短い一文は，ルーマンの観察概念のエッセンスを掬い取っていると言ってよいであろう。

第4章　ヘルマン・ヘッセにルーマンを見る　97

　観察者としてのヘッセとルーマンはもちろん性格を異にするが，たとえば『荒野のおおかみ』(Der Steppenwolf, 1927) には，当時のヘッセの病的・危機的精神状態を反映した次のようなくだりがある。「彼〔＝主人公ハリー・ハラー≒ヘッセ〕は実際私たちの小さな市民世界を，彼の真空の空間から，世間離れした荒野のおおかみ的立場からほんとに感嘆し，それを確固な安定したものとして，彼には遠い，達しがたいものとして，彼には道のひらかれていない故郷として平和として愛していたのでした」(HW＝1971: 28. 傍点および〔　〕内は引用者の付加・補足)。「荒野のおおかみ〔＝ハリー〕は，…彼自身の見解に従ってまったく市民世界の外に立っていた。彼はあくまで自分を孤立した人間と感じていた。…意識的にブルジョアをけいべつし，自分がブルジョアでないことを誇っていた。しかしいろいろな点ではまったく市民的に暮していた。…自分を市民からはぐれたもの，変り者あるいは天才と感じることを好んだが，そのくせ，言ってみれば，市民性の存在しないような生活の領域には住んだことも暮したこともなかった」(HW＝1971: 79.〔　〕内は引用者の補足)。ここには，「小さな市民世界」に強い違和感をいだくがゆえに，かの「市民」となることを拒否し，当面はただ観察者としてしか生きることのできないヘッセの姿が見えている。『荒野のおおかみ』はそもそも，市民世界の観察者であるハリー（≒ヘッセ）が自らを観察した自己観察記録なのである。ハリーは日常的にはなんとか市民世界と折り合いをつけつつ暮らすのだが，拠り所すなわち「確固な安定したもの」・「故郷や平和」をもたず，いわば自己準拠的に生きもがいている。ハリーにとって「暗い不安の洞穴の中の小さい窓，かすかな明るい穴であり，救いであり，戸外への道」(HW＝1971: 165) となった女性ヘルミーネは，まさにこの自己準拠性を象徴している。ヘルミーネはハリーが自ら創りあげた自らの分身にほかならないからである。「もし世の中が正しいとするならば，カフェーの音楽や，大衆娯楽や，あんなに安直なものに満足しているアメリカ的な人間が正しいとするならば，私はまちがっており，気が狂っている」(HW＝1971: 48) とまで言い切るハリーではあるが，上に引用したようにけっして市民世界を敵視しているのではなく，市民世界がはぐくんできた「確固な安定したもの」，「故郷や平和」への憧憬 (Sehnsucht) と，それ

ら拠り所が変質・腐食することへの危機感さらには絶望感のあいだで苦しんでいるとみるべきであろう。

　一方ルーマンにも，「市民世界」となじめずさしあたり折り合いをつけているといった趣 (Stimmung) が全くないわけではないが，ヘッセの作中でいえば『メルヒェン』(Die Märchen, 1919) に出てくる中国の詩人ハン・フォークの心境により近かったのではないかと筆者は想像している。ハン・フォークは「生活のただ中にあっても，自分は常に孤独であり，いわば傍観者，局外者にとどまるだろう」と認めつつ，「また自分の魂は，多くの他の人々の間にあってひとり，地上の美しさと同時に局外者のひそかな願いを感ぜずにはいられないように作られている」と気づいてもいた。そして沈思黙考のすえ「世界そのものを映像のうちに浄化し不滅にしてわが物とするほど，完全に世界を詩の中に映すことが成功した場合にかぎって，真の幸福と深い満足は得られる」との結論に達するのである (Hesse 1919=1973: 45)。ここで，「詩」を「社会理論」に置き換えればルーマンにそのままあてはまるなどと飛躍するつもりはない。ただ両者に通底するものがあると言いたいだけである。

2-2　観察と区別

　ところで，「常に孤独で傍観者・局外者にとどまる」ことはそもそも可能なのだろうか。たとえば自己と「市民世界」を区別し，もっぱら外から（自己を含まない）「市民世界」を観察するといったことができるのだろうか。「常に孤独な傍観者」とて「生活のただ中にある」(inmitten des Lebens) 以上，「市民世界」とコミュニケートせざるをえない。それゆえ彼が観察を徹底させるなら，その視野には「孤独な傍観者」である彼自身と「市民世界」との間のコミュニケーションがはいってくるから，自己を含まないはずの「市民世界」に自己の影がちらちらするという事態から目をそらすことができなくなるのではないか。いくぶん「孤独な傍観者」の雰囲気をただよわせているとはいえ，社会理論家としてのルーマンはもちろんそのようなパラドックスに躓くことはない。

　彼にならっていえば，自己／市民世界という区別は（コミュニケーション

のシステムである）社会(ゲゼルシャフト)を観察するために（観察者である）自己によって持ち込まれたひとつの区別である。この区別のもとでは，自己による「社会の観察」は区別の一方の側である「自己」が他方の側である「市民世界」を観察するというかたちをとる。そのさい観察する自己はいわば盲点にはいってしまうため，自己と「市民世界」をともに視野に収めることはできない（GG＝2009: 64-65）。ではいつ誰の目に自己は「孤独な傍観者」と映るのだろうか。答は，自己／市民世界という区別にもとづいて社会を観察する自己を，それとは別のなんらかの区別にもとづいて観察する二次観察者としての他者あるいは（自己観察のばあい）自己の目に，である。つまり「孤独な傍観者」というのは，社会の（一次）観察者を観察した二次観察像だったのである。いずれにせよ，観察をしようとすればなんらかの区別に頼らざるを得ない（GG＝2009: 48）。区別は観察者が異なれば異なりうるし，同一観察者であっても区別の取り替え（Auswechseln）が可能である。上でパラドックスと見えた事態は，観察が依拠する相異なる区別や観察の次元の違い（一次観察，二次観察，三次観察等々）を明確に識別すれば解消されるはずである。ここで何よりも肝心なのは，「区別とは，自分自身を包摂する統一体（Einheit）というパラドックスを展開する（entfalten）ための形式に他ならない」（GG＝2009: 77）との洞察であろう。

2-3　ハリー・ハラーの高次の自己観察

　話を『荒野のおおかみ』に戻すと，この作品は自己／市民世界の区別に固執して社会を観察する主人公ハリー・ハラーを彼自身が観察した二次観察（観察の観察）としての自己観察記録である。上でみたように，二次観察（ここでは自己観察のかたちをとった二次観察）は自己／市民世界の区別を超えた別の区別にもとづいて行われているはずである。ハリーのばあいいかなる区別に拠ったのだろうか。先の引用にも見られるが，ハリーの市民世界の観察（一次観察）はアンビヴァレントで揺れ動いており，そのような混乱した観察像しかもちえないところに彼の苦悩がある。なぜそうなるかといえば，「ハリーは自分の中に人間を，すなわち，思想や感情や文化や，仕込まれ高尚にされた性質などから成る一つの世界を見いだすが，同時に自分の中

におおかみをも，すなわち，本能や野生や残虐性や，高尚化されない粗野な性質などから成る一つの暗い世界を見いだす」（HW＝1971: 89）からであり，そもそも観察する自己（＝ハリー）が敵対・対立する二つの魂を抱えているからである。人間による市民世界の観察とおおかみによるそれとが入り交じったり交替したりするため，観察像は混乱しハリーは悩み苦しむのである。ところがこの説明はほかならぬハリー自身のものである。彼は人間／おおかみという区別（もはや自己／市民世界の区別ではない！）に頼ることで，市民世界を観察する彼自身を観察し（ハリーの二次観察としての自己観察），自らの市民世界像（一次観察像）の動揺・混乱とそれに由来する彼自身の苦悩を説明している（説明したつもりでいる）のである。市民世界の外にいてもっぱら観察するはずの「孤独な傍観者」の影が，観察される「市民世界」の中にちらちら映るという前述のパラドックスも観察像の動揺・混乱であり，このパラドックスの解消（展開）法はルーマンによって示されたとおりである。では，いまハリーの直面している観察像の動揺・混乱を解消する道はあるのだろうか。彼はいまだその道を見いだしておらず，悩みはいっこうに去らないばかりか，かえって募る気配さえある。興味深いことに著者ヘッセはここに，解決への道を示唆する三次観察者を登場させる。それは「荒野のおおかみについての論文」の匿名筆者（実はハリー自身）である。彼は市民世界を観察するハリーを観察するハリーを観察する者（＝ハリー）なのである。はたしてその解決への道とはいかなるものであり，ルーマンのそれと何か繋がりをもつのだろうか。

　かの論文は次のように指摘する。すなわち「おおかみと人間，本能と精神とに二分することによって，ハリーは自分の運命を理解しやすくしようとつとめるが，この二分はきわめて大まかな単純化であって，この人が自分の中に見いだす矛盾，彼の大きな苦悩の源であると思われる矛盾に，もっともらしいが誤った説明を施すために，事実を曲げたものである」（HW＝1971: 88-89）。自らの人格を（たった）二極からなる統一体（Einheit）とみなすこうした二分法的単純化は，生活の便法としていまや不可欠（notwendig）になってしまっているが，「実際は，どんな我も，最も素朴な我でさえも，統一体ではなくて，極度に多様な世界，…さまざまの形と段階と状態と遺伝と

可能性とを含む混沌である」(HW=1971: 91)。重要なのは魂の多様さの認識である。文学を引いてたとえるなら、『ファウスト』に出てくるファウストやメフィストやワグナーやその他すべての「人物を個人と見ないで、より高い統一体の部分、側面、種々の様相と見る心がまえにならなければならない」(HW=1971: 93) のであり、このより高い統一体＝超個人 (Überperson) の中に、はじめて魂の真の本質の何かが暗示されるのである。それゆえ「二つの魂（おおかみと人間）を胸の中にいだいていると信じ、それでもう自分の胸はひどく窮屈になっていると思っている」(HW=1971: 93) ハリーに対しては、「君の二元性をなおしばしば多元化し、君の複雑さをもっとずっと複雑にしなければならないだろう。君の世界を狭くし、君の魂を単純化するかわりに、君はいよいよ多くの世界を、しまいには全世界を、君の痛ましく拡大された魂の中に受け入れなければならないだろう。君がいつか終りに、安らかさ〔＝不滅な人間〕に達するためには」(HW=1971: 99.〔 〕内は引用者の補足) との助言が与えられる。そのさい助言者たる論文筆者が仏陀やヨーガ（瑜伽）に言及していることから、これは社会理論との接点をもたぬ宗教的助言ではないかとの疑問がわくかもしれない。しかし内容ではなく形式に注目するなら、この助言はルーマンが援用しているゴットハルト・ギュンター (Gotthard Günther) の多値論理学をある意味で先取りしているのである。

2-4　ギュンター論理学への接近

とはいえ、ルーマンでさえ「彼の論理的および意味論的解説はとうていすっきりしたものとは言えない」(WG=1991: 73) と評したギュンターの論理学の詳細に話が及ぶわけではない。むしろギュンターの論理学とも、また当面のハリー・ハラーのケースとも、一見かけ離れた例から出発するのが分かりやすいだろう。それは「平成の大合併」にあたってしばしば生じた新市町村名をめぐる対立である。ハリーの「おおかみ／人間」のケースと合わせるため A 町／B 町の二町合併ということにしよう。このとき A、B いずれかを新自治体名にする、A、B をそのまま並べる（AB 町あるいは BA 町のように）、町名の一部をとって合成するなど、なんらかのかたちで旧町名

をもとにした命名で合意できればよいが，そのやり方では決着がつかないばあいが少なくなかった。旧町名に固執するかぎり対立が解けそうもないというのであれば，旧町名を超越するしかない。両町の属する郡名，両町を流れる川の名など無難なものから，超越しすぎて（？）感心しかねるものまで多くの実例がある。この命名問題は前出の「区別」という概念を用いて整理できる。旧町名をもとにした命名が拠り所にしているのは要するにAとBの区別である。これに対してもうひとつ別の区別が登場してくる。旧町名に固執するか，旧町名を超越するか，の区別である。後者の区別は，AとBの区別に固執するか，AとBの区別を超越するかの区別，とも言いかえられる。区別を／で表わし簡潔に示せば，はじめに［A/B］という区別があり，そこに［A/Bに固執する／A/Bを超越する］という区別がかぶさるのである。論理学の用語では，はじめの区別を「選言」（A or B：Disjunktion）または「連言」（A and B：Konjunktion），はじめの区別にあとの区別をかぶせること（あとの区別そのものではない！）を「超言」（Transjunktion）と呼び，この「超言」という考え方を編み出したのがギュンターなのである。「超言」の独自性は「もとの（ここではA/Bの）区別を超越する」ところにあり，たとえばA/Bの区別とはかかわりのない別の区別をもうけるのもひとつの超越である。ギュンターは超越を体現する項を棄却値（Rejektionswert）と名づけているが，今の例では新たにもうけた区別は棄却値である（WG＝1991：71-72 参照）。命名問題に即していえば，旧町名にこだわっている段階（選言・連言レベル）から，もうこだわるのはやめようという段階（超言レベル）への移行があり，ではあらためてどんな名前にするかという話になる。そこで新たな名前の候補としてC, D, …が出たとすれば，［C/D/…］というA/Bの区別を超越した新たな区別が問題になるし，候補名がCただひとつしか出なかったとしても，それで合意に至るとはかぎらないから，やはり［Cを採る／Cを採らない］という新たな区別が生じていると考えられる。［C/D/…］や［Cを採る／Cを採らない］はもとの［A/B］の区別に対して棄却値である。（ギュンターやルーマンに倣えば，A, Bに対してC, D, …が棄却値である，と言うべきかもしれないが，区別概念との関連を強調してここでは，区別に対して別の区別が棄却値に

なっているという表現をあえて用いた)。

　いささか遠回りをしたが,ここまでくればハリー・ハラーのケースに戻るのは容易である。ハリーは「おおかみ／人間」という区別に固執し,おおかみと人間の分裂(選言)と接合(連言)に揉まれる日々を送っており,そこから脱出するすべを見いだせないでいる。これは旧町名にこだわっていつまでも新自治体名が決まらないケースと同型である。命名問題の解決策は「もとの区別の超越」つまり超言レベルでの棄却値の採用であったが,ハリーに対する助言もまた棄却値の採用を奨めている。「おおかみ／人間」という二分法ないし二元的対立を超えた視点をもて,と。魂の多元化・複雑化・全世界包含といった助言の内容,およびハリーがそれをどのように受け止めどのように進んでいくかはさしあたり本章の関心事ではない。筆者の興味を引いたのは,『荒野のおおかみ』とりわけ「荒野のおおかみについての論文」がルーマン理論に通じる形式を示していることである。主人公ハリーの自己観察記録である本書は,たんなる観察(一次観察)のみならず,観察の観察(二次観察)さらには観察の観察の観察(三次観察)までをも含んでいる。そして観察はつねになんらかの区別にもとづいて行なわれるのであるから(GG＝2009: 48),観察の高次化は区別の取り替えを伴っているはずである。しかも,「観察者は,〔ある区別にもとづく〕観察に際しては〔当の区別にとどまったままでは〕自分自身を見ることができない〔つまり盲点にはいってしまう〕」(GG＝2009: 64.〔 〕内は引用者の補足)ため,観察する観察者を観察する高次観察にさいして用いられる区別は,はじめの(前段階の)観察で用いられる区別を超越した区別つまり棄却値としての区別でなくてはならない。超言レベルでの棄却値が区別のかたちをとるのであれば,その区別にかんしてふたたび選言・連言の問題が生じ,前と同じように超言レベルへの移行と新たな棄却値の採用が繰り返される可能性がある。このプロセスを終わらせるような最後の棄却値(としての区別)を見いだすまで,ハリーは自己観察の次元を幾段も積み上げながら苦悩し続けるのであろう。そしてその苦悩の道は,彼自身には「右往左往した,めちゃくちゃなためらいがちなジグザグな軌道」(HW＝1971: 102)と映るのであろう。彼のケースが,最終棄却値をついに見いだせず合併断念に至ったケースと同型にならないことを祈るのみである。

3. 二項対比を乗り越える

3-1　社会理論の語り手たち（1）：デミアン

　ヘッセの作品に登場する人物のなかで筆者（春日）が個人的に興味をもったのは，印象の強い順に，『ナルチスとゴルトムント』（邦訳名『知と愛』）のナルチス，次いでそれぞれ書名になっているデミアン，シッダールタの三人である。理由は三人がともに社会理論を語っているからという，まったく非文学的なものである。これに「荒野のおおかみについての論文」の匿名筆者としてのハリー・ハラーを加えて，四人の語る共通テーマは「二項対比とその乗り越え」である。ハリーについては前節でややくわしく述べたので，本節ではテーマの共通性に焦点を合わせて他の三人をとりあげることにしよう。まずは発表時期がもっとも早いデミアン（Demian, 1919）である。

　マックス・デミアンは主人公エーミール・シンクレールの年長の学友であるが，幼稚な少年たちのあいだにあって彼らとは異質な大人びた雰囲気をただよわせる生徒として登場する（HD＝1951: 40）。ちなみに彼が母子家庭の息子であるのは，筆者（春日）が小・中学時代に出会った同タイプの（つまりデミアン風の）級友のばあいとも符合し，リアルな設定と感じた。デミアンの役割は，人間のもつ二面性，それはシンクレールにおいて顕在化している面とさしあたり潜在化している面とから成るのだが，この二面性をシンクレールに気づかせ，潜在化している面（シンクレールにとっていわば正・邪の邪の面）を顕在化させつつ二面の対立の乗り越え（Überwinden）へと導くことである。デミアンのこの「啓蒙活動」はカインとアベルの話の裏を読むところから始まり，旧・新約聖書の欠陥の大胆な指摘へと展開する。すなわち聖書の全き神（ganzer Gott）は世界の半分しか表わして（vorstellen）おらず，他の半分は「すべてむぞうさに悪魔のものに帰せられ…ごまかされ，黙殺されている」（HD＝1951: 93），と。彼は「人工的に引き離された，公認された半分だけでなく，全世界を，いっさいをあがめ重んじるべきだ。…つまり，神の礼拝とならんで悪魔の礼拝を行なわねばならない。…あ

るいはまた，悪魔をも包含している神を創造しなければならない」(HD=1951: 94)と説く。この「悪魔をも包含している神」は，のちに「アプラクサス」という名を伴って(HD=1951: 138-139)シンクレールの心に住み続け，人間がかかえる二項対立たとえば「動物的に暗い衝動」としての愛と「敬虔に精神化された崇拝」としての愛(HD=1951: 142)の対立，を乗り越える支えとなった。ただし乗り越えは容易ならざる課題であり，シンクレールの苦闘に終着点が見えているわけではない。

　いま述べた「神／悪魔」の二項対比のみで話が終わるなら，社会理論と結びつけてまで云々するのはおおげさであろう。ところが『デミアン』は終盤の二章に至って時勢・時局への論及・批判を一段と鮮烈にし，そのことに合わせるかのように「神／悪魔」の二項対比が「衆愚人／しるしのある者」という対比に置き換えられる。新たな対比の鍵となるのはやはり観察である。デミアンとその母エヴァ夫人そしてシンクレールを中心とする「しるしのある者たち」(Gezeichneten)は「世間から絶縁してはいなかった。私たちは考えや対話の中でしばしば世界のただ中にはいって生きた。ただ別な畑に生きているのだった。私たちは多数の人々から境界によってではなく，ただ別種の視覚(Sehen)によって分けられていた。私たちの課題は，世間の中に…別な生き方の可能性を告げ知らすことだった」(HD=1951: 214-215. 傍点は引用者の付加)。「われわれ，しるしのあるものが，新しいもの，孤立したもの，来たるべきものへの自然の意志を表わしていたのに反し，ほかのものたちは固執の意志の中に生きていた。彼らにとって人類は…あるできあがったもので，維持され保護されねばならないものだった。私たちにとっては人類は一つの遠い未来であり，私たちは皆それを目ざして途上にあるのであって，その姿はだれにも知られず，そのおきてはどこにも書いてなかった」(HD=1951: 215-216)。引用文中の「多数の人々」，「ほかのものたち」は，「しるしのある者」に対比される「衆愚人」(Herde)を指すとみてほぼ間違いないから，「衆愚人／しるしのある者」という二項対比は，公認の神の世界（明るい世界）に固執し他の半分の世界（悪魔の世界・暗い世界）を見ようとしない（あるいは前者の世界を全世界と誤認している）人々と，世界の二面性ないし二項対立に気づきそれを乗り越える覚悟をいだいている者

たち，の対比（＝区別）である。「しるしのある者」はたんに世界を観察する能力あるいは姿勢（＝視覚）において「衆愚人」と別種であるだけではなく，認識した二面性ないし二項対立の乗り越えを自らの課題とする点でも「衆愚人」と区別される。世界の二面性に気づいていない「衆愚人」にはそもそも乗り越えの課題などはない。これに対して，「しるしのある者」には乗り越えの課題がたえずついて回る。「神／悪魔」という二項は，先のハリー・ハラーのばあいの「おおかみ／人間」と同様，そのままでは相容れない対立項ないし敵対項であって，共存共栄もありうる「人間／きつね」や「人間／さる」といった二項対比（『荒野のおおかみ』HW＝1971: 65-66の皮肉交じりの記述参照）とは根本的に異なる対比をなしている。この敵対的二項対比に気づいたとたん，対立の乗り越えという課題が不可避的に肩にかかってくる。「しるしのある者」がこの課題を肩から振り落とそうとすれば，その者はその段階で（風変わりな音楽家ピストーリウスが警告するように）「非のうちどころのない普通のもの」となり，アプラクサスに見捨てられて「衆愚人」に堕するほかないであろう（HD＝1951: 163）。乗り越え課題をついぞ担うことのない「衆愚人」に対して，「しるしのある者」はこの課題から逃れえない。もちろん，課題を背負ったからといって二項対立の乗り越えに成功するとはかぎらない。むしろシンクレールがそうであるように，「その姿がだれにも知られず，そのおきてがどこにも書いてない」未来へ向かって苦闘を続けるのが典型的な姿なのであろう。ちなみに『デミアン』の中では明確に示されていないが，二項対立の乗り越えというとき，たんに「神／悪魔」の対立のみならず，「衆愚人／しるしのある者」という二項対比自体もまた（たとえ絶望的な困難が遠い未来にわたって予想されようとも）乗り越えられるべきもののはずである。「しるしのある者」が真にその者であるならば，この二重の乗り越えを自らの課題とするにちがいない。さもなければ「しるしのある者」は，衆愚人のしるしを帯びた「エリート」を意味するにすぎなくなるだろう。

3-2　社会理論の語り手たち（2）：シッダールタ

　『シッダールタ：インドの詩』（Siddhartha: Eine indische Dichtung,

1922）は主人公シッダールタの修行と悟りの物語で宗教を前面に打ち出した作品であるが，仏陀の教えそのものに眼目があるのではなく，むしろ「ことばで説かれる教え」を超えるというヘッセ自身の悟りの記録である。そしてここでも，『荒野のおおかみ』，『デミアン』と並んで「世界の二分」や「二項対比」がテーマとなる。

　途中経過は省略して，修行のすえシッダールタが見いだした彼の「最上の思想」を幼友達でかつての修行仲間のゴーヴィンダに語るところから始めよう。かの思想によれば，「あらゆる真理についてその反対も同様に真実だ！つまり，一つの真理は常に，一面的である場合にだけ，表現され，ことばに包まれるのだ。思想でもって考えられ，ことばでもって言われうることは，すべて一面的で半分だ。すべては，全体を欠き，まとまりを欠き，統一を欠いている。崇高なゴータマが世界について説教したとき，彼はそれを輪廻と涅槃に，迷いと真(まこと)に，悩みと解脱とに分けなければならなかった。…教えようと欲するものにとっては，ほかに道がないのだ。だが，世界そのものは，われわれの周囲と内部に存在するものは，決して一面的ではない」（HS＝1971: 149）。要するに世界をことばや思想で表現しようとすれば，世界を二分すること，あるいは「区別を設ける」ことから始めざるをえない，というのである。これはルーマンがジョージ・スペンサー＝ブラウンを援用して「世界とは《マークされない状態》であると言ってもよい。区切りがなされ，形式の境界線が引かれれば常に世界には傷が付けられる。しかし世界は区切りや境界に従って，ただ区別相対的にだけ，一方の側から他方の側への移動においてのみ，検知（abtasten）されるのである」（GG＝2009: 165）と言っていることと符合する。仏陀・ゴータマの忠実な弟子であるゴーヴィンダは，師のことばによる教えに潜むそうした欠陥あるいは限界を指摘されて，心に反発を感じながらもシッダールタに深く魅了され尊敬の念を抱くのである（HS＝1971: 155-159）。

　指摘された「ことばや思想の限界」は，社会理論家や論理学者であれば，先に紹介した観察の高次化や超言といった手法で切り抜けうるものかもしれない。しかしシッダールタは，「彼〔＝ゴータマ〕の行為と生活は彼の説教より重要だ。彼の手ぶりは意見より重要だ。説教や思索にではなく，行為や

生活の中にだけ、私は彼の偉大さを見る（HS＝1971: 155.〔 〕内は引用者の補足）として、ことばや思想よりも物（Ding）や行為（Tun）のほうを重んじる。シッダールタにとっては、ゴータマの説教よりも川の渡し守ヴァズデーヴァが身をもって示した教え、そして（物としての）川そのもののほうがはるかに説得力をもっていた。彼は「賢者が伝えようと試みる知恵はいつも痴愚のように聞こえる。…… 知識（Wissen）は伝えることができるが、知恵（Weisheit）は伝えることができない。知恵を見いだすことはできる。知恵を生きることはできる。…が、知恵を語り教えることはできない」（HS＝1971: 149）と気づいたのである[3]。「世界を透察し、説明し、けいべつすることは、偉大な思想家[4]のすることであろう。だが、私のひたすら念ずるのは、世界を愛しうること、世界をけいべつしないこと、世界と自分を憎まぬこと、世界と自分と万物を愛と賛嘆と畏敬をもってながめうることである」（HS＝1971: 154）と、自らを思想家の彼岸におくシッダールタ。ことばや思想を超越することによって、《マークされない》がゆえに観察不可能であるはずの「世界」を、いやそれどころか「世界と自分と万物」を、まるごと観察しようとする彼を、もはや社会理論の語り手として呼び戻すことはできそうもない。

　社会理論の視点から強調すべきは、ことばや思想を伴わない表現ないし観察はありうるとしても（後述のように、芸術はその一例となろう）、区別の設定（世界の二分や二項対比）を欠く表現や観察はありえないということである。区別はたんにことばや思想を支えているのではなく、観察全体を支えているからである。この点でシッダールタは、ことばや思想を超越すればあらゆる区別が不要になると思い違いをしているようにも見受けられる。観察が観察であるかぎり区別なしですますことはできない。これは前節（2-2～2-4）でみたとおりである。シッダールタが目ざしているのは、たんに自分自身を含めた世界をまるごと観察するというだけではなく、その観察をなんら「区別を設け」ずになしとげることであって、これは社会理論的には全く不可能な企てである。この不可能を可能にするには、自らを「時間が実在するものだという迷い」から解き放たねばならない。シッダールタは「川から、時間は存在しないという秘密を学び」（HS＝1971: 114）、「時間を

克服し，時間を考えないようになることができたら，この世のいっさいの困難と敵は除かれ克服されはしなかったか」(HS＝1971: 115)，「時間が実在でないとすれば，世界と永遠，悩みと幸福，悪と善の間に存するように見えるわずかな隔たり (Spanne) も一つの迷いにすぎないのだ」(HS＝1971: 150)，との悟りに至る。時間が実在するという迷いを脱すれば，すべては同時的なものに見えてくる。地面から一つの石を拾いあげたシッダールタは言う。「この石は石である。動物でもあり，神でもあり，仏陀でもある。私がこれをたっとび愛するのは，これがいつかあれやこれやになりうるだろう〔＝潜在性〕からではなく，ずっと前からそして常にいっさいであるからだ」(HS＝1971: 151-152. 傍点および〔 〕内は引用者の付加・補足)，と。時間を止揚した観察者の目には，「世界は不完全ではない。完全さへゆるやかな道をたどっているのでもない。いや，世界は瞬間瞬間に完全な」(HS＝1971: 150) ものとして映るのだ。ルーマンの用語でいえば，現時性 (Aktualität) と潜在性 (Potentialität) の区別（あるいは現実性と可能性の区別）が消滅し，すべてがアクチュアルなものになり，いわば世界がいっぺんに丸見えになるということである。これは「深い瞑想の中」では起こりうるかもしれないが，もちろん凡俗の日常生活においてはありえない。世界はなるほど潜在的可能性の総体ではある。しかし，その可能性のすべてを同時には実現できないがゆえに，世界の全体像は不可視に留まるのである (GG＝2009: 45)。

　結局シッダールタのばあい，宗教的な次元における時間の克服を通して二項対比ないし二分法の全面的な乗り越えが達成されることになる。だがこれで話が終わるわけではない。宗教の世界へ去ってしまったかに見えたシッダールタが，思いがけずも社会理論の世界に戻ってくるのである。

　上述のように「世界は区切りや境界に従って，ただ区別相対的にだけ，一方の側から他方の側への移動においてのみ，検知されるのであり」(GG＝2009: 165)，その移動（＝境界の横断）には，言いかえると潜在的なものを現時化するさいには，時間が必要となる (GG＝2009: 153)。「境界の横断には時間が必要である」とは，『社会の社会』に繰り返し出てくるフレーズだが（たとえばGG＝2009: 53, 55, 153, 249, 416, 1479-1480)，横断に時間がかかるのはあたりまえだ。そんな分かりきったことを何度も言う意味はどこ

にあるのか。察するに，ルーマンの本音はこのフレーズの裏返しにあるのではなかろうか。すなわち，「境界の横断がなければそもそも時間なるものは不要である」と。境界の横断ひいては区別の設定がなければ，あるいはそれ以前に，区別を不可欠とする「観察や記述」（ルーマン）ないし「ことばや思想による表現」（シッダールタ）の企てがなければ，時間は必要でない（もしくは存在しない）と考えることは，時間の成立にかんするひとつの社会理論的認識に通じる。

　シッダールタはすでに，世界をことばや思想で表現しようとすれば世界を二分せざるをえず（区別を設けざるをえず），それは時間の実在を前提にしてのみ可能である，と見抜いていたが（HS＝1971: 149-150），まさに同じことを社会理論家ルーマンは言語（ことば）の二元的コード化（binäre Codierung）という概念を用いて説く。言語は「全体社会の基礎的なコミュニケーション・メディア」（GG＝2009: 228）として，肯定／否定によって二元的にコード化されており，「言語的コミュニケーションに参与するものはすべて，受け入れか拒否か〔イエス／ノー〕という二者択一に直面する。《口に出した言葉は，どんなものでも，反対意見を呼び起こす》。このリスクを回避しようとするなら，コミュニケーションを断念するしかないだろう」（GG＝2009: 252.〔　〕内は引用者の補足）。ことばによるコミュニケーションをこころざすかぎり，イエス／ノーの二者択一と両者の間の境界横断（イエスからノーへ，ノーからイエスへ）が不可避となる。そしてここには時間の成立（Entstehung von Zeit）を規制する事態が含まれている。「ふたつの値〔肯定と否定〕の境界を横断することからして（つまり，何かを否定する…ことからして），すでに〔言語的コミュニケーションの〕システムは時間を必要とする」（GG＝2009: 249.〔　〕内は引用者の補足）。ルーマン自身は，区別を設け境界を横断することではじめて時間なるものが成立（entstehen）する，あるいは時間が実在のもの（etwas Wirkliches）になると明言しているわけではないが[5]，『社会の社会』巻末近くのスペンサー＝ブラウンへの言及（GG＝2009: 1479-1480）とも照らし合わせるなら，ルーマンの目はたんなる時間の必要性にではなく時間の成立に注がれていると見てよさそうである。ちなみに『ニクラス・ルーマンの社会システム理論用語

集』(GLU)の「時間」の項（執筆 Giancarlo Corsi）には次のように記されている。「各観察者にとって時間は何よりもまず次の事情から成立する。すなわち，どの区別も二つの側面をもっていること，そして一方の側から他方の側へ移るにはひとつの作動ひいては時間が必要になること，である。この事情のもとでは，つねに現時的(アクチュアル)なものとしての観察者自身と，移行を可能にした出来事〔＝作動〕が生み出した以前／以後の差異，この両者の間の差異が生じる。一方で同時性と他方で以前／以後の差異，この両者の区別が時間なのである」（GLU: 215.〔 〕内は引用者の補足）。

以上，社会理論家ルーマンと宗教者シッダールタは時間の認識において思いのほか近いところにいたのではないか，というのが筆者の感触である。

3-3 社会理論の語り手たち (3)：ナルチス

長編『ナルチスとゴルトムント』(Narziß und Goldmund, 1930：邦訳名『知と愛』)は，ひとくちで言えば表題にあるふたりの人物，つまり思想家(デンカー)[6]ナルチスと芸術家ゴルトムント，の二項対比の物語である。『シッダールタ』においても，思想家は宗教者シッダールタの姿を浮かび上がらせる鏡の役割を演じていたが，本書ではその鏡がナルチスという具体的人物を通じてより明澄になる。それのみならず，主人公ゴルトムントもまたナルチスを映し出す鏡になっており，この二人（＝二項）の役には軽重の差をつけがたい。ともあれ，前出のデミアンやシッダールタのばあいには，それと意識せずに語る内容がたまたま社会理論との接点をもつにとどまっていたのに対し，ナルチスは本格的な学者（神学者・哲学者）であり，ゴルトムントを教え導くさいの拠り所は自らの知識学ないし学問論（Wissenschaftslehre）である[7]。

物語は修道院にはいった少年ゴルトムントと若き見習い僧兼助教師ナルチスとの出会いから始まる。自己の対極にある精神の人ナルチスの教えによって芸術の人となるべき自分自身を発見したゴルトムントは，その修業の一環ともいえる女性遍歴を重ねつつ自らの芸術を研ぎ澄まし高めていくが，理想の女性である神聖化された母の像を形にしようという究極の願いを達成することなく，その母の許へ逝ってしまう。詳細を端折って大胆に要約すればこういう筋書きである。ついに満足のいく母の像を完成させたというハッ

ピー・エンドが用意されないのは，おそらく芸術の限界（あるいは，芸術的観察の限界）を示唆せんがためであろう。

　ナルチスの見るところ，ゴルトムントの天分の大部分は「帝国官吏である父」（HN＝1959: 18）からではなく，夫と幼い息子を残して家を去ったとされる母から受けていたが（HN＝1959: 75），その天分は母の記憶ともども父によって封印されていた。ナルチスがこの封印を解き，ゴルトムントは天分を紆余曲折を経ながらも開花させ，同時に母のイメージを次第に理想化・神聖化していく。ここで注意すべきは，ナルチスとゴルトムントはたんに二項対比のそれぞれの項の役割を演じるだけでなく，その対比を眺める観察者にもなっている（あるいは，なろうとしている）という点である。ナルチスはそもそも観察を務めとする学者でありこの二項対比の発見者でもあるから説明の要はないであろう。彼は上述の（社会理論的）手順どおりに，ゴルトムントの観察にあたってまず区別（＝二項対比），すなわち芸術家／思想家，を導入したのである。第四章には修道院の生徒と若き助教師の印象的な対話がある（HN＝1959: 61-62. 訳書では Unterschied を大部分「差別」と訳しているが，本章では「区別」に統一した）。

ゴルトムント「いつもあなたは差異（Verschiedenheiten）について語ります——それがあなたの最も特別な性質であることを，ぼくはしだいに知りました。たとえばあなたとぼくとの間にある大きな区別（Unterschied）についてあなたが話すとき，その区別はいつも，区別を発見しようと熱中しているその妙な態度の中にあるのだと，ぼくには思われるのです！」

ナルチス「たしかに君は急所をついた。実際，君にとっては区別はたいして重要ではない。しかしぼくにはそれが唯一の重要なものであると思われる。ぼくは自分の本性から言って学者であり，ぼくの天職は学問だ。学問は，…『区別を発見しようと熱中する』ことにほかならない。これよりよく学問の本質を言い表わすことはできないだろう。われわれ学問の人間にとっては，差異の確認より重要なことはない。学問とは区別の術（Unterscheidungskunst）である。たとえば，おのおのの人について，その人を他の人々から区別する特徴を発見することが，すなわちその人を認識することだ」

ナルチスは学問の本質を区別に認める点で，ルーマンに（半世紀近く？）先んじていたのである。

　一方，芸術家ゴルトムントの観察姿勢は宗教家シッダールタと似たところがある。すなわち彼はことばや思想に頼らず，それゆえまたことばや思想を支える区別を超越して観察し表現しなければならない。ナルチスから「ぼくは君自身だけを本気に取るのだ……君の思想を，ぼくはそれほど本気に取らない。君の本質的で必然的だと思う点を，ぼくは本気に取るのだ」（HN＝1959: 64）と言われたゴルトムントは，自らすでに「一枚の花びら，あるいは道の上の一匹の小さい虫が，図書室全体のすべての本よりはるかに多くを語り含んで」おり，「文字やことばでは何も言うことはできない」との思いをいだき（HN＝1959: 93），ほどなくナルチスと修道院に別れを告げ「ことばが意味を持たぬ世界」へと旅立つのである。「彼はことばや思想にたいしては何の欲求ももう持たなかった」（HN＝1959: 125）。その後，波瀾万丈の放浪と逗留の年月を過ごしながらあまたの女性を知り，心打つ作品に出会い，師（ニクラウス親方）をも得たゴルトムントであるが，はたして自らの芸術家としての理想を実現しえたのだろうか。

　漂泊の人生も終わりに近づいたころ，いまやナルチスが院長を務めるかつての修道院に仕事場を得た彼は，そこでの第一作の一部として少年時代の彼を強く惹きつけた修道院長ダニエルの像を制作する。作者自身「いちばんうまくいったように思われ」，「非常な愛着を持った」この像を見たナルチス（＝ヨハネ院長）は，「ごく低い声で，相変わらずことばを吟味しながら」感動を口にする。「ひと目みてわたしはこの使徒はダニエル院長だと思った。いや，院長その人だけではなく，彼が当時われわれにとって意味していたすべてのもの…も現われていると思った。故人となったダニエル神父が，われわれ青年に仰ぎ見られたとおりの姿で，…立っている。彼とともに，あのころわれわれにとって神聖であり，あの時代をわれわれにとって忘れがたいものにするいっさいが，ここに立っている。君はこれを見せてくれることによって，わたしに豊かな贈物をしてくれた。われわれのダニエル院長をふたたび与えてくれたばかりでなく，君ははじめて君自身を完全にわたしにたいして開いて見せた。君がだれであるかを，今こそわたしは知った。もうそれ

については語らせないでくれたまえ。語ってはならないのだ」（HN＝1959: 429-430）。このことばを，同じナルチスの「ぼくは君自身だけを本気に取るのだ……」という旅立ち前のゴルトムントへの警告めいたことばと照らし合わせるなら，ナルチスの目には芸術家としてついに完成の域に達したゴルトムントの姿が映っていたはずである。

　しかしゴルトムント自身にとって完成の日は訪れなかった。彼の目ざすところは精神の人ナルチスの思索が及ぶ範囲を超えていた。ゴルトムントが「思想によらず，感情的に，いろいろな比喩の形で」ほのかに感じたところでは，「芸術は父の世界と母の世界との，精神と血との結合（Vereinigung）であった。芸術は最も感覚的なもので始まり，最も抽象的なものに通じることができた。…親方の聖母像のように，本物の，まぎれもない芸術家の作品は，すべてあの危険な微笑する二重の顔を，あの男性的で女性的なものを，本能的なものと純粋な精神性とを同時に持っていた。だが，もし自分が人類の母イヴの像を作ることにいつか成功したなら，それこそがあの二重の顔を最もよくあらわすことになるはずである」（HN＝1959: 254. ただし最後の一文〔だが，…〕は訳書に従っていない）。冒頭の要約でふれたとおり，このイヴ像は作られることなく終わるのだが，それは死に赴くゴルトムントにとってもはや無念ではない。母なるイヴ，イヴなる母が像の制作を，彼女の神秘をあらわにすることを，欲しないと悟ったからである（HN＝1959: 464）。

　イヴ像はできなかったとはいえ，「芸術と芸術的活動の中にこそ，ゴルトムントにとって彼の最も深い対立の融和（Versöhnung）の可能性…があった」（HN＝1959: 254）。つまり対立する二項の融和・統合によって，芸術は区別（二項対比）を超越しうると彼は予感（ahnen）していたわけである。物語も終盤になって彼は「よい芸術品〔念頭にあるのは人物彫像〕の原型（Urbild）は実存の人物ではない。実存の人物はそのきっかけになりうるかもしれないとしても。——原型は肉と血ではなく，精神的だ。それは，芸術家の魂の中にふるさとを持っている像だ」（HN＝1959: 401-402. 傍点および〔 〕内は引用者の付加・補足）と熱く語る。だが，芸術の核心的な部分に精神がかかわっているとすれば，芸術家／思想家（精神の人間）というナルチスの二分法（二項対比）は崩れるのではないか。

ゴルトムントのことばを受けてナルチスは言う。「君は『原型』について語った。つまり，創造的な精神の中よりほかのどこにも存在しないが，物質の中に実現され，具象化〔可視化〕されうる像について語った。芸術の形体（Kunstgestalt）は，具象化され，現実性を持つ前に，とっくにもう芸術家の魂の中の像として存在している！ その像，すなわち『原型』は，昔の哲学者が，『イデア』と名づけたものとぴったり合致する。……君は，イデアと原型に身をささげることを告白することによって，精神的な世界に，われわれの哲学者と神学者との世界にはいりこみ，生活の混乱した苦痛な戦場のただ中に，肉体的存在のはてしなく無意味な死の舞踏のただ中に，創造的精神が存在していることを認める。…その精神は君の場合は思索家の精神ではなくて，芸術家の精神だ。だが，それは精神だ。感覚世界の濁った混迷から，快楽と絶望との間の永遠のブランコから抜け出る道を君に示すものだ」（HN＝1959: 402-403.〔 〕内は引用者の補足）。ここで思い出すべきは，修道院時代のゴルトムントに若きナルチスが説いた二項対比である。「……充実した生命，果実の汁，愛の庭，芸術の美しい国が君たちのものだ。君たちの故郷は〔母なる〕大地（Erde）だが，ぼくたちの故郷は観念（Idee）だ。君たちの危険は，感覚の世界におぼれることだが，ぼくたちの危険は，真空の空間で窒息することだ。君は芸術家で，ぼくは思索家だ。君は母の胸に眠るが，ぼくは荒野にさめている」（HN＝1959: 68.〔 〕内は引用者の補足）。この二項対比はある意味ですっきりしていて分かりやすい。ところが修道院長となったナルチスは，芸術家を危険（＝感覚世界におぼれる危険）から救い出そうとして対立項の「精神」を持ち出すため，話がややこしくなる。思索家の精神／芸術家の精神という新たな区別が設けられるのである。いかにも観念を故郷とする思想家ナルチスらしいやり方である。しかし，ナルチスはゴルトムントのことばを我田引水しているのではないか。もういちどゴルトムントのことばをよく見てみよう。「原型は実存の人物ではない。…原型は肉と血ではなく，精神的だ」の部分の「実存の人物」の原語は eine wirkliche, lebende Gestalt である。生身の人間の外から見える姿，ということである。生きているがゆえに肉があり血が流れているのは当然だろう。その外からの姿（Gestalt）が良い芸術品（彫像）の原型なのではなく，対

象となる人物の（肉と血ではなく）精神，より正確には芸術家の魂の中に映し出された対象人物の精神，こそが原型なのだとゴルトムントは言っているのである。彼は単純に芸術家の精神とか創造的精神といったものを持ち出しているのではない。芸術家の魂は思想家（精神の人間）の魂の対極にあるが，それは対象の精神を映し出すことができる魂であり，その意味で芸術と精神の二項対立を乗り越えたところにある。これがゴルトムントの真のメッセージだと思われる。それでなければ，かのダニエル院長像に「院長その人だけではなく，彼が当時われわれにとって意味していたすべてのもの」(HN＝1959: 429-430) までが現われるはずもなかろう。ナルチスはダニエル院長像を目にし称賛したあの時点で，芸術家の魂のこのはたらき，すなわち対象のすべてを映し出すはたらき，を見抜くべきではなかったか。ゴルトムントが「肉と血／精神」という二分法を用いたのは，ナルチスの思考法に合わせたまでのことであって（案の定，ナルチスは「精神」ということばに飛びついた！），芸術家としての彼にとっては二項が融合した「対象のすべて」こそが肝要だったはずである。

　ゴルトムントが修道院の仕事場を離れ最後の旅に出たあと，ナルチスは彼とともにあった来し方に思いをめぐらす。「彼〔ナルチス〕が昔ゴルトムントの心を揺すぶり警告して，その青春に干渉し，その生活を新しい場所に移したように，友〔ゴルトムント〕は〔修道院への〕帰還以来彼を悩まし，揺すぶり，疑いと自己検討を彼に余儀なくさせた。友は彼と同格になった。ナルチスが彼に与えたものは，すべて数倍になってかえってきたのだった」(HN＝1959: 446. 傍点および〔　〕内は引用者の付加・補足)。ゴルトムントはナルチスと同格になったばかりではなく，どうやら彼を超えてしまったようである。精神をめぐる上のやりとりもそれを裏書きしているが，ナルチス自身「対話の中で友の情熱に自分の規律と思想の秩序とを対立させ，友より優越感を持つことは容易であった。しかし，ゴルトムントの作る像の小さな姿態の一つ一つ，目や口や巻きひげや着物のひだの一つ一つが，思索家のなしうるいっさいより以上であり，より現実的で，より生き生きとし，かけがえのないものではなかったか」(HN＝1959: 445) と，思索家に対する芸術家の優越を感じ取っているのである。本項冒頭でふれたように，作中での二人

の役には軽重の差をつけがたいのだが,それにもかかわらず主人公はゴルトムントでなくてはならぬ,そのゆえんはこのあたりにあるのだろう。ちなみに著者は,思想家／芸術家の二項対比をきわだたせるために,ナルチスにかなり極端な物言いをさせている。たとえば助教師時代の「精神は,固定したものを,形成されたもの (Gestaltete) を愛し,…生成するもの (Werdende) ではなく,存在するもの (Seiende) を愛し,可能なものではなく,現実のものを愛する」(HN＝1959: 94) とか,修道院長になってからの「ひとは心象 (Vorstellungen) を持たずに考えることができる！思索は心象とはいささかの関係もない。思索は形象 (Bilder) によってではなく,概念と公式によって行われる。まさに形象の終わるところで,哲学が始まる」(HN＝1959: 413) などといった断定的な対比や区分がそれである。これらは,今日の学問状況に照らせば,すでに乗り越えられ廃棄された対比ないし区分と言えるのではなかろうか。

　ゴルトムントが自らの一生をかけて証明したこと,それは芸術が(人間としての芸術家が,ではない)ことばや思想およびそれらにまつわる区別や二項対立を乗り越えうる,ということであった。しかしこの証明は,彼の芸術活動と作品そのものによってなされているのであり,ことばや思想によってではない。では,ことばや思想による証明は不可能なのだろうか。これは思想家(思索家)に聞いてみるほかない。最新の理論装備を欠く小説中の(フィクシャスな)思想家ナルチスに答を求めるのは無理であろう。そこで答えが期待できそうな現実(リアル)の思想家となると,まず思い浮かぶのは『社会の芸術』(1995a) を著した ルーマンである。

4. 芸術における二項対比――『社会の芸術』に依拠して――

4-1　芸術を通してのコミュニケーション

　ルーマンの芸術システム論である『社会の芸術』は,邦訳の助けを借りてもスラスラ読める著作とは言いがたい。少なくとも芸術的素養のない本章筆者にとっては難物であり,へたをすると樹海に迷い込むか蟻地獄に落ちる危

険すらある。そうした危険を避けつつ上述の課題の答えを探し出すことははたして可能なのだろうか。ここで筆者がとった作戦は大胆な焦点の絞り込み，すなわち課題に直接かかわるかぎりでのみルーマンのテクストに言及するというやり方である。加えて，芸術のさまざまな形式のうちテクスト芸術（Textkunst：詩・小説など）や音楽はさしあたり視野の縁に置き，ゴルトムントがたずさわった造形芸術（bildende Kunst：絵画・彫刻など）を主にイメージして論を進めていくことにする。

　芸術がことばや思想およびそれらにまつわる区別や二項対立を乗り越えうること，これを（作品そのものによってではなく）ことばや思想によって明らかにするというのが目下の課題であった。ルーマンは『社会の芸術』第一章Ⅲ節で早くもこの課題に寄り添ってくる。すなわち，「芸術は言語に対する機能的等価物のひとつであり，…言葉によっては（もちろんのこと，概念によっても）適切に再現されえないにもかかわらず，あるいはむしろそれゆえに，コミュニケーションとして機能する。……芸術〔を通してのコミュニケーション〕は…口頭コミュニケーションにみられるようなイエス／ノー〔二項対比〕コードの厳格な適用を免れている。…芸術作品そのものが関わるのは，知覚の働きを備えた観察者であり，知覚の働きはイエス／ノーの二分法に収まらない広がりをもっている〔からである〕」，と（KG＝2004: 25-26. ただし訳書に従っていない部分がある：〔　〕内は引用者の補足）。

　芸術についてのコミュニケーション（たとえば芸術批評・解説など）は言語を用い「イエス／ノー」コードに従う（たとえば褒めたり貶したりする）が，芸術を通してのコミュニケーションをこの芸術についてのコミュニケーションと混同してはならない[8]。たとえば，絵をどのように眺め曲をどのように聴くかは，人によって，また状況によって，千差万別でありうるし，鑑賞時の気分や感想をことばで表わすことができるとはかぎらない（もちろん言語表現が強制されるわけでもない）。かりに正しい鑑賞／誤った鑑賞といった二分法が適用されるとしても，それは芸術を通してのコミュニケーション以前の話（たとえば鑑賞マナーの問題）であろう。ヘッセの『荒野のおおかみ』でサキソフォン奏者パブロは主人公ハリー・ハラーにこう言っている。「じつは私の考えでは，音楽について話すことなんか，まったく価値

がないんです。私はけっして音楽について話しません。…わたしは楽士であって，学者じゃないんです。音楽では正しいってことは，一文の値打ちもないと思うんです。音楽では，正しいとか，趣味や教養やそういういっさいのものを持つとかいうことは，問題じゃないんです。〔問題は〕音楽することですよ，…できるだけよく，たくさん，熱心に音楽することですよ！…たとえ私がバッハとハイドンの全作品を頭に入れていて，この上なく気のきいたことを言いえたとしても，それでだれの役にたつわけでもありません。だが，私がサキソフォンをとって，活気のあるシミーを吹けば，シミーが良くっても悪くっても，人々を喜ばせますよ。みんなの足を浮きたたせ，血をわかせます。それだけが問題ですよ」(HW＝1971: 208-209.〔　〕内は引用者の補足)。パブロのこのことばは，芸術についてのコミュニケーションと区別される芸術を通してのコミュニケーションに特有の非言語的・脱二分法的性格を鋭くとらえているといえよう。

4-2　芸術における観察と区別：現実的な現実と虚構的な現実

　上述の「コミュニケーションにおける言語，したがってイエス／ノー二項対比，の回避」は，区別とのかかわりで芸術を他の機能システムから際立たせる重要なメルクマールのひとつである。他の機能システムでも言語を欠く（たとえばジェスチャーによる）コミュニケーションは起こりうるが(KG＝2004: 23-25)，それらは当の機能システムのコミュニケーション全体から見れば部分的あるいは補助的なものにとどまるのに対し，芸術システムでは言語の回避がいわばシステム存立の必須要件になっているのである。

　とはいえ，芸術はもちろんすべての二項対比を回避しうるわけではない。「他の場合と同様に芸術作品の制作においても鑑賞においても，作動することと観察すること（すなわち，区別を踏まえて何かを指し示すこと）が生じている。芸術家が自己の制作を制御できるのも，観察を通してのみである」(KG＝2004: 57)。そして「いかなる場合でも，観察することは区別に依拠している」(GG＝2009: 48. 本章2-2参照)のであるから，芸術はなんらかの区別ないし二項対比に頼らざるをえない。じっさい，細かく見れば芸術システムが依拠する区別（二項対比）は無数にあり，けっして他の機能システ

ム（たとえば経済，政治，法，教育，そしてもちろん学問，など）と比べて少ないなどとは言えそうにない。問題は区別の多寡ではなく区別の中味である。芸術を他の機能システムから分かつ独特の区別があるのだろうか。ルーマンによれば「現実的な現実／虚構的な現実」がそれに該当する。

芸術特有の区別というなら，伝統的美学で芸術のコード値とされてきた「美／醜」をとりあげるべきだとの異論がありえようが，ルーマンは「現在では［美／醜］というこの指し示しを，正または負のコード値を表すものとして保持することはますます困難になっている。〔芸術〕システム自身がそれに徹底的に抵抗しているからである。その理由のひとつはいうまでもなく，この指し示しが芸術作品だけでなく他の客体にも適用されうるということのうちにあるだろう。例えば人間にもである」（KG＝2004: 316-317.〔　〕内は引用者の補足）として，「美／醜」をもはや芸術特有の区別（コード値）とは見ていない。ちなみに芸術のコード値にかんするルーマンの論述は，「芸術のコード値に（学における［真／非真］に相当するような）説得力ある名称を与えるのは困難である」（KG＝2004: 313）とか，「現在に至るまで，［美／醜］に対する説得力ある代替選択肢は存在していない。…［美／醜］のゼマンティクを保持しようとするのであれば，それが表しているのは…［適合／不適合］（stimmig／unstimmig）に関する包括的判断に他ならない，と考えるべきだろう」（KG＝2004: 323）といったように，いささか歯切れが悪い。一方，「新／旧」および「オリジナル／コピー」も，芸術とのかかわりで見落とせない区別であるが，他の機能システムにも適用されるこれら区別は芸術システムのコード値（メルクマール）とはなりえない。芸術システムに固有なのは区別そのものではなく，項の組み合わせの選好（Präferenz）である。芸術は「新／旧」の新（新奇さ）と「オリジナル／コピー」のオリジナル（オリジナリティー）を選好する点で他のいずれの機能システムとも区別されるのである（KG＝2004: 334, 441-443）。

いずれにせよ，芸術のばあいシステム特有の区別をコードに求めることは断念したほうがよさそうである。そこで話を「現実的な現実／虚構的な現実」に戻すと，この区別は『社会の芸術』と同じころ出た二つの論文にも登場し，ルーマンにとってそれなりの重みをもった区別であることが窺われ

第 4 章　ヘルマン・ヘッセにルーマンを見る　121

る。ただ，該当箇所の文章[9]は例によって単純明快ではないので，必要に
応じて分かりやすい表現に翻訳しながら話を進めていこう。出発点ないし鍵
となるのは，人々が芸術と接するさいに何かを感じるその感じ方にある。美
術館で見ている絵の中に引き込まれたり，コンサート会場で音のつくり出す
世界に浸りきったり，観劇中や読書中に劇や小説の世界にはまり込んだり，
という経験は多くの人が持ち合わせているだろう。この引き込まれたり，浸
りきったり，はまり込んだりする世界が，芸術のつくり出す「虚構的（ある
いは想像的）な現実」(fiktionale oder imaginäre Realität) である。こ
れに対して，たとえば鑑賞者が現にいる美術館と，展示されている物理的客
体（Gegenstand）としての絵画・彫像，自分を含めた鑑賞者たち等々は，
「現実的な現実」(reale Realität) である。それゆえ，「現実的な現実／虚
構的な現実」を（厳密さを問わずに）言いかえれば，「目の前のありのまま
の世界／芸術が作者自身や鑑賞者の頭の中につくり出す想像的な世界」とで
もなろう。芸術作品によって「世界は，現実的な現実と想像的な現実とに
分裂させられる。…〔この〕区別を構成することによって初めて，一方の側
から他の側を観察することが可能になる」(KG=2004: 236-237.〔 〕内は引
用者の補足)。「芸術の機能は，この〔現実的な現実と想像的・虚構的な現実
との〕差異を再生産することのうちにしかない。…〔芸術にとって〕重要な
のは二つの現実の差異を生み出すこと，言いかえると，世界に自分自身を観
察する可能性をもたせてやること，である」(KG=2004: 241-242. ただし後
半は訳書に従っていない：傍点および〔 〕内は引用者の付加・補足)。もち
ろん「何かを観察可能にしようとすれば何かが観察から逃れ去ってしまう，
つまり世界のなかで生じるあらゆる区別と指し示しは，世界を隠蔽すること
にもなる」という事態が解消されるわけではないが，「芸術作品は世界その
ものと同様に，補完不可能な〔完全・不完全を云々しえない〕[10]ものとし
て現れてくるから」，「芸術作品によって，世界のなかへの世界の再登場を象
徴することはできる」のである。その意味で「芸術の機能は世界のなかで世
界を出現させることであると言ってもよいだろう」(KG=2004: 248.〔 〕内
は引用者の補足)。

　本章 3-2 ですでに論じたように，区別をまったく設けずに世界をまるごと

観察することは宗教的にはともかく社会理論的には不可能である。だが，芸術はこの「世界のまるごと観察」を擬似的に実現させる（ルーマンのことばでは，象徴的に表現する〈ジンボリジーレン〉）のである。くだけた言い方をすれば，「世界のまるごと観察ができないのなら，いっそのこともうひとつ別の世界をつくってしまえ。そうしておいて，自らのつくった別の世界から元の世界を眺めればよいではないか」ということである[11]。芸術のつくる別の世界（想像的・虚構的世界）は，まるごと観察ができないという元の世界の性格を受けついでいる点でユニークである。「元の世界／別の世界」（現実的な世界／虚構的な世界）という区別は，なるほど元の世界（現実的な世界）のまるごと観察を可能にするかのように思える。しかしこの区別のいずれの側に立っても，互いの全体像は見えないのである。確かなのはただ，この区別を設けることで元の世界（現実的な世界）の今まで見えなかった面が見えてくる可能性があるということだけである。要するに芸術は，まるごと観察のできない「現実的な世界」の中に，やはりまるごと観察のできない「虚構的な世界」をつくりだす。しかもこの「世界の二重化」を知覚可能な客体（＝芸術作品）の領域で実現する。上でルーマンが「芸術作品によって，世界のなかへの世界の再登場を象徴する」あるいは「芸術の機能は世界のなかで世界を出現させることである」と表現した中味はおそらくこのようなことであろう。

4-3　ゴルトムントの悟ったこと

　芸術とて世界（あるいは対象）をまるごと観察（したがって，表現）することはできず，それがなしうるのは，自らもうひとつの世界（あるいは対象）をつくって，その虚構の世界に現実の世界の「まるごと観察不可能」という特性を転写することだけである。これがルーマンの社会理論に拠りつつ得られた結論である。ありのままの世界（対象）のすべてを観察し表現することは不可能であるが，芸術作品はその不可能性自体を，あるいは世界の不可視性そのものを体現しうるのである。世界（対象）のまるごと観察の不可能性を体現した作品はある意味で世界（対象）をまるごと表現していると言えなくもない。もちろん本来の意味で世界（対象）のすべてを隈無く表現しているわけではないから，さしあたり擬似的表現と呼んでおこう。しかし擬

似的とはいえ誰でもが簡単にできることではない。すべてが露わになった底の浅い作品，不可視の深みを欠く駄作もあれば，観察不可能性ないし不可視性を体現してはいるが制作者や観察者に現実の世界ないし対象を観察する新たな，かつ／または，オリジナルな視点——それが現実を理想化するものであれ，批判するものであれ，肯定するものであれ（KG＝2004: 237-239）——を与えることのない凡作もありえよう。かのゴルトムントが放浪の旅の途次立ち寄った修道院で見たニクラウス親方の聖母像は，おそらくこうした駄作・凡作の対極に位置する作品であったに違いない。なにしろ「彼は別人になって聖堂を出た。まったく一変した世界を通って彼の歩みは彼をつれ出した。木彫の甘い神聖な像の前に立ったあの瞬間から，ゴルトムントは，今までついぞ持たなかったものを，…すなわち目標を持つようになった」（HN＝1959: 222-223）のであるから。そしてニクラウス親方のもとでの修行を経てふたたび放浪の旅に出たゴルトムントは，囚われの身になったところを偶然ナルチスによって救い出され，母校(アルマ・マータ)である修道院に戻ってくる。前節ですでにふれたように（3-3），修道院の仕事場での第一作「ダニエル院長像」に対してナルチスは「院長その人だけではなく，彼が当時われわれにとって意味していたすべてのもの…も現われている…。故人となったダニエル神父が，われわれ青年に仰ぎ見られたとおりの姿で，…立っている。彼とともに，あのころわれわれにとって神聖であり，あの時代をわれわれにとって忘れがたいものにするいっさいが，ここに立っている」（HN＝1959: 429-430. 傍点は引用者の付加）と絶賛したが，ゴルトムントは「なんとなくきまりが悪くなって息が詰まった」（HN＝1959: 430）のである。なるほど彼のダニエル院長像は，対象まるごとの擬似表現においてニクラウス親方の聖母像にも比肩する最高水準に達していたにちがいない。しかし彼自身は「すべてのもの」や「いっさい」を真に表現しえたとは思っていなかったはずである。そもそも彼の目標は「世俗の母，イヴの像を，最も古い最愛の聖なるものとして彼の心の中に存しているままにつくりあげる」ことであり，「心の中のこの像は，かつては彼自身の母と母への彼の愛との思い出の像にすぎなかったが，たえず変化し成長していた。…愛した女たちの顔のすべてがこの像に働きつづけたばかりでなく，あらゆる感動と見聞と体験とが働きかけ，表情

を与えた。この形を後日いつか具体的にあらわすことができたら，それは，特定の女性ではなく，人類の母としての生命そのものを表現するはずであった」(HN＝1959: 244-245. 傍点は引用者の付加)。「心の中に存しているままにつくりあげ」たり「生命そのものを表現する」とは，まさに対象まるごとを真の意味で表現し切ることであり，上述の「擬似表現」の及ぶところではない。ゴルトムントの究極目標は，社会理論から見れば達成不可能な目標である。ヘッセの筆はその冷厳な事実を別様の表現でゴルトムントに悟らせるのである。「このあいだまではまだ，〔あらゆる像の中で最も神聖な〕母の像を作らずに死ぬかもしれないと思うと，まったく耐えられなかっただろうし，自分の一生全体が無益なように思われただろう。それが，見たまえ，母との関係はじつにふしぎじゃないか。ぼくの手が母を形づくるかわりに，ぼくを形づくるのは母なのだ。… 彼女はぼくを惑わして死へ導いた。ぼくとともに，ぼくの夢も，美しい像も，大いなる人類の母イヴの像も死ぬ。… 手に力があれば，ぼくはそれを形づくることができるだろう。だが，彼女はそれを欲しない。ぼくが彼女の神秘をあらわにすることを，彼女は欲しない。むしろ彼女は，ぼくが死ぬことを欲している。ぼくは喜んで死ぬ」(HN＝1959: 464. 傍点および〔 〕内は引用者の付加・補足)。引用文中の「母」・「彼女」を「世界」と読み替えれば，世界の「不可視」，「観察不可能性」，「到達不可能性」(KG＝2004: 49) あるいは「把握不可能な統一性」(アインハイト)(GG＝2009: 167) といったルーマンの表現が，ヘッセによって美しく翻訳されていることに気づくだろう。「世界はそれ(＝観察・到達・把握)を欲しない」のである。

(春日淳一)

注

1) ヘッセが1927年9月にオーストリアで採集した蝶の標本が大阪で見つかったという2009年12月のテレビ報道を耳にして。
2) 本章の範囲ではヘッセとルーマンをともに，たんに「著作家」ではなく「思索家」と呼びたいのだが，のちにふれるように (本章3-3) ヘッセは芸術家 (Künstler) と思索家 (Denker) を鋭く対比させており，彼に「思索家」の一語のみを貼りつけることは大いなる誤解を与えるので，やむなく「著作家」とした。
3) シッダールタのいう知恵はマイケル・ポランニーの暗黙知 (tacit knowing) すなわち「語ることのできない知識」を想起させるが，「暗黙の知」(Polanyi 1966 所収) で論じられるのは

あくまでも知識（knowing, knowledge），それも主に科学的な知識，であり，知恵（wisdom）ではない。ただし，ポランニーの宗教論（宗教観）に踏み込んだ佐藤光氏の『マイケル・ポランニー「暗黙知」と自由の哲学』（2010）には，「暗黙知」が「知恵」に通ずるものを含んでいることを示唆する記述がみられる（とくに佐藤 2010: 227-237）。
4) 十数頁前で思想家は「思索小児人」などとも呼ばれているのであるから（HS＝1971: 137），この「偉大な思想家」は反語と解すべきであろう。
5) ただし，『社会の社会』以外の著作を含めて，筆者が見落としたどこかで明言している可能性はある。
6) 『知と愛』では Denker を「思索家」と訳しているが，本章では前節と表現を揃えて「思想家」と訳すばあいもある。いずれにせよ原語はひとつであり，訳語の違いに特別な意味をもたせたわけではない。
7) とはいえ，尋常ならざる熱意をもって友人を啓蒙しようとする点など，ナルチスとデミアンの人物像にはかなり似たところがある。
8) もうひとつ，芸術を通してのコミュニケーションが言語を回避することと，言語的手段を用いる芸術つまりテクスト芸術が存在することとは互いになんら矛盾しないという点も，確認しておくべきであろう（KG＝2004: 35-37 参照）。
9) 主な該当箇所は次のとおりである。
   『社会の芸術』KG: 229-230＝2004: 236-237.
   『社会構造と意味論』第4巻第3章「イリテーション論：逸脱か新奇さか？」Luhmann 1995b: 98-99.
   「芸術の意味と市場の意味——二つの自律的システム」（F. ミュラー，M. ミュラー編『市場と意味』所収）Luhmann 1996: 200-201.
10) ルーマンによれば「世界は，ニコラウス・クザーヌスが神に帰したあらゆる特性をもって」おり，「大きくもなければ小さくもない。統一性でもなければ多様性でもない。生じているわけでもなければ生じていないわけでもない」（KG＝2004: 249）。宗教家シッダールタの「世界は不完全ではない。完全さへゆるやかな道をたどっているのでもない。いや，世界は瞬間瞬間に完全なのだ」（HS＝1971: 150. 本章3-2参照）ということばに従ったばあいでも，やはり世界は補完不可能である。
11) 宗教もまた，世界（現実）の二重化というこの妙手を使うことができる。しかし「宗教的コミュニケーションは，本性からして知覚されえないもの，その点でこそ際だつものにかかわっており，「二重化を知覚可能な客体の領域において実現する」芸術とは区別されねばならない（KG＝2004: 236-237）。

文献

Baraldi, C., G. Corsi und E. Esposito, 1997, *GLU Glossar zu Niklas Luhmanns Theorie sozialer Systeme*, Suhrkamp. 〔GLU と略記〕

Hesse, Hermann, 1916, *Schön ist die Jugend*（＝1954, 高橋健二訳『青春は美わし』新潮社）.

——, 〔匿名出版 1919〕1920, *Demian Die Geschichite von Emil Sinclairs Jugend*（＝1951, 高橋健二訳『デミアン』新潮社）.〔HD と略記〕

——, 1919, *Die Märchen*（＝1973, 高橋健二訳『メルヒェン』新潮社）.

——, 1922, *Siddhartha Eine indische Dichtung*（＝1971, 高橋健二訳『シッダールタ』新潮社）.〔HS と略記〕

——, 1927, *Der Steppenwolf*（＝1971, 高橋健二訳『荒野のおおかみ』新潮社）.〔HW と略記〕

——, 1930, *Narziß und Goldmund*（＝1959, 高橋健二訳『知と愛』新潮社）.〔HN と略記〕

Luhmann, N., 1988, *Die Wirtschaft der Gesellschaft*, Suhrkamp (=1991, 春日淳一訳『社会の経済』文眞堂).〔**WG** と略記〕
――, 1995a, *Die Kunst der Gesellschaft*, Suhrkamp (=2004, 馬場靖雄訳『社会の芸術』法政大学出版局).〔**KG** と略記〕
――, 1995b, *Gesellschaftsstruktur und Semantik* Band4, Suhrkamp.
――, 1996, "Sinn der Kunst und Sinn des Marktes−zwei autonome Systeme," F. Müller und M. Müller (Hrsg.), *Markt und Sinn: Dominiert der Markt unsere Werte?*, Campus Verlag.
――, 1997, *Die Gesellschaft der Gesellschaft*, Suhrkamp (=2009, 馬場靖雄他訳『社会の社会』1, 2 法政大学出版局).〔**GG** と略記〕
Polanyi, Michael, 1966, *The Tacit Dimension*, Routledge & Kegan Paul (=1980, 佐藤敬三訳『暗黙知の次元』紀伊國屋書店).
佐藤光, 2010,『マイケル・ポランニー「暗黙知」と自由の哲学』講談社。

第Ⅱ部
機能分化の未来

第5章

社会的排除のリスクに抗する
機能システムはありうるのか
―― ルーマンの「宗教」論ならびに福祉領域でのルーマン理論受容の動向 ――

　いわゆる「社会的排除」問題を背景としながら，ドイツでは近年，福祉（の理論的省察）の領域で，ルーマン理論が積極的に参照され，受容されている。本章では，その動向について，ドイツ福祉専門職の現状や歴史を横目でみながら，考察してみることにしたい。

1. 機能的分化のネガティブな帰結に対するルーマンの視角

　ルーマンの現代社会認識が，機能的分化を基礎にしたものであるということは，いうまでもない。オートポイエーシスの概念にせよ自己準拠という概念にせよ，そもそもは機能的に分化した現代社会を記述するための概念として提唱されたものであった。このことには疑いはないのだが，とりわけ80年代後半頃以降になると，ルーマンのこうした機能的分化に対する見方に，若干の変化が見られるようになる。すなわち，機能的分化の「負の側面」とでも言うべきものへの言及である。
　ルーマンのシステムと環境の差異という考え方に基づけば，全体社会というシステム（Gesellschaftssystem）の「環境」として，まず(1)自然環境，がある。社会は，自然とコミュニケーションすることができない「外部」であり「環境」である。もう一つ，社会には(2)人間という「環境」も，存在する。ルーマンにとって人間は，社会システムの「外部」に位置づけられる

環境なのである。それに対応して，全体社会の機能的分化が進展するにつれて，全体社会は，この二つの環境に対して，負の影響ももたらし始めるようになる，という。つまり，(1) 自然環境に対する影響と，(2) 人間という環境に対する影響，である。(1) の自然環境に対する影響は，言うまでもなく，いわゆる環境問題とかエコロジー問題として呼ばれているものであり，80年代半ば以降，ルーマンは環境問題に関する発言を集中的に行うようになる。たとえば，『エコロジー的コミュニケーション』(Luhmann 1986)，あるいは『リスクの社会学』(Luhmann 1991) といった著作にその考え方が結実している。他方，(2) の「人間」という環境に対する影響については，主として「包摂と排除」というタイトルのもとで議論されることになる。これについてもまた，80年代後半以降，とりわけ90年代になってから，これへの言及が増え始め，しかも，──ルーマン自身は，すでにこの言葉を，70年代頃から使用していたにもかかわらず──90年代以降の「包摂」や「排除」の概念は，そういったかつての使用方法とは異なる意味合いをも持つものとして使い始めている（この概念の変遷については，小松 2003: 182ff. で触れておいた）。つまり，機能的分化の負の側面という観点を強く意識させるような意味に，この概念が改鋳されているといってもよい。まずは，福祉領域でのルーマン受容について考察するためにも，このルーマンの「排除」と「包摂」の概念について，やや詳しく見ておく必要がある。

2. ルーマンの「包摂」と「排除」

　ルーマンの包摂と排除の概念については，近年になって比較的高い関心が寄せられてきており，多くの論及が見られるようになった。まずはこの両概念の意味を，とりわけ90年代になってからどのように定義するようになったかを確認しておきたい。
　ルーマンは，包摂／排除という概念はかなり以前から使用しているが，上述したとおりごく大掴みに言って，70-80年代と90年代とでは，その意味内容をやや異にする[1]（もちろん，人間（あるいは個人）と社会（社会諸シ

ステム）との関係を言い表すための概念[2]であることには変わりはないし意味上重なり合っている点もある）。また，用いられる文脈によっては，互いに相容れないとみなされるような使われ方もされているので，ある程度入念な吟味と整理が必要である[3]。しかしここでは，その作業には立ち入らず，さしあたり，70年代と80年代の前半には，「排除」の概念はどちらかといえば「残余概念」的な扱いで，ほとんど積極的な言及が見いだされないのに対して，90年代になると，包摂概念の意味内容も排除概念の意味内容も新しいものとなり，何よりも，排除の概念に大きな光が当てられるようになった。つまり，包摂と排除が，一つの「差異」として，まさに対の概念として取り扱われるようになる。90年代の包摂／排除論の代表としては，『社会学的啓蒙第6巻』の「包摂と排除」と題する1995年の論文と『社会の社会』（1997）の「社会の分化」について論じた章の中の一節「包摂と排除」がある。

　これら二つの論文においては，包摂／排除概念は次のように定義されている。包摂（またそれに相応して排除）は，コミュニケーション連関の中で人間が指し示される方法とのみ関連づけられうるのであり，したがってもっぱら，そうしたコミュニケーション連関の中で人間が重要なものとみなされるその方法と関連している（Luhmann 1995: 241＝2007: 208）。あるいは，『社会の社会』においては，端的に，包摂は，「人（Person）が社会的な顧慮を受けるチャンス」（GG: 620＝2009: 915-916）と定義される。この定義からすれば，排除とは，個々の人格が，社会的な顧慮を受けるチャンスがない状態，あるいはコミュニケーション連関の中で重要な（relevant）ものとしては指し示され得ない状態である（GG: 621＝2009: 916）。ちなみに，ペーター・フックス（Fuchs 1997）は，これに引きつけるかたちで，人格（Person）として社会的に（＝コミュニケーションの中で）顧慮される，ということを，コミュニケーションの水準において，伝達能力ある審級（Mitteilungsinstanz）として，あるいは伝達行為が帰属されうる地点として，社会的に承認されることが「包摂」である，と解釈している。

　ここで注意しておきたいことは，「近代にいたってすべての人々が——人種・民族・性別にかかわらず——すべての機能システムに関与＝包摂されうる

るにいたった」という近代主義的な見解からは距離をとっていることである。この見解を仮に「全包摂テーゼ」と称しておくならば，ルーマンは，こうした全包摂テーゼは，近代における一つの「理想化（Idealisierung）」にすぎない（GG: 630＝2009: 926），あるいは「イデオロギーである」とする。その上で，このような「人間の全包摂」という「理想化」のゆえに，ある重大な問題についての思い違いが生じているというのである。

その問題とは，機能分化した社会における「蓄積的な」「排除効果」，という問題である。包摂に関しては，その規制は，各機能システムにゆだねられている。つまり，どういう条件で人々をその機能システムに関与させるのかは，それぞれの機能システムごとに規制され，それぞれに異なる。ある機能システムに十分なかたちで関与できたからといって，他方の機能システムにも，同様の条件で関与できるわけではない。たとえば，いわゆる「パワー・エリート」論のように，経済的なエリートだからといって政治的な発言力も大きい，というわけでは必ずしもない。

ところが，他方，排除領域においてはあらゆる機能的諸システムの間の横断的な結びつきが現象してしまっている（GG: 630＝2009: 928）。ある一つの機能システムからの事実的な除外が，それ以外の機能システムにおいてその人が達成されうることを著しく制限してしまう（GG: 630＝2009: 926-927, Luhmann 1995: 259＝2007: 233）。ルーマンの言葉を借りれば，たとえば街路に寝泊まりし確固たる住所をもたない家族はその子どもを学校に通わせることができないし身分証明書を持っていない者は，社会福祉事業から排除され，選挙権を得ることもできず，合法的に結婚することもできない（Luhmann 1995: 259＝2007: 232-233）といった事態がそれである[4]。

このようなルーマンの排除（「蓄積的排除」とも呼ばれる）の概念は，ルーマンが，ブラジル旅行において，リオデジャネイロ近郊のスラム「ファヴェーラ」を体験したことがきっかけになっていると言われる。しかし，蓄積的排除は，何もファヴェーラだけで起こっているのではなく，これは現代のOECD諸国においても，いまや日常的に見いだされる事柄である。それゆえに，ルーマン理論を援用しながらラテンアメリカ社会研究に取り組む，ブラジリア大学のある公法学者は，「中心の周辺化」，すなわち，世界社

会（世界システム）の「周辺」とされていた地域で生起している排除現象が，いまや世界社会の中心においても生起するようになる事態について，語っている（Neves 2006）。

　包摂領域は，機能システムごとに分断され，一方のシステムが他方のシステムの包摂をコントロールできないのに対して，排除領域においては，一つの機能システムの排除が別の諸機能システムの排除をもほぼ同時に意味してしまうわけである。それゆえにルーマンは「排除は包摂よりもはるかに強い統合をもたらす」とまで語る（GG: 632＝2009: 928）。

　また，こうした排除領域の大部分の人々は，「居住地に応じてしばしば隔離されており，したがって不可視化されている」（GG: 631＝2009: 927）。通常，あらためて述べるまでもなく，機能システムにおけるコミュニケーションにとっては，情報化やグローバリゼーションによって「空間」のもつ意味は減少してきている。しかし包摂と排除の分化にとっては，何らかの空間的な実質（Substrat）が必要であり，つまりは空間的な境界が必要になっている（Luhmann 1995: 260＝2007: 234）のである。たとえば大都市圏におけるホームレスの人々などの「セグリゲーション」の実態を念頭におけばよいだろう。包摂にとっては「空間」の意味が薄らぐのに対して，排除にとっては，「空間」のもつ意味が逆に増大しているのである。そして，包摂領域では，人間は，「人格」として承認されるけれども，排除領域では人間はしばしばその「身体」のみが問題となり（GG: 633＝2009: 929），暴力，セクシャリティが，支配的となる。

3. ルーマン排除論とEU圏における議論状況

　このようなルーマンの包摂／排除概念，とりわけ「排除」の概念は，90年代以降にEU圏内で頻繁に議論されるようになったいわゆる「社会的排除」論を踏まえたものであることは，比較的容易に見て取れよう。つまり，そうしたEUで議論されていた社会的排除の概念を，「機能的に分化した社会」という社会理論の観点から，とらえ直したものである，とみてよい。

たとえば，フランスにおいてこの「排除」概念が隆盛してくるのは90年代初頭である。フランスではその頃，失業率が10％を遙かに超え，数では300万人以上となり，また，88年からは参入最低所得制度（資格取得や就職活動のための研修によって社会復帰の努力をすることを条件に，25歳以上の者を対象に支払われる）が創設されるにいたっていた。この参入最低所得制度が目指していたのは，生存に必要な最低限の所得保障に加えて，排除されていた人々の社会への参画であった。というのは，80年代頃から単身親世帯が増加し，そうした世帯においては，貧困のみならず社会的孤立が見られ，社会的紐帯の弱体化も指摘されていたからである（中村 2007: 42-29）。新しい貧困とかプレカリテ（不安定さ）という言葉がフランスで使用された背景には，こうした事態があった。また，90年代になって明らかになったのは，貧困がじつは累進的な過程であり，もっぱら経済的な所得の低さだけを指標とするものではなく，「経済的・社会的・文化的な要因をも含んだ複合的で多次元的な現象であるとともに，しばしば疾病や失業から始まり多くのハンディキャップが累積していく動態的な『社会的降格』の過程の帰結」（同上: 47）であるということだった。そこでEUも，貧困概念に代えて，多次元的で動態的な「社会的排除」という言葉を，公式文書において使い始めるようになる。EUの欧州委員会では，たとえば，社会的排除は，「…社会的な交流への参加から個人や集団が排除されていくメカニズムの有する多次元的な性質を浮き彫りにする」概念であり，「労働生活への参加という次元をすら超える場合があ」り，「居住，教育，保健，ひいてはサービスへのアクセスといった領域において感じられ現れるのである」と述べられている（同上: 51）。

　こうしたことを背景にしてみたとき，ルーマンの排除概念において，(1)個々の人格が社会的な顧慮を受けるチャンスが欠落していることであるとの定義がなされていたことは，EU加盟諸国における社会的紐帯の弱体化とのかかわりを容易に連想させるし，また，(2)機能システム同士の問題のあるカップリングによる「蓄積的な排除」は，「新しい貧困」における多次元的で累進的な過程としての社会的排除という事態に相応したものだと見ることができよう。

4. 社会的排除への対応——宗教とのかかわり——

では，ルーマン自身は，このような社会的排除に対して，どのような対応を構想していたのだろうか。この点は，じつはあまり明らかではない。ただし，『社会の社会』の「包摂と排除」について語った部分で，次のように述べている。社会の機能的分化は，結果として，こうした累積的なかたちでの排除という事態を生み出した。これに対処するためには，「機能分化から帰結する排除を扱う新たな，二次的な機能システムが形成されることを当てにすべきだろう。社会扶助の水準においてであれ，あるいは開発援助の水準においてであれ」（GG: 634＝2009: 930）とのべ，ここで，ルーマン門下のディルク・ベッカーの論文「全体社会の機能システムとしての社会扶助」（Baecker 1994）を参照するように指示している。けれども，これに続けて，「しかしそれらの試みは，経済的，政治的，そしてまた宗教的な資源にきわめて強く依存」しているので，「全体社会の中で，〔排除を扱う〕サブシステムが〔独自の機能システムというかたちで〕すでに成立しているのか，それとも相互作用および組織の水準においてその種の試みが広範に散在している〔だけにすぎない〕のかについては，疑ってかかることができる」（a.a.O.）として，「機能システムとしての社会扶助」が成立している，という見方には，ルーマンはいささか懐疑的である。

では，ルーマンが「蓄積的排除」への対応にさいしてそれなりの役割を演じうるのではないかと期待を寄せているものとは，何か。この問題に立ち入る前に，まず，ルーマン自身が，近代における福祉的な「援助」のあり方について，どのような認識を持っているのかについて，簡単に見ておきたい。

4-1 70年代ルーマンの「援助」論

ルーマンは，1973年に，当時のSPDのブラント政権による社会政策をおそらくは背景にしながら，「社会条件の変化のもとでの援助の形式」なる論文を書き（Luhmann [1973] 1975），アルカイック社会から近代社会への

変動の過程で援助の形式がいかに変化してきているかを跡づけている。「援助」は，しばしば，援助する者の「自発的」な，「自由」な意思でなされるものであり，したがってあらかじめ「期待」などすることができないものとして思念されがちであるが，ルーマンによれば，こうした想定それ自体が，社会の一定の発展段階において生じる表象である（Luhmann ［1973］1975: 134)。ルーマンの議論の出発点は，逆に，「援助は，それが期待されうる場合にのみ，またその場合にかぎって成立するという洞察」である（a.a.O.)。つまり援助は，相互的な期待の構造によって定義されまたコントロールされることになるというわけである。援助がつねに援助者と被援助者との関係の中で行われるものである以上，どういった援助が自分に対してなされうるのかという被援助者の側での期待，またそういった被援助者側での期待についての援助者側での期待といったものがなければ援助は適切に行われ得ない。こういった相互的期待の構造は当然可変的なものであり，「全体社会の変動とともに援助の形式もまた変化する」というアイデアは，このような出発点に基づくものである。その上で，ルーマンはこの論文の中で，社会の進化を，① 氏族ごとに社会が分化している環節的な分化に依拠するアルカイック社会，② 身分等の相違により一種の「層」をなすように構成されている成層的に分化した「高文化社会」，そして，③ 社会の各機能（政治，経済，教育，医療等々）を排他的に担う諸機能システムから形成される，機能的に分化した近代社会，という三段階図式で把握し，援助の形式を，それぞれ，①（ある氏族に加入しているという条件のもとでの相互的な人格的援助の制度化としての）相互作用的な水準での「互酬性」に基づく援助，②（個々人の「徳」として求められ道徳的なかたちでおこなわれる，全体社会の上層階層から下層階層への）全体社会（Gesellschaft）の水準での慈善活動（Mildtätigkeit），そして，③ 組織（『リスクの社会学』での表現でいえば「事前配慮国家（Vorsorgestaat）の組織」（Luhmann 1991: 113））のプログラムによる援助，として把握している。つまり，「援助」の準拠すべきシステム類型が，相互作用→全体社会→組織へと変化していくというわけである。ちなみに，ルーマンの社会システム理論は，その場に居合わせる者同士の関係である「相互作用（Interaktion)」，成員資格を厳密に限定することによって成立する「組織」，そしてコミュニ

ケーションがなされうる全領域を言い表す「社会」を,社会システムの「三類型」として把握するのだが,今述べた,援助の準拠するシステムの変化は,この「三類型」に倣ったものとなっているわけである。

さて,近代的な組織による援助の特徴にかぎっていえば,今日ある数々のソーシャルワーク等の組織は,二つの決定過程の構造に依拠している。つまり① 対人社会サービス従事者という従業員(Personal)と ② 決定プログラムと,である。前者は対人サービス部門に従事する専門職の人格性が個々の決定のための前提を供給するという事態を指し,後者は,そうした人格性とは相対的に独立に,社会的援助のための決定の「正しさ」を判断するためのルールが,個々の決定のための前提を提供するという事態を指している(Luhmann [1973] 1975: 142)。ルーマンによれば,社会的援助を組織的に遂行するさいの重点は,次第に前者から後者へと移行してきているのであるが,このことにより,こうした組織的援助は,援助する者の人格や動機とは独立に,援助を効果的にかつ信頼性をもって期待することができるという利点を有するようになる。

しかし他方で,そうした決定プログラムによる援助は,「固有の逆機能的帰結」をももたらしうる。つまり,「プログラムの欠如は,さしあたりは,援助をおこなわないことの根拠であり理由となる」ことである。要するに,プログラム化されえない援助は,組織内部における攪乱の種となりうるのであり,援助の組織においては端的に回避される[5]。こうしたルーマンの叙述は,いわゆる官僚制的弊害を指摘したものであり,それ自体はいささか月並みな印象を与えるが,ここで,以後の議論とのかかわりで目をとめておいていいと思われるのは,このプログラム化された援助の逆機能を述べた部分で,ルーマンは,「プログラムが欠如しているときにこそ援助をおこなうことにまさに特化している組織の場合には別だが」という留保条件を付していることである(Luhmann [1973] 1975: 144)。そのさい,こうした組織としてルーマンが念頭に置いているのは,(ルーマンの師であるヘルムート・シェルスキーの「赤十字」論(Schelsky 1965)にならって)赤十字と,宗教的組織たる教会(Kirche)である。

じつは,晩年,ルーマンは,遺稿となった『社会の宗教(Die Religion der

Gesellschaft)』(Luhmann 2000) において，上述した排除問題に鑑みつつ，「宗教の新しいチャンス」について論じており，この留保部分はこうした議論へと連なってゆく含みを有している，といってよい．すなわち，上述した「蓄積的排除」に対応しうる機能システムとして，ルーマンは，基本的に，宗教システムを念頭においているのである（もっとも，後述のとおり，『社会の宗教』では，排除問題に対処するのは，「教会」ではなく「ディアコニー」であるとされているが）．以下，この点を検討してみよう．

4-2 機能と遂行，教会とディアコニー

まず，ルーマンは1977年の『宗教の機能』において，いわゆる「世俗化」のもっとも重要な帰結として，宗教システムが機能指向（Funktionsorientierung）から遂行指向（Leistungsorientierung）へと移行していくことである，と述べていた点を，ここで想起しておきたい（Luhmann 1977: 264＝1999: 194）．ルーマンによれば，機能分化とともに宗教システムは3つの領域に内部分化する．すなわち，①全体社会（Gesellschaft）と当該機能システムとの関係である「機能（Funktion）」（つまり全体社会のなかでどんな機能をはたしているのかという側面），②当該機能システムとその他の機能システムとの関係である「遂行（Leistung）」（つまり，他の機能システムに対してどんなアウトプットを提供しているのか），そして，③当該機能システムそれ自体との関係である「再帰（Reflexion）」である（たとえば，宗教システムの中で宗教の意味について考察する神学，芸術システムのなかで美とは何かを考える美学，科学システムの中で科学的であるとはどういうことか，とか，科学の果たす役割や限界について省察する科学論が，この「再帰」の位置に相当する）．宗教システムでは，これら3領域に対応する役割を担っているのが，それぞれ，①「教会（Kirche）」，②「ディアコニー（社会奉仕）（Diakonie）」[6]，③「神学（Theologie）」となる．

4-3 世俗化

ところで，周知のとおり，とりわけ欧米において教会宗教への関与率が急速に減少していく60年代以降，いわゆる「世俗化」の過程について，頻繁

に論議されるようになった。じっさい，このような教会成員の減少は，宗教システムの遂行領域，すなわちディアコニーへの関与者の増加によって埋め合わせられているのであり，このことが，ルーマンによる「ディアコニー」と「教会」との区別（Luhmann 1977: 110, 261ff.＝1999: 83, 194ff.）の論拠ともなっている。また，信徒が自発的に形成した社会福祉団体の活動が，次第に教会や司教区の範囲を超えて拡大していき，その後，司教団との間に緊張関係をもたらすようになり，両者の協調が大きな課題とならざるをえなくなったという，19世紀ドイツにおける「カリタス連合体」の成立の経緯も，宗教システムの内部分化に関するルーマンの主張を説得力あるものにしているように思われる。

ちなみに，この「教会」と「ディアコニー」との区別というルーマンの認識は，彼自身明示しているように，「礼拝（worship）」と「愛や慈善」の脈絡との区別を，宗教システム自体の内部分化として論じた，タルコット・パーソンズの考え方と対応している[7]。

ともあれ，教会という宗教システムにおける第一次的な（primär）領域の「相対的な弱さは，社会内的環境の部分システムに役立つより多くの社会行動主義〔＝宗教システムの「遂行」領域，つまりディアコニー〕によって埋め合わせられる」（Luhmann 1977: 264＝1999: 194）。ここでディアコニーといった場合，具体的にはたとえば，ドイツやその近隣諸国におけるキリスト教各派による福祉実践を念頭におけばいいであろう。ドイツの社会福祉は，周知の通り，公と民間との分業によって成立しており，前者は主として社会保険の貨幣的補償を中心に援助をおこない，後者が具体的なサービスをおこなう。この具体的サービスは，次の6つの大規模な全国的な民間社会福祉団体によっておこなわれている。①ディアコニー事業団（プロテスタント），②カリタス連合体（カトリック），③労働者福祉団体（社会民主党系），④ドイツ赤十字社，⑤ユダヤ教社会福祉団体，⑥無宗派社会福祉連合の6つである。各種民間社会福祉施設の多くが，このいずれかに所属している。

4-4 排除と宗教システム

このような意味での，世俗化に伴う宗教システムの変化については，遺稿

『社会の宗教』(2000) においても同様の認識が示されているが，ただしここでは，90年代以降の「包摂／排除」に関するルーマン自身の認識の変化が色濃く反映されている。つまり，宗教システムは，社会の中で特別な位置づけを有しているがゆえに，上述した否定的カップリングによる排除＝蓄積的排除という問題に対処しうる，宗教システムの「新しいチャンス」が生じている，というのである。彼の叙述を確認しておこう。「〔宗教が〕数多くのその他の機能領域から撤退し『社会のコントロール』を放棄し政治的権力の正統化を放棄しているという条件のもとでこそ，宗教にとってのチャンスが強まっていくという可能性を，考慮に入れなければならない」(Luhmann 2000: 145)。

では，政治システムや教育システム，経済システムにはない，宗教システムの社会の中での特別な位置とは何か。それは，その他の，宗教システム以外の機能システムの包摂／排除-規制との相互依存が，きわめて小さいこと，である。簡単に言えば，政治や経済，法，教育の場合には，他のある機能システムからの排除は，当該システムからの排除と連動しやすいけれども（これが上述した蓄積的排除の内実であった），宗教システムからの排除とは必ずしも連動しない，ということである。貨幣がない，十分な教育を受けていない，不法滞在である，等々といったことは，宗教においては端的に無視されうる。宗教システムは，こうした「下に向かってのスパイラル」に参加する必要がなく，他のシステムが排除しても依然として包摂を維持し続けることのできるシステムなのである[8]。

じっさい「宗教的組織は，その手段と動機とを，社会的援助へと集中させることができる」のであって，貧者に対する援助は長きにわたる伝統を有しているし，福祉国家的施策に適合的なかたちで，また，社会サービスの領域においても，宗教は社会的援助に大きく貢献している[9]。「ここに，ディアコニーの問題，愛の活動主義，ソーシャルワークの問題を見いだす」ことは可能だろう (Luhmann 2000: 243)。つまり，ルーマンの認識では，宗教が社会にとっての統合力を喪失していくことは機能的分化の結果であり，これがいわゆる従来宗教社会学において「世俗化」と呼ばれてきた現象なわけであるが，「しかし，このことだけですでに，不利な事態や宗教の機能喪失を

意味するわけではない」(Luhmann 2000: 305) のであって，むしろそうだからこそ，宗教にとっての新しいチャンスが生じてきていると見なければならないというのである。

4-5　ルーマンの構想の課題

　もっとも，——地獄の沙汰も金次第，「支払い」次第では救われない（救わない）という宗教も多いという「卑俗な」問題はさしあたり措くとしても——「宗教のチャンス」とはいっても，それは排除が連動し̇な̇い̇からという一点に支えられた主張であり，ルーマンも認めているとおり，排除されていることが宗教への包摂の特別な契機となるわけでは必ずしもない（Luhmann 2000: 305）。果たして宗教が，上述したような機能システムを横断して進捗する包摂／排除に対して（規範のレベル[10]においてだけではなく）いかに対処しうるのか，またどの程度まで対処できるのかということについては，経験的に解明されるべき問いというほかはないだろう。

　またこれもキリスト教的ディアコニーの問題を考える上で重要なことだが，かつてルーマンが『宗教の機能』の中で述べていたディアコニーの宗教的性格の「程度」という問題がある（Luhmann 1977: 264＝1999: 197）。ディアコニーはその名宛人の願望や規範に従う。「ところがこの条件は，援助行為から，その宗教特有の性質を奪う」(a.a.O.)。その援助のキリスト教に特有の性格はどこにあるのかという問いは，つねにクリスチャンとして援助組織に関わる構成員を悩ませるものであり，じっさい，ドイツではカリタス連合体でもプロテスタント教会のディアコニー事業団においても，その傘下にある病院，訪問看護ステーション，保育所，高齢者介護ホーム，障害者入所施設，職業教育（Ausbildung）のための専門単科大学を含む各種専門学校といった諸施設で各種事業に従事する職員の内訳を見てみると，1950年には聖職者の職員が全職員の過半数であったものが，1996年になるとわずか3.2％にまで減少している（春見 2003）。このことから，こうした（ルーマンの言う意味での）「ディアコニー」をカトリック教会やプロテスタント教会が相変わらず担っていくべきなのかどうかという疑問も，こうした施設従業員から提起されてきている（同）。また日本においても，宗教立ホスピ

スにおけるチャプレン（病院付聖職者）によるスピリチュアルケアでは，それが宗教的ケアと混同され，宗教色に偏ったケアが行われた結果，後のスピリチュアルケアの発展に多大な困難がもたらされたことが指摘されている[11]。これも，逆のかたちでではあるが，ここで述べている，「ディアコニー」の宗教性の問題と直結するものであろう。「宗教のチャンス」というルーマンの指摘は，おそらくはこのような「ディアコニー」の諸事情とあわせて検討されるべきものであろうと思われる。

いずれにせよ，ルーマン自身は，蓄積的排除の問題への対応に関しては，この程度の言及にとどまっており，それ以上の展開は見いだせない。しかし，90年代の後半以降，とくにルーマン死後の21世紀に入ってから，その弟子筋の社会学者たちを中心として，あるいは，社会福祉学領域の研究者の間から，ルーマン理論を，この領域に積極的に援用して展開していこうという動きが現れてくるようになる。

5. ドイツの社会福祉分野でのルーマン理論の受容・展開

ところで，ドイツの社会福祉に関連する用語については，じつはかなり錯綜しており，たとえば社会的教育（Sozialpädagogik）という言葉も福祉援助実践とのかかわりで使用されるものであり，日本での（公民館を中心とした）いわゆる「社会教育」のみを念頭において考えるわけにはいかない含みを有している（それゆえに，これを社会教育とは訳さずにゾツィアールペダゴギークとカタカナ書きしたり，「社会的教育」というように訳す人もいる）。社会的教育に関わる職業と福祉士職の職務や育成・資格制度をどのように区分あるいは統合するのかをめぐって，こんにちなお，かなり複雑な論争が行われており，こうした用語系の整理自体も一つの研究テーマとなる（岡田 2003）ほどである。ただ，簡略的に，SozialpädagogikとSozialarbeitとのかかわりについて，それぞれがどんな職務を担うものであるのかのイメージをつかむには，かつてモーレンハウアーによって1966年に呈示された図（図5-1）が参考になるので，これを挙げておきたい。これ

は，モーレンハウアーが呈示したものに，ゲルト・イベンという研究者が手を加えた図である。

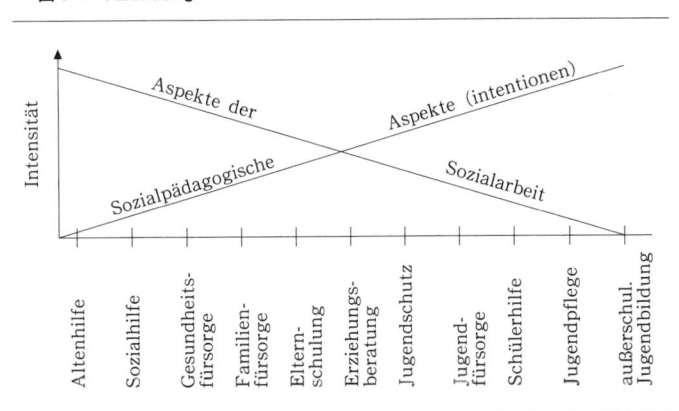

図 5-1：Abbildung: intentionen der Sozialarbeit und Sozialpädagogik

[図：縦軸 Intensität，横軸に Altenhilfe, Sozialhilfe, Gesundheitsfürsorge, Familienfürsorge, Elternschulung, Erziehungsberatung, Jugendschutz, Jugendfürsorge, Schülerhilfe, Jugendpflege, außerschul. Jugendbildung が並び，左上から右下への線「Aspekte der Sozialpädagogische」と，左下から右上への線「Aspekte (intentionen) Sozialarbeit」が交差する図]

(Iben 1998: 121)
＊右にいくにしたがって，「社会的教育」のアスペクトが大きく，左にいくにしたがって，「ソーシャル・ワーク」のアスペクトが大きくなる

　ソーシャルワークというのは，一般には，社会生活上，何らかの困難を抱える人々にかかわり，必要な制度やサービスの利用をすすめたり，家族や集団，地域などその人を取り巻く環境に働きかけながらその生活を支援する援助活動のことをいう。

　ここでは，これらのソーシャルワークと社会的教育とをあわせて，「ソーシャルワーク」と総称しておくが，それは，現在ドイツでは，従来の社会福祉職の二つの柱であった，①「ツヴィアルペダゴーゲ（社会的教育主事）」資格（保育・療育施設職員，学校外青少年施設職員，各種の養護施設職員，相談施設職員などが対象となる）と②「ソーシャルワーカー」資格（こちらは，行政や民間の社会福祉機関，各種相談所，医療機関などのソーシャルワーカーとなる。ケースワークやグループワーク，コミュニティワークといった援助技術を中心に構成される）とを統合して，「ツヴィアーレ・アルバイト（英語ではソーシャルワーク）：社会教育・福祉活動」という統一的

な職業資格へとまとめられようとしているからである。つまり（学校外の）教育職と，福祉職とを統合しようという動きである（吉岡 2007: 89）。

　こうした広い意味でのソーシャルワークを，理論的に省察するという試みのなかで，ドイツでは，ルーマンの社会システム理論が積極的に受容され，展開されてきている。しかし，ルーマン自身は，先述したとおり，「機能システムとしての社会福祉」という考え方には懐疑的であるし，包摂／排除問題への対応についても，上述した程度の議論しか残していない。にもかかわらず，なぜルーマンがいまドイツで参照されているのだろうか。

　そうした受容のきっかけを作ったのは，ルーマン門下のディルク・ベッカーである。彼は，上述したように，1994年に「社会の機能システムとしての社会扶助」という論文を，ドイツの『社会学雑誌（Zeitschrift für Soziologie）』に発表し，それが福祉分野で反響を呼んだ。この論文でベッカーは，「社会扶助（Soziale Hilfe）」なる独自の，つまり政治や経済等々とは区別される機能システムの成立について主張した。もとより，「機能システム」というからには，まず，それを成立させるための数々の条件を考えなくてはならない。たとえば，機能システムのコミュニケーションを焦点づけるための「コード」が必要である。政治システムであれば，その中では，「政権党（Regierung）／反対党（Opposition）」というコードのもとでいっさいのコミュニケーションが解読され理解される。経済システムであれば「支払う／支払わない」というコードがそうである。芸術作品をめぐるコミュニケーションも「支払う／支払わない」というコードで解読されれば，それは経済システムに属するコミュニケーションである。感情ですら，「感情労働」というかたちで「支払い」の対象になることで，経済システムに属することになる。ベッカーによれば，社会扶助という機能システムの「コード」は，「援助／非援助」である（Baecker 1994: 95）。ソーシャルワークをはじめとした福祉援助実践は，何らかの（たとえば，社会的紐帯を築く機会の，あるいは，職業能力の）「欠如がそこにあるということを情報内容とし（informieren）こうした欠如が取り除かれるべきであることを伝えている（mitteilen）コミュニケーション」（Baecker 1994: 187）であるが，そのコミュニケーションは，その対象となる人や集団を，援助が必要なのか

(Hilfsbedürftigkeit)／それとも必要ないのか，という区別に基づいて作動している。援助が必要か／否か（援助するのが妥当なのかどうか）は，しかるべき「プログラム」（たとえば「援助計画」）によって決定される（ルーマンのシステム論では，「プログラム」とは，二値コードのいずれの「値」を適用するのが「正しい」のかを決める機能をもつ，とされる）。たとえば，日本の福祉サービスの現場においても，まず来談者に対してインテークと呼ばれる初回面接が行われ，援助すべきか否かが判断される。援助が必要だと判断されれば，クライアントの置かれた状況に関する情報収集が行われ，援助計画が作成される。そして，対象とされる人や集団にじっさいに援助が行われ，その後，その活動が適切かどうかの評価がなされて，もし援助サービスの利用者の生活の安定や地域の問題の改善が見られた，つまり「欠如」の克服がなされたとみなされた段階で，援助のコミュニケーションはいったん終結する（非援助に移る）。しかし，その後も，当該対象者に対して追跡調査を行い，その時々の対象者の状況について適宜調査が行われ，必要であれば新たに援助が開始される。このように，そこでのコミュニケーションは，徹底して「援助」か「非援助」かという「コード」に則って進行する（それゆえ，相手が対価を支払ったか／否か，あるいは相手を愛しているか／否か，しかるべき宗教の信仰心を有しているか／否か，によるのではない）。

　また，こうした社会扶助というシステムの「機能」は，（生存事前配慮 Daseins*vor*sorge ではなく）生存事後配慮（Daseins*nach*sorge）であるとされる。「社会のコミュニケーションへの参加のチャンスが，過去から引き続き現在も欠乏しているという状態を，現在の時点において補償する」わけである（Baecker 1994: 185）。たとえば，社会扶助を構成する「公的扶助（日本の場合には生活保護）」にせよ，（保育所サービスや障害者に対する在宅サービス，施設サービスなどの）社会サービスにせよ，これは，何かが欠如しそれを埋め合わせる必要が生じてきた後になってから（事後的に），その（過去に起こった）欠如を取り除きノーマルな生活を保証しようというものである（それゆえに Daseinsnachsorge〔Nachsorge とは英語でいえばアフターケア〕である）。これに対して，（社会保障のもう一つの柱である）「社会保険」領域は，年金にせよ医療保険にせよ，将来，何かが欠如するよう

になることを見越して，あらかじめ（事前に）欠如に備えようとするものである（こちらは Daseinsvorsorge とされる）。ここで，社会保険から区別されたこうした意味での「社会扶助（Soziale Hilfe）」が議論の対象になっている点に，さしあたり注意しておきたい——その含意については後述——。

とはいえ，こうしたベッカーの議論に対しては，——確かに，いわゆる「脱商品化」論などとの接続も可能かとは思われるが——さまざまな批判が寄せられている。とりわけ，はたしてソーシャルワークが「自律」した機能を有している，とまで言えるのか，という根本的な論点については，異論が多い。日本についていえば，身体障害者更生相談所自体はサービスの措置権（社会福祉のサービスを提供する権限）はもっておらず，措置権を有する市町村行政に，措置のための材料を提供するにとどまる。また，児童相談にしても，児童福祉司の診断だけでなく，医師による医学判断等も加味されながら，児童の処遇指針が決定されている。

6. ルーマン受容の背景

このように，社会扶助・援助といったものの「自律性」や固有の「機能システム」ができているのか否か，に焦点を当ててルーマン理論が盛んに参照されているその背景には，次のような事情があると考えられる。最後に，これを一瞥しておこう。

6-1 ソーシャルワークの学問分野的な同一性／職業行為としての同一性

ルーマンの社会システム理論を，機能システムの自律ないし「オートポイエーシス」を記述するものとしてとらえ，ソーシャルワークをそうした機能システムとして把握できるのではないかというベッカーらの提案に，もっとも強く反応したのは，たとえばベルリンのアリス・ザロモン専門大学のような福祉の（3年制の）専門単科大学（Fachhochschule）を卒業し，みずからソーシャルワーカーの資格をもち，福祉援助職にきわめて近いところで福祉学の研究を続けている人々であり，たとえば，ハイコ・クレーフェやロー

ラント・メルテンといった人たちである。彼らにとって関心の的になるのは，自分たちが強くかかわってきた福祉職とはいったいどういう職業として規定すればいいのか，あるいは福祉学とは学問分野としていかなる「固有性」（経済学や政治学や社会学等とは区別されるそれ）を有しているのか，という福祉職の職業としての，あるいは，福祉学の学問分野としてのアイデンティティをめぐる問題，である。

　ドイツにおける福祉職は，20世紀初頭に登場し，まもなくして専門教育の課程が設けられ，一つの固有の職業資格──資格の呼称については変遷があるが現在では「社会福祉職（Sozialarbeiter/innen）と呼ばれる」──として制度化されて，1920年代には確固たる職業集団として定着してゆく（中野 2003）。ところが，福祉職においては，医師や弁護士のような古典的な専門職と比べると，「半専門職（セミ-プロフェッション）」としての位置づけにとどまることになったといわれる（同上: 201）。つまり，専門家による業務独占がみられず，行政に組み込まれ，自律性が欠如し，専門性もいささか欠落しているというわけである。それは，福祉職が，その専門職としての確立の過程において，そしてそれ以前においても，「隣人愛の実践」，「市民の道徳的義務」，あるいは母性主義イデオロギーに基づく「女性の社会的使命」（つまりジェンダーバイアス），といった固有の職業観にとらわれてきたという事情も一役買っている（同上）。それゆえに公的福祉においても，また民間団体においても，大量に（資格をもたない）無償ボランティアが動員され，ボランティアに依存しそれに支えられるかたちで福祉業務が遂行されるという傾向を生み出した（つまり「業務独占」がみられない）。「高い専門性」という社会的な認知は，福祉職に関しては得られておらず，その職務の経済的な安定性も，十分には保証されておらず，それは今日の日本でも状況は同様である。それゆえに，福祉の職務につく者たちは，福祉援助実践とは何なのか，その「専門性」とはいかなるものであるのか，という職業としての「同一性」あるいは「自律性」を何とか規定していきたいという願望があり，また現在でもこのことをめぐる論争が絶えない（Bommes & Scherr 1996: 116）。さらには，近年では，社会福祉の対象も，児童や高齢者，障がい者のような従来からの対象に加えて，これまではあまり目立たなかった分

野，たとえばホームレス支援，アルコール・薬物等への依存からの脱却，移民や移住者への生活支援，等々といった領域にまで拡大し，福祉職はいったい何を仕事にする職業なのかに関する対象領域の規定も，際限なく広がる傾向にあり，截然としたかたちでは確定できないという事情もある。ルーマンの「機能システム論」を福祉領域にも適用して，こうした福祉専門職の職業としてのアイデンティティ問題に見通しをつけていこうという動き，あるいはさらに言えば，福祉職の「職業威信」を何とか高めたいという利害関心が，この分野でのルーマン受容を促す動機づけの一つとなっているといえる。このような事情は，近年，介護職の人手が足りないということで失業者や外国人労働者を，緊急に介護職に動員しようとしている日本においても，同様である。

　また，こうした福祉職の専門職としての性格づけは，それがいかなる専門的教育をへて獲得される資格であるのかということとも，当然かかわっている。つまり，福祉学は，教育学とはどのように区別されまた社会学や心理学等々とどのようにかかわっており，どのように違うのか，福祉学の固有性はどこにあるのか，といったこともまた，従来から複雑な議論の対象となっている。またこの点については，1999年ボローニャで採択された「ヨーロッパ高等教育圏」決議も深く関係している。これは，EU圏内の教育の専門家と研究者によって出された決議であり，EU共通の基準に基づく統一的なヨーロッパの大学教育システム（「ヨーロッパ高等教育圏（European Higher Education Area)」）を作ろうというものである（春見 2007 などを参照）。ヨーロッパの大学を国際競争に耐えうるものにするというのがその背景にあるとされている。内容的には，この圏内での学生の移動を容易にするための「ヨーロッパ単位互換制度」の創設が目指されるほか，統一的な大学システムに，学士課程（Bachelor）と修士課程（Master）とが設けられ，学士課程は何らかの職業資格（ディプロマ）基準を満たす内容のカリキュラムにしなければならず，また，修士課程では，修士号か博士号の取得が求められるようになる。大学の教育の「質」についてのヨーロッパの統一基準を作ることが目指されているわけである。こういった「ボローニャ宣言」に基づいて，ドイツでも，この方向での大学改革を進めることになっ

た。とりわけ，社会福祉の専門単科大学（Fachhochschule）に，修士課程が設けられることになったことは，上記の，福祉学の固有性をめぐる議論にとって大きな意味をもつ。つまり，一定の基準を満たせば，博士論文を提出して「福祉学」や「ソーシャルワーク」といったものに類する博士学位が取得できる。それは，教育学や社会学や心理学などの博士号とは異なる，独自の学位である。しかしこうした固有の博士学位を授与するためには，そもそも福祉学が，固有の研究内容と固有の研究方法を確立していなくてはならず，これまで「実学」とされてきた福祉学が，はたして学術的に認められる学問分野として成り立ちうるのかどうかが，喫緊の課題になる，と受けとめられている。つまり，学問分野としてのアイデンティティが，これまで以上に強く求められるようになっているのである。

6-2　単線的な社会保障の限界への視点
　　──なぜ「社会扶助」の機能システムなのか？──

　また，ドイツの福祉領域でルーマン理論が受容されるさいには，上述した「排除」概念への言及が必ずなされ，しかもそうした言及は，ドイツ福祉国家の中心であった社会保険とは区別される社会扶助（Soziale Hilfe）の役割の重要性に鑑みながら，なされているということにも留意する必要がある。固有の「機能システム」の確立を宣言したベッカーの論文のタイトルも，「社会の機能システムとしての社会扶助（Soziale Hilfe）」となっていた。このような機能システムが成立しているかどうかについては，上述したようにいろいろな批判もあり，いまの段階でこれに解答を与えるのは困難だが，肯定するにせよ否定するにせよそこでは，（ソーシャルワークを含めた）「社会扶助」が議論の対象である，ということには異論の余地がないようである。ではなぜ「社会扶助」の機能システム，なのだろうか。

　これは，現在問題とされている「新しい貧困」ないし「社会的排除」という事態に対応するためには，従来の福祉国家による「単線的」なリスク管理はもはや限界にきているという認識とかかわっている。つまり，一般に社会保障の柱としては，①保険の原理に基づく（"現役"世代のうちに保険料の拠出が義務づけられる）社会保険と，②租税負担による社会扶助の二つが

あるとされるが、これまで、ドイツでも（そして日本でも）福祉国家による社会的リスクのリスク管理は、圧倒的に「保険主義」によるものであった。つまり社会保険が中心となっていたのである。保険主義に基づく社会保険制度は、基本的に、当該社会のメンバーの（たとえば高齢期の生活費のような）予測可能な共通のリスクには対処可能である（岩田 2004）。就労期間にあらかじめ保険料を拠出しておいて、高齢期のようなライフコース上の経済的な貧困期に備えるという仕組みである。しかもこの保険というシステムは、（たとえば、誰がどのくらい、いつ年金を取得するようになるのか、などを計算して保険料の拠出額等を決めるわけだから）人口動態に基づいて保険料拠出の金額などを計算できることを前提にするので、当該社会のメンバーがある程度共通のライフコースを歩むものでなければ、成り立たない。つまり、その社会で「標準的なライフコース」なるものがある程度想定できることを前提としている[12]。ところが、上述したように、現在の「新しい貧困」あるいは「社会的排除」という言葉で語られているのは、特定の層に対して、多様な・多次元的なリスク（教育を受けられないリスク、経済的に貧困になるリスク、医療を受けられないリスク、等々）が集中・累積し、多様な剥奪状況に陥るという事態なのであり、これには、社会保険（上述した術語でいえば、生存事前配慮（Daseinsvorsorge））では対応しきれない（この点、岩田 2004: 155 以降、参照）。その多様な剥奪状況が、個々人に、どのような「組み合わせ」で降りかかるか、ということは予測がつかず、その「社会的排除」の状況はまさに「個人化」されている。そこで近年は、多くの社会で、これまでは社会保険の「残余」でしかなかった社会扶助に対して、大きな役割が期待されてきているのである。つまり、就労支援、再教育、青少年育成（いわゆる社会的教育）や女性の雇用をサポートするようなサービス供給が、それである（同上）。社会的排除に対する対応としては、公的扶助を典型とする社会扶助による、短期的な介入・援助が、もっとも効果的な支援策である、との見方も成り立つ（同上）。要するに現在、社会扶助を、社会保険の「残余」として位置づけ、あくまでも社会保険を中心にするというやり方ではない総合的な支援策が求められているわけである。上述したように、保険とは区別される社会扶助という観点から、「固有の機能シ

ステム」が語られ，議論されているということの背景には，こうした事情があるものと思われる。

　以上，ドイツ福祉専門職のおかれた状況などを背景にしながら，ルーマンの社会システム論がこの分野でなぜ受容されてきているのかについて，探ってみた。「社会的リスク」とりわけライフコース上のリスクが，たとえば，かつてラウントリーが想定したように，高齢期と子ども期に限らず，あらゆる場面において高まっている。また，世代的リスクも同様で，貧困が「相続」される可能性も指摘されており，これは，教育社会学の脈絡での「意欲格差」（苅谷剛彦）や「希望格差」（山田昌弘）の問題などとも連なるものである。ドイツにおける福祉領域でのルーマン受容の背景には，こうした福祉をめぐる状況の著しい変動があることは間違いなく，また，ルーマン理論自体の応用・展開可能性を考える上でも興味深い。

　＊本研究はJSPS科学研究費（基盤研究（C）：課題番号24530596）の助成を受けた。

（小松丈晃）

注

1）　ルーマンの包摂／排除概念の概念史については，Göbel & Schmidt 1998 をも参照。また，近年の日本での研究としては，渡會 2006，小松 2003: 182-192，後藤 2012 などを参照。また，現代ヨーロッパ諸国におけるイスラーム化とのかかわりでは，小松 2011 を参照。

2）　このことを踏まえて，ルーマンは，GG: 619＝2009: 914 において，D.ロックウッドに由来する「システム統合」と「社会統合」の概念を引き合いに出しつつ，前者が，それぞれの「部分システムがいかにして他方のシステムを参照しまたいかにして互いに他方のシステムに依存しているのか」を問う「システム分化形式」の区別というテーマで取り上げてきたのに対して，包摂／排除という概念ペアは，後者すなわち社会統合に相応する，と述べている。

3）　たとえばこれ以降で少しだけふれるとおり，この概念ペアを機能システムの脈絡で述べるときには，遂行的役割（Leistungsrolle）と相補的役割（Komplementärrolle）との分化に基づいて近代社会の（原則として）すべての成員がそこに所属するということが意味されているのに対して，組織システムの脈絡においてこの対概念が用いられるさいには，ある組織への所属（たとえば入社）／退出（たとえば退職）の規則という意味で利用される。ところが，ルーマン自身述べているとおり，組織システムと機能システムとの最大の相違点は，前者が，成員資格の厳格な限定に依拠して成立するという点にある。それゆえ組織システムの脈絡でのこの概念対の内容は，成員／非成員という区別とほぼ重なってしまう。この用い方は，組織の非成員の相補的役割をも含めた意味で包摂概念が用いられる機能システム論の脈絡での包摂／排除概念とは明らかに異なる。

4）　ちなみに，後述するとおり，今日の貧困や現代的不平等に関する研究は，こうした機能分化論による排除論ときわめて近接した位置にある。たとえば，「貧困」を食糧不足とか貨幣収入の機会の喪失といった物質主義的に捉える「一次元的な」貧困概念を拒否し，むしろ現代の「貧

困」とは，教育，健康，福祉といった各種領域における苦境という多元的な要因が共同作用することで生ずるものであるとするアマルティア・センの研究が，そうである。
5）　ルーマンは1981年の福祉国家論 (Luhmann, 1981: 110-111＝2007: 101-102) において，福祉国家における官僚制の限界について，次のように指摘している。確かに福祉国家は法と貨幣をメディアとして使用することによって，政治的決定にとって多大な利点を獲得している。しかし，そこには重大な目的と手段との齟齬が見いだされる。つまり福祉国家は職業教育，社会的教育，リハビリテーション，第二次社会化等，人格の構造変容に関わる領域にまでその射程を広げてはいるものの，これらの領域に必要な資源は対人サービス専門職による人格的関わり，参加などといったものであり，これらは法と貨幣によっては調達することができず，それゆえ中央で成否を制御したりすることもほぼ不可能である，と。このようなルーマンの福祉国家における官僚制批判は，教育における「技術欠如」という指摘や彼の専門職論と併せて検討を要する論点であろう。
6）　ただし，このディアコニーは宗教システムとその他の機能システム（社会システム）との関係だけでなく，人格に対する関係，すなわち「魂への配慮 (Seelsorge)」もまた含まれているが（これは，人格は宗教という社会システムの「環境」に位置するシステムであることのコロラリーだが），しかし他方，この同じディアコニーの概念を，魂への配慮の概念と区別するという脈絡でも使用しており，いささかの術語上の混乱が見られるようである。これについては，Starnitzke 1996: 187 を参照。
7）　パーソンズのこの考え方については，Parsons 1967 を参照。なお，一般に，ルーマンにおける「機能」と「遂行」との決定的な違いについては，馬場2001: 94-101を参照。
8）　I. カルレは，宗教システムに「包摂」される形式として，『宗教の機能』における「教会」と「ディアコニー」の区別に対応して，宗教的コミュニケーションへの参加と，ディアコニー的なあるいは「魂への配慮 (Seelsorge)」による参加とを挙げている (Karle 2001)。いずれも，他のシステムからの排除にもかかわらず包摂を維持することのできる形式であるという点では共通している。
9）　上述したベッカーによる「機能システムとしての社会扶助」という見解を引きあいに出しつつ，ルーマンは，このような点で，宗教システムがこうした「機能システムとしての社会扶助」の重要な一部をなしているかもしれないと述べている (Luhmann 2000: 305 [Anm. 49])。
10）　カトリック系のカリタス連合体は，1997年に入って将来的ビジョンとして「カリタス規範」を制定しているが，この新しい規範として強調されているのは，まさに上述した排除の問題である。この「規範」の第四部において，カリタス連合体は，一般的な社会福祉事業よりもより特殊な分野，つまり，社会保障等から取り残された人々を代弁しうる分野に力点をおくべきであり，制度からこぼれ落ちた人々の受容を使命とすべきことが，主張されている。カリタス連合の新規範については，春見（1999, 2001）を参照。
11）　このように，スピリチュアルケアを指向しながらも，結果的に宗教的ケアとなってしまった足跡については，たとえば，窪寺2000を参照。これについては，医療社会学を専門とする田代志門氏（昭和大学）から示唆を得た。
12）　これに関連して，ベックの「個人化」論ならびにそれをめぐって社会学者の間で行われた「個人化論争」についての比較的早い段階での日本における考察として，小野1994を参照。

文献

馬場靖雄, 2001,『ルーマンの社会理論』勁草書房．
Baecker, D., 1994, "Soziale Hilfe als Funktionssystem der Gesellschaft", *Zeitschrift für Soziologie* 23 (2): 93-110.

Beck, U., 1986, *Risikogesellschaft*, Suhrkamp.（＝1998, 東・伊藤訳,『危険社会』法政大学出版局。）
Bommes, M. & A. Scherr, 1996, "Exklusionsvermeidung, Inklusionsvermittlung, und/oder Exklusionsverwaltung: Zur gesellschaftstheoretischen Bestimmung Sozialer Arbeit", *Neue Praxis* 2: 107-123.
Fuchs, P., 1997, "Adressabilität als Grundbegriff der soziologische Systemthorie," *Soziale Systeme* 3, 57-79.
Göbel M., & J. F. K. Schmidt, 1998, "Inklusion/Exklusion: Karriere, Probleme und Differenzierungen eines systemtheoretischen Begriffspaars," *Soziale Systeme* 4(1), 87-117.
後藤実, 2012,「包摂／排除の社会システム理論的考察」『社会学評論』63(3)：324-340。
春見静子, 1999,「ドイツにおけるカリタス連合体の新しい役割」『基督教社会福祉学研究』32: 142-147。
――, 2001,「カリタスと社会福祉」『ソフィア』50(2): 108-256。
――, 2003,「ドイツ・カリタス連合体の研究（Ⅰ）」『カトリック社会福祉研究』3: 103-121。
――, 2007,「ヨーロッパ大学圏の形成とドイツのソーシャルワーカー養成の転換」『医療福祉研究』3号, 80-93。
Iben, G., 1998, "Die sozialpädagogik und ihre Theorie: Stand einer Diskussion über Begriff und Realitäten," Roland Merten, hrsg., *Sozialarbeit, Sozialpädagogik, Soziale Arbeit*, Lambertus, 113-129.
岩田正美, 2004,「貧困になるリスク・貧困であることのリスク―福祉国家と社会的リスク管理の困難―」橘木俊詔編『リスク社会を生きる』岩波書店：125-158。
――, 2008,『社会的排除―参加の欠如・不確かな帰属』有斐閣。
Japp, K. P., 1986, *Wie psychosoziale Dienste organisiert werden*, Campus.
Karle, I., 2001, "Funktionale Differenzierung und Exklusion als Herausforderung und Chance für Religion und Kirche", *Soziale Systeme* 7: 100-117.
Kleve, H., 1999, *Postmoderne Sozialarbeit: Ein Systemetheoretische-konstruktivistischer Beitrag zur Sozialarbeitswissenschaft*, Dr. Heinz Kersting.
小松丈晃, 2003,『リスク論のルーマン』勁草書房。
――, 2011,「グローバル化のなかの排除／包摂と機能分化―イスラーム問題を軸にして―」『社会学研究』89: 65-83。
窪寺俊之, 2000,「宗教的ケアと日本のホスピス―歴史的経過と評価―」『神学研究』47: 125-153。
Luhmann, N., [1973] 1975, "Formen des Helfens im Wandel gesellschaftlicher Bedingungen," ders., *Soziologische Aufklärung* 2, 134-149.
――, 1977, *Funktion der Religion*, Suhrkamp.（＝1999, 土方・三瓶訳『宗教社会学―宗教の機能』新泉社。）
――, 1981, *Politische Theorie im Wohlfahrtsstaat*, Olzog.（＝2007, 徳安彰訳『福祉国家における政治理論』勁草書房。）
――, 1991, *Soziologie des Risikos*, Walter de Gruyter.
――, 1995, "Inklusion und Exklusion", ders., *Soziologische Aufklärung* 6, 237-264.（＝2007, 村上淳一編訳『ポストヒューマンの人間論―後期ルーマン論集』東京大学出版会, 203-250。）
――, 1997, *Die Gesellschaft der Gesellschaft*, Suhrkamp.（＝2009, 馬場・高橋・赤堀・菅原訳『社会の社会』法政大学出版局。）〔**GG**と略記〕
――, 2000, *Die Religion der Gesellschaft*, Suhrkamp.
Lüssi, P., 1991, *Systemische Sozialarbeit*, Haupt.

中村健吾, 2007,「社会理論からみた『排除』——フランスにおける議論を中心に」福原宏幸編著『社会的排除／包摂と社会政策』法律文化社, 40-73。
Neves, M, 2006, "Die Staaten im Zentrum und die Staaten an der Peripherie: Einige Probleme mit Niklas Luhmanns Auffassung von den Staaten der Weltgesellschaft," *Soziale Systeme* 12: 247-273.
Merten. R., hrsg., 1998, *Sozialarbeit, Sozialpädagogik, Soziale Arbeit*, Lambertus.
——, 2000, "Soziale Arbeit als autonomes Fuktionssystem der modernen Gesellschaft?: Argumente für eine konstruktive Perspektive," ders., hrsg., *Sytemtheorie Sozialer Arbeit: Neue Ansatze und veränderte Perspektiven*, Leske & Budrich, 177-205.
中野智世, 2003,「社会福祉専門職における資格制度とその機能—「資格化」とボランタリズムの間で」望田幸男編『近代ドイツ＝資格社会の展開』名古屋大学出版会, 177-210。
岡田英己子, 1999,「20世紀末のドイツ社会福祉思想の新潮流—新しい社会（福祉）運動との関連—」『社会事業史研究』27: 11-26。
——, 2003,「ドイツ・日本の歴史に見る社会事業理論の現在の争点」『人文学報（東京都立大学）』339号, 1-35。
小野隆弘, 1994,「80年代ドイツ社会国家における「労働」と「生活」の境界変容—ウルリッヒ・ベックにおける個人化テーゼと制度理解」岡村東洋光・佐々野謙治・矢野俊平編『制度・市場の展望』昭和堂, 426-469。
Parsons.T., 1967, "Christianity and the Modern Industrial Society," ders., *Sociological Theory and Modern Society*, The Free Press, 385-421.
Rauschenbach, T., 1999, *Das sozialpädagogische Jahrhundert: Analysen zur Entwicklung sozialer Arbeit in der Moderne*, Juventa.
Schelsky, H., 1965, "Freiwillige Hilfe in der bürokratischen Gesellschaft", ders., *Auf der Suche nach Wirklichkeit*, Eugen Diederichs, 294-304.
Scherr, A., 2000, "Luhmanns Systemtheorie als soziologisches Angebot an Reflexionstheorien der Sozialen Arbeit", H. de Berg & J. Schmidt, hrsg., *Rezeption und Reflexion*, Suhrkamp, 440-468.
Starnitzke, D., 1996, *Diakonie als soziales System*, Kohlhammer.
Staub-Bernasconi, S., 1995, *Systemtheorie, soziale Probleme und Soziale Arbeit: lokal, national, international*, Haupt.
渡會知子, 2006,「相互作用過程における「包摂」と「排除」—N. ルーマンの「パーソン」概念との関係から」『社会学評論』57 (3): 600-614。
吉岡真佐樹, 2003,「社会的教育の職業化と専門職化への志向—世紀転換期からワイマール期」望田幸男編『近代ドイツ＝資格社会の展開』名古屋大学出版会, 141-173。
——, 2007,「教育福祉専門職の要請と教育学教育—ドイツにおける教育福祉専門職養成制度の発展と現状」『教育学研究』74 (2), 226-239。

第6章
機能システムのインターフェース，あるいは自律する周辺

1. 機能システムの《間》

　最晩年の1997年に刊行された『社会の社会』の序言において示されたルーマンの仕事の基本コンセプトは三部構成からなるものであった。第一部は社会システム理論の一般要綱を示すもので，これは1984年に『社会システム——一般理論概説』として姿を現した。第二部は，全体社会（Gesellschaft）を対象として記述するもので，これは1997年の『社会の社会』となって現れた。そして第三部は，全体社会の主要な機能システムを記述するもので，これは1988年の『社会の経済』以降，科学，法，芸術と刊行が続けられ，ルーマンの死後も政治，宗教，教育について遺稿が出版されている。
　この基本デザインから読み取れるのは，そしてまたルーマンが随所で述べているのは，彼が近-現代社会の特質を機能分化に見いだしているということである。この認識を引き継いで現代社会学における社会理論上の（とりわけ社会理論を実質的な記述レベルに落とし込んでいく際の）課題を挙げるとすれば，それには大きく分けて二つの視点がありうるだろう。第一には，いずれかの機能システムを記述対象に選んだ際に，その機能システムの作動をどれだけ精細に記述できるかという点である。第二には，特定の機能システムに定位せずにいくつかの機能システム間の関係，機能システムの《間あいだ》を記述することである。本章が取る視点は，後者である。
　機能システムの《間》とは，それぞれの機能システムの視点から見れば他の機能システムとの接点となるインターフェースであり，中心たる当該機能システムにとっての周辺である。インターフェースとしての《間》は，他の

機能システムとの関係を取り持ち、当の機能システムの作動を補助する。周辺としての《間》は、活力をもたらすリソースや刺激の源泉であるとともに、撹乱をもたらす他者の在処でもある。《間》が持つこの両義性を視野におさめながら、本章では機能システムとその《間》の問題を考えることにしたい[1]。

2. 機能システム間関係を記述する諸概念

社会システムとその環境の関係を記述する概念として、ルーマンは理論展開の過程でいくつかの概念を提示してきた。例えば、相互浸透（Interpenetration）、共鳴（Resonanz）、構造的カップリング（strukturelle Kopplung）といった概念である。これらの諸概念については、すでに筆者なりの整理を別の場所で行っているので詳細は繰り返さないが、簡単に述べておけば、相互浸透概念は、主として社会システムと意識システムの関係に向けられたものであり、共鳴概念は諸機能システムが自らの構造で環境に反応することを記述しようとしている。その後、構造的カップリング概念が、作動的な閉鎖性を前提とした自己言及的な社会システムの環境関係を記述するための中心概念となっている（高橋 1997）。

しかしながら、いま挙げた諸概念だけでは、社会システムとその環境の関係を記述する概念を網羅したことにはならない。構造的カップリングは、社会システムどうしの関係ばかりでなく、心的システムのようなシステム類型を異にするシステムとの関係にも対応しうるという意味で、確かに社会システムの環境関係一般をカヴァーするものである。しかし、機能システムの環境関係は、全体社会という包括的な社会システムの内部において営まれるものであり、その特殊な環境関係にみあった概念装置を必要とする。それが、作動的カップリング（operative Kopplung）である。

作動的カップリングには二つのタイプがあるとルーマンは述べている（Luhmann 1993: 440-1＝2003: 578）。第一のタイプは、システムのオートポイエーシスである。これは、当該システムの先行する作動に、後続の作動

第6章　機能システムのインターフェース，あるいは自律する周辺　157

が接続することによって作動的な結びつきがなされているということである。第二のタイプは，出来事の同時性にもとづく結びつきである。これは例えば，支払いが同時に法的義務の履行であったりするかたちで，ある作動（コミュニケーション）において複数のシステム（この例では経済システムと法システム）が結びつく場合を指している。その際，その出来事は経済システムにとっては一連の支払いの接続連関の一要素をなしており，法システムにおいては契約関係の締結と義務の履行といった別種の接続連関の一要素とみなされる。したがって，同一の要素を二つのシステムが共有するわけではなく，あくまでもある同時点の出来事が異なる意味を持って両者の接続連関の一要素となっているということである。

　ルーマンは，構造的カップリングと作動的カップリングとの関係について次のように述べている。「システムの内部における構造的カップリングの場合にだけ生じる特性について考慮しておく必要がある。〔システムの〕外部との関係の場合には，構造的カップリングのために作動を用いることはできない……。だが，〔システム〕内部の関係については話は別である。全体社会システムの場合には，システムのカップリングを行うためにコミュニケーションを用いることができる。構造的カップリングは作動的カップリングによって補完されるのである。例えば，医師は病気について文書で証明し，その書類を患者が自らの雇用主に提出するために持たせてやることができる」(Luhmann 1997: 788＝2009: 1077-8)。

　システム類型を異にするシステム（例えば，社会システムと心的システム）の場合，それらの間に作動を介した結びつきというのはおこりえない。しかし，社会システム間の関係においては，同一のシステム類型に属する作動（コミュニケーション）を用いることができる。それにあたるのが，作動的カップリングである。先の引用でルーマンが示している医師による診断書が患者の職場に対する疾病証明になるというのが，その一例である。しかし，このようなタイプの作動的カップリングを利用できる社会システムは一つしかない。それは，組織である。ルーマンは，「組織は環境の中にあるシステムとコミュニケーションする可能性を有している。組織は，この可能性を持ちあわせている唯一の社会システムのタイプである」と述べている

(Luhmann 1997: 834＝2009: 1129)。この点をふまえれば、先の診断書発行の例も病院組織と企業組織の文書を介したコミュニケーションと解することができる。

　機能システム間の関係を考える時に、組織が果たす役割は無視できない重要性を持っている。いわば機能システムに対外交渉能力を与えるのが、組織でもあるからである。この点についてルーマンは、「学問も経済も、また政治も家族も、統一体として外に向かってコミュニケーションに足を踏み出すことはできない。機能システムに外へのコミュニケーション能力を授けるためには…機能システム内部に組織が形成されねばならない」と述べている (Luhmann 1997: 843＝2009: 1138)。しかし、機能システムが組織そのものとはなりえない以上、その「交渉能力」なるものは仮想されたもの（しかし一定の決定効果をもたらすが）にすぎない。ルーマンは、例えば多国籍企業、労使交渉における経営者団体と労働組合が経済の代弁者を自任して立ち現れることがあると述べているが、本当に経済が考えていることを知りたければ株式相場を見よとも述べている (Luhmann 1997: 843＝2009: 1138,1553)。

　組織のような恒常的なものではなく、そのつど一時的に行われる相互作用もまた機能システム間の関係に一定の役割を果たしている。「まさに機能システム間のいわゆる《インターフェース》関係が、相互作用を、また組織を利用している。それらはどちらか一方の側〔の機能システム〕には位置づけられないのである」(Luhmann 1997: 812-3＝2009: 1106)。病院や企業のような特定の機能システムと深く結びついた組織とは異なり、こうしたインターフェース的相互作用や組織は特定の機能システムに位置づけられることなく、機能システムとその環境との間のカップリングを媒介している。本章では特にこの点に着目することで、機能システムの《間》の問題に取り組んでみたい。

3. 「交渉システム」と「会話圏」

　機能システムの間に介在する社会システムの働きを扱った議論として、ルー

マンはヘルムート・ヴィルケによる「交渉システム（Verhandlungssystem）」とミヒャエル・フッターの「会話圏（Konversationskreise）」に関する議論に言及している。「特に政治システムの外接圏（Umkreis）では多数の《交渉システム》が確立されている。それらは定期的な相互作用の形式で諸々の組織を引き合わせている。そうした組織自体は，様々な機能システムに由来する利害関心を代表しているのである。こうしたかたちで製薬産業の外接圏では，ミヒャエル・フッターが示してきたように，特許権，研究可能性，経済的利害の問題を扱う《会話サークル》が形成されるのである」（Luhmann 1997: 788＝2009: 1078）[2]。そこで本節では，このヴィルケとフッターの議論を参照しながら，機能システムのインターフェースについて両者がどのような議論を展開しているかを検討しておきたい。

3-1　ヘルムート・ヴィルケにおける「交渉システム」

表 6-1：社会制御形式の区別についての諸説

著者（文献）	主要形式		第三形式
Dahl/Lindblom（1953）	ヒエラルキー	市場	交渉
Williamson（1985）	ヒエラルキー	市場	関係的契約
Offe（1984）	国家	市場	連帯
Streeck/Schmitter（1985）	国家	市場	連帯（コミュニティ）
Scharpf（1993）	ヒエラルキー	市場	交渉システム
Maynz（1993）	ヒエラルキー	市場	政策ネットワーク

出所：Willke（2001: 94）より抄録。

　ヴィルケの問題関心は，多数の自律的なシステムからなる秩序がいかにして形成されるのかという点にある。「今日我々は，全体社会の水準において何百万もの人々や家族，何千もの組織や，その他の社会システムの調整という問題に関わりあっている」（Willke 2001: 93）。この全体社会的な調整問題について，諸システムの関係を制御するための形式が様々な論者によって提案されている。これらの提案を整理して列挙したヴィルフレッド・ゴッチュの仕事（Gotsch 1987）に自身で新たな項目を付加したうえで，ヴィル

ケは従来議論されてきた主要な制御形式をリストアップしている（表6-1参照）[3]。ヴィルケは多くの論者が示す「ヒエラルキー／市場」の二項対立ではミスリーディングであるとして，経済領域を喚起する「市場」を政治領域の「デモクラシー」に置き換えて，「ヒエラルキー／デモクラシー」の二項対立へと組み替えている。この組み換えによって彼が意図するところは，政治（ヒエラルキー）と経済（市場）の二項対立ではなく，どの領域の調整問題についても適用できるような二つの調整モデルを比較することにある（Willke 2001: 95）。つまり，「ヒエラルキー」はその名の通り，上位者とそれに従う下位者からなる垂直的な秩序形式を指しており，「デモクラシー」はフラットな関係にある者どうしの競争関係を指している。この区別を，例えば政治においては独裁制と民主制，経済においては統制経済と市場経済というかたちで適用して，汎用性のある区別として使おうという発想である。

　ヴィルケにとって，この二項対立が諸システム間の関係を制御するうえでの軸となるが，この問題に取り組む多くの論者がこの二項の対立を和らげる第三項を挙げている。この第三項として，多くの論者が挙げているのが「連帯」である。しかし，ヴィルケはただこの概念をもちだすだけでは，第一次集団の前近代的なゲマインシャフト的調整形式を持ち出して，現代の高度に分化した全体社会に押しつけているにすぎないとしている。こうした第三項が意味を持つのは，現代社会の秩序を下支えするかぎりにおいてであり，それは第一次集団や第一次的な環境において人々を長期的で包括的な相互の結びつきの中におき，個々の場面での利己的な利益追求を緩和する場合である（Willke 2001: 97）。

　しかし，ヴィルケ自身が関心を寄せるのは，このような「連帯」でもなければ，政治学者が考えるような政治システムを中心とする調整機構でもない。彼はむしろ，全体社会内で活動する様々なアクターが織りなす網の目のような関係に着目している。そして，組織社会学の研究はこうしたアクター間の関係についての重要な知見をもたらしていると評価した上で，次のように述べている。「システム理論的なパースペクティヴは，こうした研究に接続することができる。システム理論が付加する独自の視点として，次のような論点を提供することができる。すなわち，近-現代社会の特殊な形式によって諸社

会システム間のコミュニケーションに基本的な制約と可能性とが定められているということ。また，それがどのように定められているのかということである。第一次的に機能的に分化している全体社会においては，諸社会システムは《母システム》たる様々な機能システムに組み込まれているのである。例えば，企業が経済に，学校が教育システムに，病院が医療システムに，というふうに。それゆえ，〔企業や学校や病院のような〕法人＝団体的(コーポラティヴ)なアクターは相互に直接コミュニケーションできるというわけではないのである」(Willke 2001: 100)。

　こうした条件下においてただ統一性を志向するような諸システムの調整形式を追求しても，かえってそれによるリスクがもたらされる。そうした「調整がもたらす中心的なリスクは，…グライヒシャルトゥングであり，もっと穏当な言い方をすれば，脱分化 (Entdifferenzierung) である」(Willke 2001: 112 強調は原文)。したがって，ヒエラルキーとデモクラシーという二つの調整形式に対する第三項は，自律的な諸システムからなる社会の多様性，ダイナミズムを損なわないものでなければならない。

　ヴィルケはこうした問題関心から，いわゆるネオ・コーポラティズムの議論をふまえて交渉システムの意義に着目している。彼は，交渉システムに着目する理由について，次のように述べている。「様々な学派や文献から徐々に，自律的なシステムの調整問題に対する新しい見方が形成された。この新しい見方は，すでに感じられていた調整の《第三の》形式の必要性が次第にネットワークや交渉システムという観念に凝縮することによってかたちを成したのである。すでに提案されていた第三の形式のすべてに対して，この観念は利点を備えていた。それは，前近代的な調整形式を持ち出す必要がなく，逆に十分に近代的で，高度に組織化された複雑性に特に適した形式を示している点である」(Willke 2001: 116)。

　ルーマンは交渉システムについて言及した先の引用箇所ではヴィルケの著作しか挙げていないが，交渉システムに関するヴィルケの議論は，行政社会学者のレナーテ・マインツと政治学者のフリッツ・シャルプの議論を参照しながら開始されており，ヴィルケはそれを自身の社会システム理論研究に位置づけたと言える。「ケルンのマックス・プランク社会研究所がはじめた取

り組みのコンテクストで，レナーテ・マインツとフリッツ・シャルプは交渉システムとネットワーク化されたアクターの布置連関による調整という観念を一般化し，様々な政治領域について経験的に検討している。機能システムが高度な自律性と独自のダイナミズムをなしている近代社会について言えば，垂直的な（連邦制的な）調整が必要であると同時に，原則的には等位であり，同格として扱われる諸システムの間の水平的な調整がますます必要になっている」(Willke 2001: 119)。ヴィルケがマインツとシャルプに着目しているのは，ヒエラルキー的な秩序を軸として諸アクターの交渉を秩序立てるコーポラティズム的発想よりも，両者が諸アクター間のフラットな調整を重視しているからである。したがって問題となるのは，フラットなアクター間の交渉を秩序立てるルールということになる。マインツは，この点を次のように説明している。「交渉システムが安定するのは，受け入れ可能な妥結を定義する際に役立ちうるルールがある場合である。…このルールはフェアな取引を志向させ，互酬性や，共同で行った決定（あるいは，一定の問題解決）がもたらすコストと利益の正当な配分を志向させうるようなものである。いずれにせよ，基本的にこのルールはすべての参加者に自らの行為の自由を自由意思にもとづいて制限することを要求するのである」(Mayntz 1992: 27)。

　むろん，アクターが交渉システムに参加し続けるとすれば，それは利己的な行動を貫徹するよりも交渉システムに参加する利益の方が大きい場合であるが，そのうえで問題となるのは，この枠組みの内部においてアクターの利己的な利益追求と自己規制をバランスさせるということである。それがうまくいけば，交渉システムという仕組みの良さが活かされるというのがヴィルケの考えである (Willke 2001: 122)。これでヴィルケの議論における交渉システムのポジションが，おおよそ明らかになったはずである。ヴィルケは，全体社会の秩序形成原理として，アクターの垂直的な関係からなる「ヒエラルキー」と純然たる競争により（いわば「見えざる手」によって）秩序を形成する「デモクラシー」という二つの形式を認めたうえで，交渉システムをその第三形式として位置づけている。ただし，交渉システムは前二者を止揚するようなものではなく，それらの対立を和らげる調整者にほかならない。

交渉システムに関するヴィルケの議論は，ドイツ固有の文脈で言えば，連邦政府を上位機関とする垂直的秩序（ヒエラルキー）と互いに水平的（フラット）な関係にある各州政府との関係をどのように調整するかという問題も背景となっている。ドイツでは福祉国家化の進展とともに財政基盤の弱い州に連邦政府が支援・介入せざるをえなくなり，連邦と州の権限配分を定めたドイツ基本法第83条に抵触する可能性が出てきた。そのため1969年に基本法が改正され，連邦全体にとって意義があり，かつ連邦の協力を必要とする事柄には連邦と州が協力するという「共同任務（Gemeinschaftsaufgaben）」が定められた（自治体国際化協会 2003: 44-6）。こうして連邦と州が互いに協力して行政にあたることが定められたのだが，原則として州政府が自らの領域において行政上の責任を負っていることにはかわりがない。したがって，連邦政府の協力を受けることはやはり不本意だと言える。ヴィルケは，その点をふまえながら次のように述べている。「それぞれの案件において他の《垂直的》水準〔例えば，連邦政府〕の決定を腹立たしい思いをしながら受け入れるかわりに，当事者たるアクターたちの交渉システムによって，〔行政上の〕決定の前地（Vorfeld）において自らの考えを伝えあうことができる。また少なくとも，有用な妥結をしようと試みることもできるのである」（Willke 2001: 117）[4]。自律的な州政府とその上位にある連邦政府との関係を，最終的な行政的決定に先立つ「前地」において（「ハイアラーキー」と「デモクラシー」という二項対立を緩和する第三項として）調整する交渉システムの位置価がこの文脈においてかなり明確に現れていることがわかる。

　それでは，こうしたヴィルケの議論をルーマンはどのように見ているだろうか。ルーマンは，すでに本章第二節で引いておいたように，機能システムが外部とのコミュニケーション能力を持つにはその内部に組織を形成しなければならないと述べていた。だがその直後の部分では，組織の果たす役割にやや冷めた視点を示しながら，次のように述べている。「今述べた事柄のうちの多くは，明らかに理論的にはそれ以上反省を加えられていないパースペクティヴのもとでではあるが，《ネオ・コーポラティズム》に関する近年の研究の中で捉えられている。ヘルムート・ヴィルケが取り組んでいる，全体社会的制御の入り組んだ理論においてもやはり，全体社会の部分システムがコミュニケーション能

力をもつということが前提とされている(システム間関係におけるコミュニケーションを通しての自己拘束力をもつ,というように)。しかし機能システム内部における組織の意義の高まりは,機能システムそのものを組織することが不可能であるという事態とともに生じる,というよりもその不可能性によって引き起こされるのである」(Luhmann 1997: 843＝2009: 1139)。例えば,ある政党や利益団体において何らかの決定が行われたとしても,あるいはそれらの間になんらかの交渉が行われ妥結がなされたとしても,それはその組織についての決定であって,政治システムそのものについての決定ではない,というのがルーマンの発想である(Luhmann 1997: 843, Anm.440＝2009: 1553)。政治が,あるいは経済でも科学でもよいが,目に見えるかたちで組織化された諸団体の公式的なコミュニケーションによって覆い尽くされているのであれば,実際上も理論上も,それらの(広い意味で)制度化されたコミュニケーションを捉えていれば十分である。さらに,それらの制度化された組織を実効的に統括できるような中心組織があるのであれば,機能システム自体にコミュニケーション能力を認めることさえできるかもしれない。しかし,ルーマンの発想は機能システムの作動はそのような意味で制度化されているコミュニケーションばかりではなく,もっと大きな広がりを持っていることを示すものである。この点は,(経済システムを例にとれば)支払い行為を行うのが組織だけではないことを想起すればすぐにわかるはずである。機能システムは当該領域に関わる人々による非組織的なコミュニケーションを含むし,逆に企業や大学のような特定の機能システムと深く結びついた組織のコミュニケーションがつねに経済や科学の観点からなされるともかぎらない。むしろ,(例えば,大学の工学部が技術開発の際に商品化の可能性を検討したり,企業が独自技術の特許権取得を検討したりする場合のように)特定の機能システムの論理をふまえながら他の機能領域の反応を考慮する場合もめずらしくはない。その際,このような多機能的なコミュニケーションが諸機能システムの働きを結びつけるインターフェース的な役割を果たす場合もあるだろう。次項で取りあげるミヒャエル・フッターが研究対象としたのは,まさにこのような多機能連関を持つコミュニケーション・システムなのである。

3-2 ミヒャエル・フッターにおける「会話圏」

　フッターが会話圏についての議論を展開した著作は，1989年に刊行された『権利の生産―医薬品特許権の事例に適用した経済の自己言及的理論』(Hutter 1989) である。この著作においてフッターが関心を寄せているのは，企業と法曹界との関係である。この関係を考えるための理論装置として，フッターが採用したのが自己言及的システムの理論である。したがって，当然のことながらルーマンの著作への参照は随所にみられるが，彼自身の研究関心にしたがって比較的独自の理論展開を行っている。

　フッターは，経済界と法曹界を自己言及的システムとして観察するにあたって，二つの概念を導入している。まず一つが，「ペルゾーン (Person)」である。「《ペルゾーン》という概念によって言い表されているのは，観察者が観察されたシステムの外部にいるときの社会システムのことである」(Hutter 1989: 38)。ルーマンの場合，Person はコミュニケーションにおいて心的システムに帰属された予期の複合体のことを指すが，フッターはおそらくはこの語が含意する「法人」の意味もふまえながら，外部から観察された社会システムを指すときにこの語を用いている[5]。これに対して，観察者が当該システムの内部においてそのシステムを観察しているとき，そのシステムを「会話 (Konversationen)」と呼んでいる (Hutter 1989: 39)。

　両者は，社会システムを異なる立ち位置から観察したもので，コインの両面のような関係をなしている。それゆえ，「いずれのペルゾーンも内部から見れば会話である。また，いずれの会話にもペルゾーンが参加する。ペルゾーンは会話において行為し，会話はペルゾーンにおいて生起する」(Hutter 1989: 41 強調原著者)。ルーマン理論の枠内で言えば，この記述が該当するのは組織である。すでに述べたように，ルーマンは（社会システムの諸類型のうちで）組織にのみ自己以外のシステムとのコミュニケーション能力を認めるからである。したがってフッターの会話圏とは，あえてルーマン的にいうならば，組織間コミュニケーションのことだと言える。他方，これをフッターの研究関心をふまえて言いかえれば，次のようになる。すなわち，経済的価値と法的正当性を基準として行われる経済的ペルゾーンと法的ペルゾーンの間のコミュニケーションのことであると。フッターはこのような領域間のコミュニケー

ションに特化している社会システムを「会話圏（Konversationskreise）」と呼んでいる（Hutter 1989: 94）。

　このように会話圏のコミュニケーションは，特定の機能システムの内部的なコミュニケーションではなく，それに関与する機能システムの内在的価値基準を併用する特殊な社会システムをなしていると見なされている。例えば，企業とその顧問弁護士の事務所とで製品に含まれるパテントをどのように守るかについてコミュニケーションしている場面を考えて欲しい。その場合，経済的な価値である収益性と法的価値である法的正当性の双方を追求することが前提となっている。それゆえフッターは主たるコンテクストを据えた（例えば，経済なり法なりを中心とする）研究においては，会話圏のようなものは周辺的なものと見なされ，例えば「境界連結者（Boundary Spanners）」であるとか，「中間集団（intermediäre Gruppen）」と呼ばれたものと同様のものと見なされるだろうとは認めつつも，彼自身は会話圏を研究の中心に据えている（Hutter 1989: 95）。

　それではこの会話圏におけるコミュニケーションには，どのような形態があるのだろうか。フッターは，会話圏のコミュニケーションが進展する道筋を三つ挙げている。

　第一には，あるテーマに関する独自の会話圏が形成されることである。その際，会話が行われる場所や時間，参加者が定められることで，会話行為を個々の参加者に帰属するよりは，会話圏そのものに帰属する方が外部の観察者にとって有益であるような事態が起きていると想定されている。つまり，会話行為の帰属対象としての会話圏が立ちあがってくる局面である（Hutter 1989: 99）。

　第二には，すでに会話圏が存在しており，その会話圏に新たなテーマが組み込まれることである。この新しいテーマの導入が生産的な結果をもたらすのは，新しいテーマの導入が会話圏に新たな情報生産の構造的な機会をもたらす場合である。フッターは，こうした会話圏が何十年も持続するうちに，経済界と法曹界との対話として確立され，分化することで，会話圏が経済界にも法曹界にも位置づけられない独自のものとなってくると述べている（Hutter 1989: 100-1）。

第三には，会話圏の働きかけが第三のシステムに向けられる場合である（Hutter 1989: 99）。例えば，経済団体が自らにとって利益になる法制度の制定を目的として政治に対する働きかけ（いわゆる，ロビー活動）を行うような場合である。

　この著作においてフッターは，薬品特許の分野を対象として会話圏の事例研究を行っている。この分野で会話圏に参加しているのは，企業（製薬会社），企業側にアドバイスをする弁護士事務所や弁理士事務所，裁判所，特許に関わる行政機関であり，これらが会話圏に参加する恒常的なペルゾーンということになる（Hutter 1989: 105ff.）。最初の三者が経済システム，裁判所が法システム，行政機関が政治システムからの参加者と位置づけられている。

　会話圏の事例研究の対象国としてフッターはドイツ，イタリア，アメリカの欧米三カ国を選び，関係者にインタビュー調査を行っている。フッターは，このインタビュー調査において挙がった33の会話圏を示している。ここではドイツ企業の特許部門の長が挙げた16の会話圏を掲げておく（表6-2参照）[6]。一見してわかるように，これらの会話圏には国家レベル，地域レベル，国際レベルと地理的な守備範囲の相違がある。また，全産業，化学産業，製薬業と業種の広がりも異なっている。さらに企業の利益団体として経済システムよりの団体もあれば，政治システム側の諮問機関もある（Hutter 1989: 111ff.）。

　具体的な会話圏の事例も挙がったので，これらをもとに先の会話圏の形成・展開の三形態に沿ってフッターがどのような議論をしているかを見ておこう。

　第一の新しい会話圏の形成について，フッターは Interpat という団体を取りあげている。この団体は，薬品の開発と商品化を行う世界の有力な製薬会社をメンバーとしており，膨大なコストを費やして開発した薬品の知的財産権の保護の促進を図ることを目的としている。この団体は，製薬会社の国際的なワーキング・グループのような緩やかな組織で具体的な問題への取り組みは地域ごとのグループで行い，全体の会合は8ヶ月ごとに行っている。さらに団体としてのニュースレターを発行したり，団体の代表者が団体設立の歴史について記述（ルーマン的に言えばシステムの自己記述）をしたりす

168　第Ⅱ部　機能分化の未来

表6-2：ドイツ企業の特許部門の長が所属していた会話圏のリスト

①ドイツ製薬工業協会 Bundesverband der pharmazeutischen Industrie（BPI）
②ドイツ化学工業協会 Verband der Chemischen Industrie（VCI）
③ドイツ産業連盟 Bundesverband der deutschen Industrie（BDI）
④ドイツ産業権保護・著作権協会 Verein für gewerblichen Rechtshutz und Urheberrecht
⑤ドイツ化学者協会 Gesellschaft deustcher Chemiker（GDCh）
⑥欧州産業連盟 Union of Industries in the European Community（UNICE）
⑦欧州産業協会理事会 Council of European Industry Association（CIFE）
⑧欧州化学工業連盟 European chemical Association
⑨欧州製薬団体連合会 European Federation of Pharmaceutical Manufacturers Association（EFPIA）
⑩国際製薬団体連合会 International Federation of Pharmaceutical Manufacturers & Associations（IFPMA）
⑪国際知的財産保護協会 International Association for the Protection of Industrial Property（AIPPI）
⑫Interpat（薬品開発を行っている製薬会社の団体）
⑬対欧州特許庁代理人協会 European Patent Institute（EPI）
⑭ドイツ法務省の審議会委員
⑮欧州特許庁（EPO）の常任諮問委員会委員
⑯外交的な会議における使節団メンバー

るようになっている。

　興味深いのはフッターがこの団体を、「オートポイエーシス的システムの理論が薬品特許の会話領域において〔理論的に〕予測する会話圏として典型的なものである」と位置づけている点である（Hutter 1989: 115）。このフッターの記述を理解するには、彼が議論の前提としておいている一つの仮説を見ておかねばならない。その仮説とは、「経済のペルゾーンと法のペルゾーンとの間の伝達が活発化すると、自律的にふるまう会話圏が成立し、発展する」というものである（Hutter 1989: 90）。この仮説を一般化すれば、フッターの研究関心は自律的なシステムの《間》に位置しているシステムが自律化する、という点にある。Interpatの場合、本来なら経済的利益と法的正当性を追求するために集った参加企業の集合体にすぎない。この団体が徐々に独自のアクター（Handlungsträger）となった点に、フッターは理論的な意義を見いだしているのである。

　次に、第二の形態である既存の会話圏へのテーマの組み込みについて見て

おこう。懸案となっている問題が，例えば法制度のどこをどのように変更すれば特許権を持つ製薬会社の利益になるのかといったことを明確に示せるだけの具体性を持っている場合には，そのための会話圏を作って政治システムや法システムに働きかけることが現実的な解決策と見なしうる。他方で，問題がその業界にとって日常的，持続的な課題の場合は，すでに様々なテーマが定義され，それらが部分領域として組み込まれている既存の会話圏で論議をしてもよいわけである。フッターはそのようにすでに多数の会話領域を備えた一般的な会話圏の例として，国家単位の業界・産業別の会話圏を挙げている。先の表からその例を挙げれば，ドイツ製薬工業協会（BPI），ドイツ化学工業協会（VCI）がそれにあたる（Hutter 1989: 119）。フッターの記述ではBPIはフランクフルトにあるVCIの建物に事務所を間借りしているとあるが，現在の状況を確認するとBPIはベルリンに独自の事務所をおいており，VCIから独立したようである。この経緯をみると，より包括的な産業単位の会話圏であるVCIから個別業界の会話圏であるBPIが分化したともとれる。フッターはその契機として，業界の成熟とともに一定の利害関心の共有が行われ，各社独自で動くよりも一致団結する方が有益であるような状況の到来を指摘している。結局，薬品特許の問題はこのBPIにおける営業上の権利保護について論議する委員会に組み込まれている。

　こうした団体は，立脚する産業領域が発展するとともに，「構造的に分化した，複雑な組織」へと成長する（Hutter 1989: 121）。その代表的な例としてフッターが挙げているのが，ドイツ産業権保護・著作権協会である。この団体は，フッターの著作には1986年時点での会員数2400という数字が記されているが，現在（2013年1月末時点）では5000を越える会員（個人・企業）を擁している（ちなみに，BPIが利益を代表する会員企業は現在240，VCIは1600である）。またこの団体が発行する機関誌は，産業上の著作権保護について議論する中心的な媒体として君臨している[7]。こうしてこの団体が力を持つとともに，ドイツにおける特許をめぐる議論がこの団体を中心として行われるようになってくる。フッターが注目しているのは，当初この団体は産業サイドが政治システムとの対話を促進することを目的として設立したにもかかわらず，政治システムからの参加者や法システムからの参加

者もこの団体の会話圏に含まれるようになっている点である。つまり，経済，政治，法の各領域から著作権に関する問題を取り込む間機能システム的な会話圏としての性格を持つようになっている。その結果，団体のメンバーとなった関係者の間で議論が素早く効率的に行われるようになっている。またその一方で，その議論自体は公的な政治的，法的手続きにしたがったものではないため，そこからはずれている利害関係者の声が届きにくくなってもいる（Hutter 1989: 121）。

　ここまでの例はドイツ国内での会話圏の事例であるが，特許，著作権に関わる国際的な会話圏としてフッターが挙げているのが，国際知的財産保護協会（AIPPI）である。これは1883年に締結された「工業所有権の保護に関するパリ条約」を実効化するために，国際的な知的所有権議案の整理や文書作成，国際会議の準備などを行う民間機関として設立され，現在はNGOとして活動している。興味深いのは，この機関は政府，経済界，法曹界，技術者などが協力して設立したもので，はじめから間機能システム的な性格を持っている点である[8]。AIPPIでは知的所有権に関わる様々な問題について議論し（各議案について作業部会が構成され検討がなされ），AIPPIとしての決議を行って見解を公表している。この仕組みによって，AIPPIは知的所有権をめぐる諸テーマを国際的なコンテクストで取り込み，議論する役割を担っている。

　続いて，第三の形態（第三の機能システムへの迂回）である。企業が自らの知的財産上の利益にかなうような法制度の実現をめざす場合には，いうまでもなく立法権を持つ議会，とりわけ分野別の専門委員会（もっと言えば，その委員）に働きかけるのがセオリーであると言える。なぜなら，実質的な政治的決定はその局面で行われるからである。フッターは，その点は前提としつつも日常的な活動としては，薬品特許の会話圏につねに参加している行政機関の特許部門と意思疎通を図っておくことが重要であると述べている。例えば，ドイツ法務省の関係審議会や欧州レベルでの特許管轄機関との関わりが重要になる（いずれも先の表6-2の中に含まれている）。これらの機関は直接立法化に関与するわけではないが，特許制度に対するそれらの見解は特許制度の長期的な動向に緩やかな影響力を持っているからである（Hutter

1989: 123-4)。これはいわば，政治的決定を醸成する土壌に対するアプローチだと言える。

　以上のように団体の固有名も示しながら，フッターが薬品特許の分野を対象として行った会話圏の事例研究を手短に見てきた。フッターは，この会話圏を自己言及的に自らを再生産するシステムであると考えている。会話圏を再生産するのが，（薬品特許や知的財産権をめぐる）実際の会話である。彼の仮説は，経済と法に属するペルゾーン間の会話が活発化するとその会話が自律化し，独自の会話圏となるというものであった。その意味でフッターは，もともとは経済システムが起点となってはいるものの，機能システムの《間》にありながら，単なる《間》にとどまらない独自の社会システムの形態を研究したのだと言える。この視点は，自律化した機能システムを媒介し，機能的に分化した社会の実際的な運営を支えるものは何なのかという点を考えるうえで重要である。フッターは会話圏の働きを印象的なほど高く評価しており，それを生物界におけるバクテリアになぞらえている（Hutter 1989: 126)。バクテリアは，生態系というレベルで見れば，ある生物が生体活動に使用した物質を分解して他の生物が再利用することを可能にしている。そのような働きなくして，生物界における物質の循環はなりたたないと言える。だがそのバクテリアにしても，その働き自体は諸生物種の《間》にあっても，それ自体一つの生物であって単なる《間》ではない。その意味で，フッターが会話圏を独自の社会システムと位置づけて研究の対象としたことは当然と言えば当然である。むろん現実の会話圏には偏向や癒着の温床となる場面もあるだろうし，それゆえに全体として見れば「良くも悪くも」といわざるをえない面もあるだろう。だが，もしかりに会話圏のような働きを担う社会システムがなければ，諸機能システムの論理がもっと無媒介に接触しあうことになるのではなかろうか。

4. 機能分化と自律する周辺

　ここで再びルーマン理論に準拠点を移して考えてみよう。機能システムの

インターフェースは彼の社会理論の基本デザインからすれば周辺に位置することは間違いない。なぜなら，ルーマン理論において近-現代社会の構造的メルクマールとされるのが機能的分化であり，機能システムがなによりも研究上の準拠システムとして重視されているからである。だが，他方で同じ構造的メルクマールから，機能システムのインターフェースを担う社会システムが不可欠であることも確かである。というのも，機能的に分化した全体社会には機能システム間の関係を調整する上位システムが存在しないからである。とすれば，この不可欠な役割を担う社会システムが独自の研究対象となることも当然と言える。

　機能システム間の関係において媒介的役割を果たすものとして，組織と相互作用をルーマンが挙げていたことはすでに述べたとおりである。この点で本章の問題関心から注目しておきたいのは，『社会の政治』における組織による構造的カップリングに関する議論である。ルーマンによれば，組織は自らの決定を自らで行うことで，自己を再生産する独自の社会システムである。「組織は，当該システム自体の決定のネットワークにおいて回帰的に自らを同定する決定によって形成され，再生産される」(Luhmann 2000: 397)。同時に組織は，自らの決定可能性を過剰に作りだしている。それゆえに，「いかなる決定を行うか」ということが組織にとっての絶えざる問題となるが，この決定可能性の過剰は逆に柔軟な決定可能性の存在をも意味している。組織は環境からの「刺激」を自ら受けとめて（例えば，外部から取り組むべき課題を突きつけられて），この柔軟な決定可能性の余地を活用して生き残りを図ろうとする。このことは，組織が自らの決定を自己規定している決定前提（規程など）の変更をもたらすことがある。こうして組織は環境からの刺激を受けながら「構造的ドリフト」（決定前提の変更）をしてゆくことになる。それによって，組織は環境（環境内の他の諸システムを含む）との間に緩やかな構造的相互連関の関係を形成してゆく（このような緩やかな構造的カップリングは，一つの組織内においても行われる。例えば，自律的な学部に分かれた大学のような組織がその一例である）。ルーマンは，おおよそこのようなかたちで組織という社会システムとその環境との構造的カップリングを描いている (Luhmann 2000: 397)。

興味深いのは，ルーマンがこうした決定可能性の過剰を持ち，構造的ドリフトを行う組織だからこそ，機能システムは組織という社会システムに「住みつく」ことができるのだと述べている点である．しかも，組織に住みつく機能システムは一つではなく，いくつもの機能システムが一つの組織に住みつくのだと述べている (Luhmann 2000: 398)．例えば，企業にせよ，大学にせよ，病院にせよ，法的な正当性と無関係ではありえないし，貨幣による支払いとも，科学的な真理とも無関係ではない．組織は，法的義務の履行や代金の支払いなどに関わる決定を，自らの決定前提にもとづいて行っている．組織という社会システムの作動には，このように諸機能システムが住みついているが，それらは組織自体の決定前提と決定のネットワークによって規定されている．機能システムの側から言えば，自らが住みつく組織の構造変動や構造的自己規定などによって，その作動（例えば，支払い）の仕方が一定の調整を受けるということになる．組織という社会システムの自己規定を介した機能システムの（その環境との）構造的カップリングはこのようにして働くのである．

むろんだからと言って，組織による構造的カップリングによって諸機能システム間の関係が全体社会レベルでうまく調整され，機能システム間の調整問題が解決されるというわけではない．組織の決定は当該組織自体だけを規定する自己決定にすぎないし，機能システムは組織だけを住処とするわけではないからである．多数の組織の自己決定と決定前提の変更が，全体としてマクロな調整を行っているように見えるということはあるかもしれない．しかし例えば，機能システムを「代表」する組織（政府や議会，裁判所，経営者団体，労働組合など）が交渉しあうことによる全体社会的な政治と経済の調整を企図したネオ・コーポラティズムの試みは失敗したとルーマンは判断している (Luhmann 2000: 401) [9]．

むしろ，組織を介した構造的カップリングの効果はつねに両義的である．例えば，政党は自らの決定で公約を掲げる．そして，選挙で勝利して政権与党となれば政治的にテーマ化するイッシューを自党の方針にしたがって変えるだろう．しかしどのようなイッシューにおいても，その取り扱いの変化を歓迎する勢力もあれば歓迎しない勢力もあるのは世の常である．企業は自ら

の経営判断で設備投資の額を決定するが,それが指標の一つとなって「景気」が良くもなり,悪くもなる。その結果,「景気」の悪化が起こればそれを政治的なダメージと捉える政党もある一方で,政治的な得点と捉える政党もあるだろう。こうして出来事がそれぞれのシステムで「情報」化され,後続の作動の刺激となってゆく。したがってそれ自体は「調整」と呼べるようなものではなく,刺激を介した相互連関にほかならない。ルーマン理論が明らかにするのは,むしろこうした側面である。その点が「調整」や「制御」に焦点があたっていたヴィルケの議論と異なるところである。また,フッターの議論が理論的に含意しているのは会話圏の自律化による全体社会のさらなる複雑化である。なぜなら,会話圏の自律化は既存の諸システムにとっては新たな環境内システムの出現であり,(ヴィルケ的に言えば)そこにまた新たな「調整」問題が生じるからである。

　その一方で,フッターが示唆した周辺領域にある社会システムの自律化は,機能分化の今後を考えるうえで興味深い論点である。その点で注目しておきたいのは,間機能システム的な組織や会話圏の働きである。一例として,フッターの議論を検討した際に登場したAIPPI(国際知的財産保護協会)を想起されたい。この組織ははじめから諸機能領域からの成員を受け入れて作られた間機能システム的な組織であった。間機能システム的であるということは,各機能システムからすれば周辺的なものであることを意味するが,逆にその周辺性が第三者的な立ち位置を可能にしており,その立場から著作権問題に対する独自の決議を出してこの領域の問題解決にコミットしている[10]。この組織が現在「NGO(非政府組織)」として活動していることは象徴的である。この"N"で始まる組織(NGO, NPO)の呼称は,文字通りこれらが従来の視点からすると政治システムと経済システムの周辺的な位置にあることを示しているが,現在はこの否定を示す"N"が逆に限界を露呈した中心領域に対する積極的な意味さえも持つようになっている。

　筆者の関心からすれば,機能的に分化した全体社会において,こうした位置にいる組織の働きとして期待できるのは,その立ち位置を利用した一種の普遍的な意味財の創出である。特許の問題を例に考えてみるなら,行政,企業,裁判所はそれぞれに政策決定や特許戦略,判例などの履歴(システ

第 6 章 機能システムのインターフェース，あるいは自律する周辺　175

史）を独自のコンテクストとしており，これに制約されている。しかし，それとは別に全体として知的財産保護のあり方はどうあるべきかといった問題に対する提案が必要な場合もあるだろう。こうした提案はいずれの当事者もおこないうるとは言え，その性格からいって《周辺》に位置する者が適している。この提案が一定の重みを持って参照され，各機能領域のコミュニケーションにおいて利用可能な意味財となるならば，当事者同士が直接折衝して結論を出すような難渋な作業は必要なくなるし，事の成り行きに任せておいて全体の帰趨が行き着くところをただ待つ必要もなくなる。したがって，《周辺》の存在は《中心》にとっても利益となる。この点を考慮すると，《周辺》にあることが逆にある種の自律性の条件ともなりうることがわかる。

　他方で，NGO，NPOのような団体を形成せず，もっと緩やかなかたちで間機能システム的なコミュニケーションの圏域が形成される可能性もある。この点を考えるために，ここまでとは違う脈絡から機能分化をめぐる議論を取りあげておきたい。2010 年に『ケルン社会学・社会心理学雑誌』は，現在の社会学理論における主要な争点を集めた特集号を組んでいる。そこで取りあげられている争点の一つが機能分化であり，これについてリヒャルト・ミュンヒが機能分化に関するルーマンの理論に批判的なコメントを寄せながら，概ね次のような認識を示している。まず諸機能システムの関係はフラットなものではなく，経済システムが優位に立っており，経済の論理が他の機能システムに浸透する状況をなしている。例えば，国家は福祉国家として単なるセーフティーネットを提供するだけでなく，経済競争力の強化に積極的に関与する競争国家となっている。この姿勢は，それまで国家が経済の論理に対する防波堤をなしていた諸領域にも及ぶ。例えば，科学や教育では，結局のところ「経済的にペイするか」（例えば，様々なスポンサーからの資金獲得力のある研究であるか，競争力の高い人材を育成するか）といった観点が力を持つようになっている。また，全体社会の分化形態としても，機能分化は他の二つの分化形態（環節分化，階層分化）に対して優位に立っているわけではなく，各分化形態が我々の生活に影響を及ぼしつつ緊張関係をなしている。環節分化に関しては，国民国家の力は機能分化の優位を述べるにはあまりに強く，また中間層を圧迫するかたちでグローバルなエリート層とロー

カルな下層階層に二極化する階級分化が進展している（Münch 2011a）。

　こうしたミュンヒの認識に対して，ルドルフ・シュティヒヴェーがルーマン理論の線に沿った批判的コメントを寄せている（Stichweh 2010）。シュティヒヴェーは，ミュンヒの議論では結局のところ経済と，せいぜい政治しか機能システムとして真面目に取りあげられておらず，世界社会の機能的な多数性を過度に縮減していると指摘する。また，国民国家を基軸とする世界社会の秩序が完成したのは第二次世界大戦後であり，機能分化の問題を考えるには歴史的スパンが短すぎるとも見ている。両者の対論の詳細な検討はここではできないが，さしあたり着目しておきたいのは，現代の世界社会において（これが一つの階層をなしているかどうかは別として）グローバル・エリートが存在しているという認識は正しいだろうとシュティヒヴェーが認めている点である。シュティヒヴェーは，ミュンヒの言うグローバル・エリートを，機能システムのエリート（Funktionssystemeliten）と読み替えている。例えば，グローバルな専門家コミュニティに属していて，お互いを良く知っている各分野のエリート専門家たちである。エリート専門家としての彼らの影響力は国民国家の枠を超えているが，自らの属する機能領域の枠を超えることは無いというのがシュティヒヴェーの認識である。シュティヒヴェーのコメントに対するリプライで，ミュンヒ自身もグローバル・エリートを機能エリート（Funktionseliten）と見なすことに同意している（Münch 2010b）。

　両者の応答はここまでであるが，この議論を展開するのに役立ちそうなのがフッターの議論である。シュティヒヴェーは機能エリートをそれぞれの機能領域に局所化し，ミュンヒは機能エリートを統合されていない一つの階層集団と見なした。しかし，機能領域の周辺にあって自律化する会話圏の議論を検討した我々の目からすると，彼らが少なく見積もっている一つの可能性が浮かびあがってくる。つまり，機能エリートによる会話圏がエリート間のネットワークの形成を促し，このネットワークが全体として多くの機能領域に影響力を持つ可能性である。例えば，グローバルな人脈を持つ政財官学のエリートによるコミュニケーションを介して，多機能領域間での意思疎通が行われ，これが各領域のコミュニケーションの潮流に影響を及ぼす可能性である。

グローバル・エリートの会話圏が，全体社会的な構造に対してどのような関係を持ちうるかについては，大きく分けて二つの見方がありうる。一つはルーマン的な見方になるが，グローバル・エリートの会話圏は機能分化をあくまで補完するもの，つまりそうした会話圏は機能システム間のインターフェースをなすという見方である。この会話圏が普遍的な意味財の創出に寄与するとすれば，そのような立ち位置においてではないだろうか。もう一つは，ミュンヒ的な見方である。つまり，グローバル・エリートの会話圏は，ちょうど近代以前のヨーロッパにおいて上層階層が多数の機能領域に対して主導権を握っていたように，グローバルな階層分化の頂点として多機能的な役割を担い始めるという見方である。この場合，機能分化が優勢な分化形態として世界社会を形作っているという認識を維持することはできず，（ルーマン的な見地からすれば）全体社会の構造的メルクマールが変動し，新たな事態に移行しつつあると見なす必要があるかもしれない。このような立ち位置に立った場合，グローバル・エリートの会話圏は，普遍的な意味財よりは階層利益に定位した思想の担い手としての性格を強めるのではなかろうか。

　本章では，ルーマン理論の枠組みを基軸としながら，ヴィルケ，フッター，ミュンヒ，シュティヒヴェーらの議論を参照しつつ，機能システムとその《間》の問題を考えてきた。組織や相互作用が機能システム間のインターフェースとなりうるというルーマンの認識に始まり，水平的な社会編成の原理と垂直的な社会編成の原理を補完する調整領域としての交渉システムについて検討し（ヴィルケ），機能システムの周辺で行われるコミュニケーションが独自の社会システムとして自律性を強める可能性があることを示してきた（フッター）。また，機能分化に対して立場を異にするミュンヒとシュティヒヴェーが共有する機能エリートの問題を，フッターの自律する会話圏の議論と接続し，機能エリートの会話圏が持ちうる機能分化へのインパクトについても触れた。機能的に分化した社会秩序の日常的な運営において機能システムの《間》に位置するコミュニケーションが果たす役割の重要性を認めるならば，そこに位置する社会システムの研究は機能分化論の観点からも重要な課題となるだろう。NGOやNPOのような組織をこうした観点であらためて分析してみるのも興味深い課題である。機能システムの《間》で活動する社

会システムが，中長期的な構造変動の潮流を担い，機能分化という構造的秩序そのものを揺るがしうるのかについては，さらに検討が必要である。機能分化という全体社会の中心的構造の狭間に現れるかもしれない変動に向けた徴候を感知するには，それに応じた理論的スキームが必要になる。本章で行った検討は，そのための準備作業という意味も持っている。この機能分化の運命というテーマについては，次章で引き続き別な角度から検討することにしたい。

（高橋　徹）

注

1）　本章は，筆者が 2008 年に『社会学研究』第 83 号（東北社会学研究会）に発表した論文をもとにしている。本書収録にあたり，3 節，4 節を中心に大幅な加筆修正を施し，原論文にあった副題を削除した。本書への収録を許可していただいた『社会学研究』編集委員会に感謝したい。なお，邦訳のある文献の引用の際には翻訳書も参照しているが，引用文はかならずしも翻訳書どおりではない。
2）　ルーマンはここで「会話サークル（Konversationszirkel）」と述べているが，フッター自身は「会話圏（Konversationskreise）」と呼んでいるので，本章ではフッターの表現にあわせる。
3）　表 6-1 ではヴィルケが作成した表から一部の項目を省略して掲載した。また，一部の論者は第四の形式を挙げている（Dahl/Lindblom (1953) が「ポリアーキー」を，Streeck/Schmitter (1985) が「連合（アソシエーション）」を挙げている）（Willke 2001: 94）。ここでは本章の議論との関連で，表中の論者の中からウィリアムソンを取りあげておきたい。ウィリアムソンは，取引コスト論で著名な（新制度派）経済学者である。ここで注目しておきたいのは，ウィリアムソンがそのコストに焦点をおきながら取引（transaction）を中心的な概念としている点である。取引（Transaktion）は，次項で取りあげるフッターが経済システムの要素としたものでもある（Hutter 1989: 131）。この点にはルーマンも言及し，取引が経済システムの最終要素であることに肯定的なコメントを加えているばかりでなく，自己言及／他者言及と機能システムのバイナリーコード（経済の場合，所有／非所有）を区別することによって開かれる問題の所在地としても取引に着目している（Luhman 1997: 756＝2009: 1534）。ルーマンの社会システム理論においてそれ以上分解できない基底的な要素はコミュニケーションであるが，この種の経済理論にとっては取引が基底的要素だということになろう。とすれば，コミュニケーションの不確実性を低減する社会構造（予期構造）に対応するのが，いわば「制度」だということになりそうである。
4）　この「前地（Vorfeld）」という表現は，ルーマンの『社会の政治』においても使われている。ルーマンは，政党政治や利益政治という意味での「政治」を国家における決定の「前地」と表現している（Luhmann 2000: 81-2）。この言葉は政治システムの境界定義の問題と関連している。この点についてルーマンは，第一には政治的なものの機能（集合的に拘束力を持つ決定）によって，第二には権力メディアによるコード化によって答えがえられると述べている。「前地」という表現はこの第一の境界定義に関わるもので，集合的拘束力を持つ国家の決定に先立つ前段階のコミュニケーションという位置づけを表現したものである。この点については小松（2013）〔本書第 1 章〕も参照。

5) フッターは，ペルゾーン概念の長期的，歴史的な変遷を念頭において三つの形態を区別している。第一の形態は前-個人 (prä-individuelle) 形態で，ギリシア文化以前の時期を例として挙げながら，この時代に社会的なアクター (Handlungsträger) とみなされたのは，預言をもたらす神の代理人や王家のような支配者の家，あるいは人々が属する家であって，純然たる個人はアクターとしては有意味なものとはみなされなかったとする。第二の形態は，ペルゾーンと言えば人格を持った個人を指すというものである。第三の形態は，人間の心的システムと並んで社会システムをもまた一つのペルゾーンとみなすというものである。フッターは次のように述べている。（近代においては自由な個人の社会というものがユートピアとして描かれたが）「自由な個人の社会というこのユートピアに代わって，心的システムとともに社会システムもまたペルゾーン形態の一部として認められるような社会というユートピアが登場する。この〔新たな〕ペルゾーン形式は，柔軟なコミュニケーション構造によって新たな意識の地平と意味の地平に接近することを可能にするのである」(Hutter 1989: 103)。フッターはこの第三の形態を，ポスト-個人 (post-individuelle) 形態と呼び，その最初の登場を19世紀に成立した企業というペルゾーン形式にみている。そして，会話圏をこのポスト-個人的ペルゾーン形態のもっとも新しいものと位置づけている。
6) 同一の団体と思われるものに複数の呼称があてられていたり，フッターがこのリストを作成した1983年当時から名称が変わったものもあるが，原語名はすべてフッターが記したままにしてある。
7) この雑誌 (Gewerblicher Rechtsschutz und Urheberrecht: Zeitschrift der Deutschen Vereinigung für gewerblichen Rechtsschutz und Urheberrecht) の国際版をマックス・プランク知的財産・競争法・税法研究所が編集発行しており，それによってこのドイツ語版の地位がさらに高まっているとフッターは指摘している (Hutter 1989: 121)。
8) 詳しくは，日本国際知的財産保護協会公式サイト (http://www.aippi.or.jp/) 参照。
9) 稲上毅は「旧ソビエト・東欧世界の『一元主義』とアングロ・サクソン世界の多元主義（それによる冷戦構造）を思い浮かべれば，ちょうど両者の中間的緩衝地帯にコーポラティズム的な小さな国家社会が構築されてきたという地政学的な構図が浮かび上がる」と述べている（稲上ほか 1994: 3）。言うまでもなくドイツはこの「中間的緩衝地帯」に位置していたわけであり，一元主義と多元主義の《間》にあった。その意味で，本章での検討を見る限り一元主義（ヒエラルキー）と多元主義（デモクラシー）という二つの論理の緩衝材としての交渉システムに着目したヴィルケの議論はこの地政学的構図をもきわめてよくあらわしている。
10) AIPPIはパリ条約の運用を支援する民間機関として設立されたが，パリ条約（また後に著作権の保護に関して結ばれたベルヌ条約）の運用を直接担当する事務局として設立されたBIRPI（知的所有権保護合同国際事務局）は，後に発展して現在のWIPO（世界知的所有権機関）となっている。国際機関というものは，文字通り諸国家の《間》にある（したがって，個々の国家からすれば周辺にある）組織だが，まさにこの《間》にあるということ自体が国際機関の存在理由であり，自律的な活動の根拠となっている。

文献

Dahl, Robert A./Lindblom, Charles E., 1953, *Politics, Economics and Welfare*, Chicago: University of Chicago Press.
Gotsch, Wilfried, 1987, "Soziologische Steuerungstheorie," Manfred Glagow/Helmut Wilke (Hrsg), *Dezentrale Gesellschaftssteuerung: Probleme der Integration polyzentrischer Gesellschaft*, Pfaffenweiler: Centaurus, 27-44.
Hutter, Michael, 1989, *Die Produktion von Recht: Eine selbstreferentielle Theorie der*

Wirtschaft, angewandt auf den Fall des Arzneimittelpatentrechts, Tübingen: J.C.B. Mohr.
稲上毅ほか, 1994, 『ネオ・コーポラティズムの国際比較——新しい政治経済モデルの探索』日本労働研究機構。
自治体国際化協会編, 2003, 『ドイツの地方自治』自治体国際化協会。
小松丈晃, 2013, 「ルーマン政治論におけるシステムの分出の条件と諸論点」高橋徹・小松丈晃・春日淳一『滲透するルーマン理論——機能分化論からの展望』文眞堂, 3-36。
Luhmann, Niklas, 1984, *Sozialesysteme: Grundriß einer allgemeinen Theorie*, Frankfurt am Main: Suhrkamp. (=1993-5, 佐藤勉監訳『社会システム理論 上・下』恒星社厚生閣。)
——, 1993, *Die Recht der Gesellschaft*, Frankfurt am Main: Suhrkamp. (=2003, 馬場靖雄・上村隆広・江口厚仁訳『社会の法1・2』法政大学出版局。)
——, 1997, *Die Gesellschaft der Gesellschaft*, Frankfurt am Main: Suhrkamp. (=2009, 馬場靖雄・赤堀三郎・菅原謙・高橋徹訳『社会の社会1・2』法政大学出版局。)
——, 2000, *Die Politik der Gesellschaft*, Frankfurt am Main: Suhrkamp.
Mayntz, Renate, 1992, "Modernisierung und die Logik von interorganisatorischen Netzwerken," *Journal für Sozialforschung* 32: 19-32.
——, 1993, "Policy-Netzwerke und die Logik von Verhandlungssystemen," Adrienne Héritier (Hrsg.), *Policy Analyse. Kritik und Neuorientierung. Politische Vierteljahresschrift*, Sonderheft 24. Opladen: Westdeutscher Verlag, 39-56.
Münch, Richard, 2010a, "Die Weltgesellschaft im Spannungsfeld von funktionaler, stratifikatorischer und segmentärer Differenzierung," *Kölner Zeitschrift für Soziologie und Sozialpsychologie*, Sonderheft 50: 283-298.
——, 2010b, "Funktionale, stratifikatorische und segmentäre Differenzierung der Weltgesellschaft," *Kölner Zeitschrift für Soziologie und Sozialpsychologie*, Sonderheft 50: 307-310.
Offe, Claus, 1984, *Contradictions of the welfare state*, London: Hutchinson.
Scharpf, Fritz W., 1993, "Positive und negative Koordination in Verhandlungssystemen," Adrienne Héritier (Hrsg.), Policy *Analyse. Kritik und Neuorientierung. Politische Vierteljahresschrift*, Sonderheft 24. Opladen: Westdeutscher Verlag, 57-83.
Stichweh, Rudolf, 2010, "Funktionale Differenzierung der Weltgesellschaft," *Kölner Zeitschrift für Soziologie und Sozialpsychologie*, Sonderheft 50: 299-306.
Streeck, Wolfgang/Philippe Schmitter, 1985, "Community, market, state - and association? The prospective contribution of interest governance to social order," *European Sociological Review* 1: 119-138.
高橋徹, 1997, 「構造的カップリングの問題性」佐藤勉編『コミュニケーションと社会システム』恒星社厚生閣, 310-335。
Williamson, Oliver E., 1985, *The economic institutions of capitalism: firms, markets, relational contracting*, New York/London: Free Press.
Willke, Helmut, 2001, *Systemtheorie III: Steuerungstheorie*, Stuttgart: Lucius & Lucius.

第 7 章
機能分化と「危機」の諸様相
――クライシスとカタストロフィーの観察――

1. 二つの「危機」

　世界は揺れ動いており，いくつもの波紋があちこちから広がり，ときに打ち消し合い，ときに増幅しあう。社会の各領域が，相互に撹乱しあいながら全体として世界社会に複雑な波紋を引き起こしているかのようである。なかでも世界社会で共有される様々な問題が，次々と現れては各領域に波紋を投げかける。ルーマン自身がしばしば言及したのは，環境問題であった。ルーマンの死後，21 世紀になると 2001 年の米国同時多発テロ以降，テロリズムが世界的なトピックとなる。ルーマンの理論的遺産を継承した次世代の研究者が，テロリズムの問題に社会システム理論を積極的に適用し始めたのもこの頃である[1]。さらに，2008 年になるといわゆるリーマンショックに始まる金融システムの危機が経済の領域にとどまらない大きな波紋を引き起こす[2]。2010 年にはギリシアにおいていわゆるソブリン危機が深刻化し，危機が EU 諸国に波及しはじめると世界的な問題として各国政府および国際機関が対応に追われることになる。またこうした世界経済の危機に直面する政治は，議会の紛糾，政権の弱体化といった症状を来たし，機能不全さえも指摘されている[3]。政治的−経済的な危機の深まりとともに，各国では拡大する格差に対して抗議運動が頻発しており，それは発展途上国のみならず，先進国の街頭をも覆うに至った。

　こうした状況に，機能システムはどのように対処するだろうか。一つ言えることは，良くも悪くも機能システムは，それ自体の作動の論理を貫徹するだろうということである。危機に対処すべき政治が，政策の実施に向けた合

意よりも与党と野党の政治闘争にあけくれているとは各国で聞かれる批判だが、そのこと自体は政治にとってはむしろ通常のあり方である。他方で、そういった政治のあり方に対して「通常運行」では困るという外部の声が大きくなっているのが現在の状況でもある。政治の紛糾が経済にとっての攪乱源となっているばかりではない。市場の動向や格付け会社による国債格付けの引き下げが政治にとっての攪乱源ともなっている。双方が「通常運行」しようにも互いに攪乱しあっているわけである。機能システムが外部からの攪乱を受ける状況は、教育や科学についてもあてはまる。例えば、変動する社会環境に応じた高等教育のあり方が社会的な関心を集めれば、教育機関もそれを無視することはできない。また、経済危機やそれに付随する社会不安、大規模な災害や事故は、それに対して科学は何ができるのかといったテーマを否応なく突きつける。特定の機能システムばかりでなく、社会全体の高い関心を集めるテーマ（例えば、冒頭で述べたような政治的、経済的、環境的な危機）は、各機能システムにとっても強い圧力をもたらすだろう。

このように機能システムへの攪乱が強まる状況において、内外のマスメディアの見出しを「危機」という言葉が飾ることはめずらしくなくなっている。しかしここでは、マスメディアの記事などで「危機」という言葉に触れる際に我々が個人として感じる、ある種の切迫感をさしあたり括弧に入れて、「危機」の問題を社会理論の視点から考えてみたい。つまり、近-現代社会の構造的メルクマールである機能分化に対して何らかのインパクトをもたらすのか、という視点から考えるということである。

具体的な検討に入る前に、この「危機」という言葉に含意された二つの意味内容を理論的に区別しておくことにしたい（Luhmann 1984: 59）。

第一の危機は、「クライシス（Krise, crisis）」である。これはある問題状況を、解決に向けた行動への切迫感とともに記述するものである。この記述に触れた人は、「何かをしなければならない」、あるいは「何かがなされなければならない」との切迫感を感じる。ルーマンは、認知心理学の概念を援用してこれを一種の記述のスキーマ（一連の行動を要請するという点ではスクリプト）であると述べている（Luhmann 1997: 111＝2009: 114）。マスメディアなどで報じられ、人々の耳目を集める「危機」は一般にこのクライシ

ス・スキーマによって記述された事柄である。

　もう一つの「危機」は、「カタストロフィー（Katastrophe, catastrophe）」である。これはルネ・トムに由来する概念であるが、ルーマンはシステム理論のコンテクストで「システムが別の安定性原理へと比較的急速に移行すること」と捉えている（Luhmann 1997: 655＝2009: 952）。それをふまえて本章では、一般的な用法としては、この概念をシステムが大きく変化して秩序原理を異にする新たな状態に遷移することを意味する概念として用いる。さらに、ルーマンの社会理論に立脚してより特定的な意味で用いる場合には、全体社会の分化構造の転換を指す概念、基本的には機能分化を優勢な分化構造とする全体社会の秩序がそれまでとは異なる秩序に遷移することを指す概念として用いる。歴史的には階層分化から機能分化への遷移がこの意味でのカタストロフィーの先行事例にあたる。後者の遷移の際には、到来しつつある秩序が機能分化として捉えられることはなかった。したがって我々は（この種の変化が現在起きつつあると仮定したとき）同時代の変化を、この遷移期において適切に捉えられない可能性がある。クライシス的出来事がカタストロフィーの徴候となることはありうる。しかしいずれにせよ、カタストロフィーの徴候を感知、観察するには、既存の秩序の原則を捉えた理論的枠組みに依拠して現状を観察することが、第一に取り組まれるべき点であろう。

　本章では「危機」に内包される二つの含意をこのように理論的に区別したうえで、現在の世界社会の状況をこの二つの危機の観点から観察し、近代社会の今後の行末を示す徴候を感知、観察するための理論的な検討を行ってみたい[4]。

2. テーマとしてのクライシス

2-1　マスメディアとテーマ

　環境クライシス（environmental crisis）を例にとると、これは地球規模の環境変動の問題から一国の社会、さらにその一部のローカルな社会が抱える環境汚染の問題に至るまで、この言葉によって内包される具体的な事象は

多様である。しかし、波及する範囲を問わず共通する特質は、何が起こりつつあるのかを記述することができ、その解決や緩和の必要性を切迫感をもって訴え、またそのために求められる行動を記述することができる点である。つまり、それ自体がコミュニケーションのテーマとなりうるという点である。したがって、クライシスはコミュニケーションの具体的なテーマとして登場することになる。

　一般社会の関心を呼び、また広く周知されたテーマを作り出すのが、マスメディアである。マスメディアに関するルーマンの定式化には、次の3つのポイントがある。第一のポイントは、複製技術を用いてコミュニケーションを流布させているという点である。ルーマンによれば、「マスメディアという概念で把握されているのは、コミュニケーションを流布させるために複製の技術的手段を用いるすべての社会的装置である」（Luhmann 1996: 10＝2005: 8）。ルーマンが例示しているのは、書籍、雑誌、新聞、放送メディアなどである。第二のポイントは、一般的なアクセス可能性である5)。第三のポイントは、送り手と受け手の関係がインタラクティヴではないことである。これらの条件を満たすのが、ルーマンにおける「マスメディア」ということになる。ルーマンは、この文脈ではインターネットに言及していないが、電子的な複製には言及しており、筆者は用途によってはインターネットもその範疇に含まれると理解している。インターネットは、電子的な複製技術を用い、オープンなアクセスにも開かれている。アクセス数の多いポータルサイトやニュースサイトに掲載されるニュース記事などは読者とのインタラクションを想定していないし、量的にもマスメディアと呼ぶにたるだけのコミュニケーションの媒体になっていると考えられるからである6)。もっともこれは技術的側面の話であり、社会システムとしてのマスメディアを説明するには、マスメディアのコミュニケーション・システムとしての特質に触れる必要がある。

　ルーマンは、マスメディアもまた機能システムの一つであると見なしており、他の機能システムと同様に、マスメディアのコミュニケーション（マスコミュニケーション）においても、主導的なバイナリーコードを定式化している。それが、「情報（Information）／非情報（Nichtinformation）」の区

第7章 機能分化と「危機」の諸様相　185

別である（Luhmann 1996: 36＝2005: 30）。この区別における「情報」は，伝達内容のことではない。これは，伝達された事柄がコミュニケーションにもたらす意外性の効果である。例えば，ニュースがもたらす驚き，その内容の新奇性である。逆に，すでに広く知られていて何の驚きももたらさない事柄は非情報的であるということになる。マスコミュニケーションは，その意味での情報的なテーマを次々と取りあげ，非情報的なテーマを関心の外に追いやる。こうして，そのつどコミュニケーションにおいて「想起」されるテーマと「忘却」されるテーマを選別しながら，マスメディアは作動する。ルーマンは，社会においてこうした意味での「想起」と「忘却」を司るのが，マスメディアの機能（記憶機能）であると述べている（Luhmann 1996: 180-1＝2005: 149-50）。

　ここで着目しておきたいのが，マスコミュニケーションによって取りあげられたテーマに付与される周知性（Bekanntheit）である。ルーマンによれば，マスコミュニケーションの「テーマは公表されると，〔すでに〕知られているもの（bekannt）として扱うことができる。いやそれどころか，個々のテーマに関して個人的な意見を開陳したり，議論を提示したりする際に，それが知られていることを前提にすることができるのである。――それは貨幣というメディアを個人が自由な目的で使用する際に，その効力が〔支払った貨幣を〕受け取ってもらえるという保証のうえに成り立っているのときわめてよく似ている」（Luhmann 1996: 29＝2005: 23-24）。周知性を想定できるテーマは，コミュニケーションの際に相手がそのテーマを知っており，またテーマとして取りあげることが受容されることを想定できる（そこにルーマンは貨幣との類似性を見ているわけである）。相手が実際にはそのテーマを知らなかったとしても，それは変わらない。

　周知性を獲得したテーマは，コミュニケーションの際に広く共有され，利用可能なテーマとして貢献する。それは，一般的な会話の場面だけでなく，特殊な機能領域でのコミュニケーションにもあてはまる。この点にはルーマンも着目しており，次のように述べている。「テーマはゆえに，マスメディアとその他の社会領域との構造的カップリングの役割を果たす。テーマは大変弾力的で，多様化が可能であり，そのためにマスメディアはテーマを通じ

て社会のあらゆる領域に到達することができる」（Luhmann 1996: 29＝2005: 23）。つまり，テーマは機能的に分化した社会においても多領域に浸透し，領域間の相互連関を作り出すわけである。

2-2 テーマの機能

　ルーマンによれば，テーマとは「多かれ少なかれ未規定で展開可能性がある意味複合体である。人々はテーマについて語ることができるし，またそのテーマについて様々な意見を持つこともできるのである。例えば，天気，隣人の新車，再統一，芝刈り機のモーター音，価格の上昇，シュトラウス大臣といったテーマである」（Luhmann 1971: 13）。ルーマンは，日常的な話題ばかりでなく経済的，政治的トピックを交えて例示しているが，いずれのテーマもコミュニケーションに参加者の関心を集中させ，一定の枠組みのもとでコミュニケーションを進行させることを可能にする。テーマは参加者に共有され，そのテーマに関連する発言をすることが暗黙裏に期待される。逆に，テーマという枠組みがないコミュニケーションというものを現実の場面として想像するのは難しい。その場に居合わせる人々が自分自身の言いたい事を，てんでばらばらに発言する場面を思い浮かべてみるとよいかもしれない。相互作用においては，そうした自分勝手な振る舞いを抑止するような圧力が働く。

　しかし，機能システムの場合はどうだろうか。機能システムは，それぞれの作動論理を貫徹するのが基本だが，純粋にその特殊な関心を追求することができるだろうか。ヴェーバーは党派性と闘争は政治家の本領であると語ったが，実際には政治がそればかりをあからさまに追求することは難しい。景気であれ社会保障であれ，国民的関心事となっているテーマに言及しないわけにはいかない。科学研究のテーマも，研究資金や社会的評価の獲得を考慮するならば，社会的関心に留意しないわけにはいかない。そうした一般的な関心事となるテーマは，言うまでもなくマスコミュニケーションを通して流布する。このテーマを介して，機能システムの作動が全体社会的なテーマと連関するようになるのである。

2-3 テーマと機能システムの統合

　こうした事態をルーマンが定式化している概念で記述すれば，全体社会的なテーマを介した機能システムの統合（Integration）と述べることができる。ルーマン的な意味での統合は，複数のものが一つにまとめられるという一般的な意味とは異なる。ましてや，機能システム間に望ましい協調関係が実現されることを確約するものでもない。ルーマンは，統合を「部分システムの自由度の縮減」と捉えている（Luhmann 1997: 603＝2009: 895）。統合はシステム間の協調を単純に意味するわけではなく，相互の関係においてそれぞれのシステムの自由度が狭められる事態を指している。したがって，統合はシステム間でなんらかの一致が見られる場合も，逆にシステム間で不一致が見られる場合も（各システムに制約が加えられる場合には）同様に働くことになる。あるいは，何もしないことも制約になる（例えば，「政治の怠慢」というかたちで）[7]。ルーマンによれば，「議会での予算案の提出は政治システム内の出来事でもありうるし，法システム，マスメディアのシステム，経済システム内の出来事かもしれない。それによって，システムの自由度の相互的制約という意味での統合が，常に生じているのである」（Luhmann 1997: 605＝2009: 897）。マスメディアが，「社会保障のクライシス（social security crisis）」を念頭に，国家予算の問題を社会保障制度の維持・拡充といった国民的関心の高いテーマに関連づけて報じたり，論評したりすることはごく一般的に行われている。それによって国家予算の議会審議も，そうした「議題設定」を意識したものとなるだろう。株式市場において株価が，国家予算の内容に反応して上昇することもあれば，下落することもある。これがまたマスメディアにおけるニュースとなって，一般の知るところとなり，議会審議に影響を与える。株価が上昇すれば，与党には政治的な追い風になるだろうし，下落すれば野党の攻撃材料になるだろう。こうした状況は，政治的な優位を獲得するための選択肢を制約し，政治システムの作動に影響を及ぼすであろう。このように，周知されたテーマは機能システムにおける統合効果をもたらす。

　統合によって機能システムに自由度の縮減がもたらされるのだが，かならずしもそれは環境によって強いられたものだとは言えない。例えば，予算案

についての報道を受けた議会審議の過程で，与党が予算案を修正したとしても，それは政治的失点を回避したり，その後の審議の主導権を握りなおすためであろう。つまり，政治的な優位を確保するうえで有益だからである。国家予算の決定は社会の各領域に多大な影響をもたらすため，社会一般の関心も高いものになるし，またその関心を満たすことで政治的な得点を得ようという動機も働く。ルーマンは，「主として遂行の増幅へと向けられた努力は副次効果として，機能システムがもつ環境への感受性をも高めることになる」(Luhmann 1997: 793＝2009: 1084) と述べているが，これは機能システムが他の社会領域にもたらす自らの働きを高めようとすることで，いっそう他の社会領域からの刺激に敏感になることを意味している。例えば，政治は支持率があがるような政策を実行して政治的得点を挙げようと思えば，それだけ世の中の関心（それを反映するコミュニケーション）に敏感にならざるをえない。

2-4 機能と遂行

　機能システムが他の社会領域にもたらす働きをルーマンは「遂行 (Leistung)」と呼んでいる。機能システムの「機能 (Funktion)」も社会に対してある働きをなす点では共通しているが，両者は明確に区別される。例えば，政治システムの機能は，集合的拘束力がある決定を行う可能性を創り出すことにある (Luhmann 2000: 84)。予算案の決定はどの社会領域にも拘束力のある決定であるという点で政治的な機能充足の一つと言えるが，その影響は領域ごとに異なってくる。予算が増える領域もあれば，減る領域もあるし，その増減の幅も一様ではないからである。したがって，機能システムによる機能充足が社会の各領域でどのような反響をもたらすかも一様ではない。それゆえ，機能を充足することと，各領域におけるその効果の現れである遂行とは区別される必要がある。遂行において，機能システムは「学習によって，かつ適応的に，全体社会内的環境において自らに求められているところに従う」。つまり，機能システムは，遂行においては全体社会内での期待に応えようとする。しかし，機能においては，機能システムは「自律的である。というのは，…全体社会に対するひとつの機能を代表しているからである」(Luhmann

1988: 63＝1991: 51)。科学を例に取ってみると，科学の機能は真理／非真理という図式のもとで知識状況を進展させることである。この機能を果たしている社会システムは他にはない。その点で，科学はいま述べたような働きを全体社会において司っていると言える。これに対して，科学の遂行が問われるとき，問題になるのは科学的知識の「適用可能性（Anwendbarkeit）」である（Luhmann 1981a: 373）。つまりは，科学的知識が「役に立つ」かということである。世の中の「役に立つ」科学研究を，ということはつねに言われてきた。科学の側も世の中の期待に応えようとするするだろうし，少なくとも（研究資金の獲得のためには）期待に応えなければならないという圧力を感じるであろう。しかしながら，遂行というのは外部の領域で現れるもので，当のシステム（この場合，科学）が意図して実現できるとはかぎらない。例えば，放射性物質についての科学的知識が政治において政治的得点の源泉と見なされるかもしれないし，たまたま行われた科学的発見が新薬の開発に役立つかもしれない。

　以上の議論からわかることは，（危機においてしばしば要求される）機能システム間の「協調」の問題は，多くの場合，遂行の問題であるという点である。機能システムは，いずれにせよ機能という点においてはそれを司る唯一のシステムとしての役割を果たしている。しかし，各機能システムは自らが司る領域においてしか全体社会に関わる決定を行うことができない。他の領域に関わる決定は，他の機能システムに求めなければならない。その際，問題なのは他の機能システムからそもそも決定を調達できるかどうかという点ではない。機能システムが作動していれば，自ずと決定自体は提供される。むしろ多く場合，問題なのは他の機能システムが行った決定が当の機能システムの関心に合致したり，問題解決に寄与したりするような働きを提供しているか，という点にある。例えば，経済の運行における支障を取り除くような政策が決定されなければ「政治の怠慢」ということになるだろうし，経済の側で生じている問題が深刻であればその不満は「政治的クライシス（political crisis）」と表現されることになるだろう。

3. 政治システムとクライシス

3-1 テーマとしての世論

　クライシスがテーマ化されると，社会の各領域にはそれに対応すべく協調行動が期待される。その中でも，もっとも代表的なのが政治システムであろう[8]。金融システムの安定化や景気の回復，技術的競争力維持のための科学研究の振興，学力低下を防ぐ教育の改善といった様々な問題に対して，政治にはつねに対処が求められる。それゆえ，政治システムは機能システムの中でも周知されたテーマとしてのクライシスの影響を顕著に受けるシステムであると位置づけることができる。

　政治システムにおいてこの問題を考える際に取りあげるべきは，政治システムにおける世論の機能であろう。ルーマンは，世論概念を定式化するにあたって，法的，政治的に可能なものの偶発性（コンティンジェンシー）の問題に定位している。つまり，「政治的，法的に可能なものの高度な恣意性を，真理によってとは言わないまでも，議論によって鍛えられた意見によって削減するという問題」（Luhmann 1971: 12）である。ある政治的決定に対しては，他の政治的決定の可能性を想起することが可能である。例えば，TPP（環太平洋パートナーシップ協定）への参加問題で言えば，「参加」という選択に対して「不参加」という代替選択肢は容易に思い浮かべられる。このとき，どのような政治的決定をしても，代替選択肢を掲げた批判は可能であることになる。このように，ある選択に対して他の可能性が立ち現れてくるという条件を，ルーマンはその選択の偶発性と呼んでいる。

　意味システムの諸相を区別すれば，この偶発性にもいくつかのレベルがある。一つは，コミュニケーションに参加する人々の意識が何に注意を向けるかという点であり，もう一つはコミュニケーションにおいて何がテーマとなるかという点である。人々の（例えば有権者の）意識が何に注意を向けるのかは，きわめて流動的である。手元にある新聞の記事に目を落とすかもしれないし，天気が気になって窓の外に目を向けるかもしれない。あるいは，家

族の話に耳を傾けたかと思えば,「クライシス」を伝えるテレビニュースの映像に目を奪われるかもしれない。一つ一つの注意の移動はいずれも偶発的である。実際,つねに他の可能性に取って代わられて,次々と変化するだろう。同じ事はコミュニケーションについても言える。一つのテーマがつねに話題になり続けるとは限らない。むしろ,次々と話題が切り替わることの方が常態である。現代のように様々な刺激,話題にあふれている時代においては,なおのことテーマに向けられる注意や関心の偶発性は高まる。それゆえ,ルーマンはテーマに向けられる注意や関心を希少財と見なしている。希少財である以上,社会的に注意や関心が向けられるべきテーマ(またそれを提起する主体)は選別されなければならない。この選別を行っているのがマスメディアである (Luhmann 1998: 102)。

　マスメディアによって選別され,政治的なコミュニケーションにおいてテーマとしての機能を果たすものが世論 (öffentliche Meinung) である。「世論の機能は,その意見の様態(つまり,その意見が一般的なものであること,批判的議論が可能であること,理性的であること,コンセンサスをなしうること,公に主張することができること)から読み取ることができるのではない。むしろ,世論の機能は政治的コミュニケーションのテーマという様態,つまりコミュニケーション過程の構造としての世論の能力から読み取ることができるのである。世論の機能の実質は,意見の正しさにあるのではなく,不確実性を吸収し,構造を付与するテーマの働きにあるのである」(Luhmann 1971: 14-5)。要するに,政治的コミュニケーションにおいて何に注意を向け,何を語るべきかについての不確実性を縮減するとともに,他者の応答可能性を織り込むことができるような周知性を備えたテーマの働きに,ルーマンは世論の機能を見ているのである。

3-2　機能システムと世論

　世論化されたテーマの意義は,政治と政治以外の領域とでは異なっている。なぜなら民主主義という前提のもとで営まれている政治にとって,世論を観察することは核心的な重要性を持つからである。政策の決定には,ある程度のコンセンサスを得ている(得られる)との主張が必要になる。制度上

は，政治家が選挙において有権者によって選ばれているという事実が，いわば（有権者の付託を受けているという）象徴的資源を提供し，そのつどのコンセンサス獲得の手続きが省かれている。しかし，（社会保障や税制などの）重要な議題，選挙後時間が経過した政権への支持に関しては，世論の動向が政策決定や政権の正統性により大きく影響する。

　それでも，政治的コミュニケーションにおいて世論として機能するテーマは，政治的コミュニケーションの内部だけで話題となるわけではない。「世論のテーマ──したがって政治的テーマも──比較的コンテクストから自由に（その限りで「抽象的」に）構成されている。世論のテーマについては，政治システムに帰属されるような連関でしか語れないわけではない。むしろ，家族や〔企業の〕監査役会の会議，飲食店での常連客同士の会話，大学での講義などでも語りうる。しかしながら，その際，ある政治的なテーマを非政治的なコンテクストで扱っていることは意識されている。──例えば，そのテーマをその場で政治的に要求することはできないことはわかっているし，そう理解されていることを前提とすることもできるというかたちで」(Luhmann 1971: 27)。したがって，テーマそれ自体は政治的コミュニケーションにおいては「世論」として立ち現れるが，他のコミュニケーション領域においては，「政治的なテーマ」であることは認識されながら，そのコミュニケーション領域に固有の機能を果たすことになる（例えば，経営判断の際の判断材料や講義における説明上の事例として）。そのテーマがクライシスというスキーマ／スクリプトを用いて流布されている場合は，問題解決が要請されているという切迫性も同様に感じ取られることであろう。

3-3　セカンド・オーダーの観察と機能システム

　次にテーマ論とは別な角度からの議論を見ておこう。ルーマンは，1992年の論文「政治システムにおける観察者の観察：世論の理論について」で観察論の観点から世論を論じている。「観察者の観察」とは，ハインツ・フォン・フェルスターが論じた「セカンド・オーダーの観察」のことである。ルーマンは，近代社会において機能的に分化した各領域のコミュニケーションに共通のメルクマール（少なくともその一つ）は，このセカンド・オー

ダーの観察への適応にあると考えている[9]。つまり，各機能領域は自己観察や他者観察を行うためのセカンド・オーダーの観察の様式をそれぞれ見つけ出しているということである。このメルクマールの具体的な現れを，ルーマンは各領域に言及しながら挙げている (Luhmann 1992: 81ff.)。いくつかの領域を例にとって説明しておこう。

まず経済におけるセカンド・オーダーの観察は，市場の観察によって行われる[10]。市場において，株や債権，コモディティといった対象を他者がどのように観察しているかを観察することができる。他者の観察（例えば，個々の投資家が特定の株式銘柄に対して持っている評価）それ自体を観察するのではなく，「売買」という経済的な作動に変換された観察を「市場価格」という集約値において観察するのである。むろん当の観察者が市場に参加していれば，そこには自身の「売買」の結果も反映されており，観察者自身も「市場」をとおして観察されていることになる。つまり，経済は市場をとおして「自己観察も他者観察もセカンド・オーダーの観察の様態で行いうる」のである (Luhmann 1992: 81)。ルーマンは市場を「鏡」に例えてもいる。「鏡であるというのは，まさにその背後に何があるのかを見通すことができないからである」(Luhmann 1992: 81)。市場では変動する価格が観察の直接的な対象となっているが，その向こう側にどのような動きがあるのかを正確に見通すことはできない。経済は，市場という鏡面に移った価格を観察することでセカンド・オーダーの観察を行っているというわけである。

科学において市場と似た役割を果たすものは，出版物である。科学的な出版物には，その時々の研究成果や研究者の関心を呼んでいるテーマが反映している。それは，科学自身が自らを映す鏡であると同時に，外部の社会に対して映し出す科学の鏡像でもある。出版物への反響やその売り上げ，あるいは出版物の企画に対する編集者の反応は，外部が科学をどのように観察しているかを反映する。これを観察することで，科学は自らがどのように観察されているかを知ることができるのである。

法においては，法の実定化が機能的に等価な役割を果たしている。実定法は，立法者である議会，判例を示した裁判官，条約を締結した政府（さらにはそれを批准した議会）の決定にもとづいている。実定法においては，特定

の社会問題であれ、事件や係争であれ、国際関係であれ、懸案の事項に対する決定者の観察が現れている。これがいったん成立すれば、あとはその実定法をどのように解釈して運用するかということになる。つまり、実定法の運用は、セカンド・オーダーの観察を通して行われるというわけである。

こうしたセカンド・オーダーの観察の諸様式は、ルーマンが繰り返し述べているように自然＝本性的な世界観以後の世界、つまり近代社会において行われている多階的な観察のネットワークの機能領域ごとの仕組みである。すでに明らかなとおり、政治においてこれらの諸様式の機能的等価物と見なされているのが世論である[11]。世論もまた一つの「鏡」であり、政治はそこに自らに対する観察を観察するのである。

3-4 世論と操作

ルーマンが世論を政治的コミュニケーションにおけるテーマという視点から捉えていることはすでに説明したが、その条件に当てはまるものなら何でも世論と呼べるのだろうか。例えば、政治家の演説、新聞やテレビでの政治報道、あるいは公共広告のような公のテーマに関する告知なども世論なのだろうか。ここで重要なのは、ルーマンが指摘する「テーマの選択」と「意見の選択」の区別である（Luhmann 1971: 13）。つまり、何を公の論議でテーマとするかということと、そのテーマについていかなる意見を表明するかということの区別である。ルーマンはこの区別が消去されている状態を「テーマと意見の融合」と呼んでいる（Luhmann 1971: 14）。この状態では、あるテーマについてのコミュニケーションはそのまま意見の表明となっており、しかもそのテーマに対する受け手の応答は期待されていない。例えば、ときおりマスメディアやポスターなどで目にする公共広告の内容を想起されたい。公共広告には、その内容について賛否を交えた議論を促す意図は感じられない。なぜなら、そこで言われていることと受け手の意見が一致していること、少なくとも「一致することが望ましい」ことを受け手が承認することが想定されているからである。公共広告に限らないが、ルーマンは現代社会において「テーマと意見の融合」をもたらす代表的な様式として「道徳化」を挙げている（Luhmann 1971: 14）。これは、伝達内容に道徳的な

含意をもたせることで，受け手にその内容の受容を暗に促すことである。テレビ番組で「道義的に許されない」という表現を耳にすることがあるが，その場合，その主張に同意することが「道義的に正しい」ことが含意されている。こうしたコミュニケーションは，実質的には受け手からの応答を呼び起こし，コミュニケーションを接続させるものというより，受け手の同意を引き出して，そこでコミュニケーションを終了させるものである（むろん，その善し悪しをここで論じているわけではない）。ルーマンは，こうした「一方的で，応答することのできないコミュニケーション」を操作（Manipulation）と呼んでいる（Luhmann 1970: 13）。ただし，それはコミュニケーションの一つの形態を定式化したものであって，何者かによる意図的な「誘導」を指すものではない[12]。操作的なコミュニケーションは，技術的にやむをえないかたちで成立することはもちろんあるし，道徳化のような手法で意味的にそれが成立する場合もある。特に後者のような場合，操作的なコミュニケーションは，受け手からの応答を受けて新たな複雑性を取り入れることよりも，既存の図式を利用した複雑性処理の反復をしている。

　ここで重要なのは，いかに公共的，政治的なテーマを扱ったコミュニケーションであっても，操作的なコミュニケーションのテーマは，世論としての機能を果たさないという点である。世論がその機能を果たすうえで，「政治を唯一の正しい意見に直面させることが重要であるということはありえないし，そうした唯一の正しい意見を顧慮するように政治に促すことが重要であるということもありえない」（Luhmann 2000: 302）。世論の政治的な機能は，「テーマの選択」（何をテーマ化するか）と「意見の選択」（どのような意見を述べるか）が区別され，双方の選択が開かれたかたちで政治的コミュニケーションに複雑性が取り入れられることではじめて果たされる。ルーマン的な見方からすると，開かれたコミュニケーションが望ましいのは，討議倫理的に正しいからではなく，その方が複雑な社会において物事を決めてゆくことに適しているからである。開かれた「テーマの選択」と「意見の選択」は，現代社会において世論が政治的機能を果たすうえでの前提条件といえる[13]。というのも，ルーマンによれば「複雑になる全体社会の諸状況は複雑になるコミュニケーション過程においてしか処理されえない」からである。「テーマ

と意見の分化は，複雑性を処理するためのポテンシャルの強化に役立っている。両者の分化なしには，コミュニケーションは今日インタラクティヴに行われえないし，多数の主体がおり，それぞれにとって有意味な可能性があるという複雑性は，今日では克服されえないのである」(Luhmann 1970: 14)。つまりルーマンの考えでは，世論の本領は政治を指導することではなく，現代社会における多様なテーマとそれに関する意見の多様性を（縮減されたかたちで）提示し，政治的コミュニケーションにおいてそれを観察可能にすることだと言える。

4. クライシスのスキーマと機能分化

　機能システムがセカンド・オーダーの観察に適応する形態には様々なかたちがあった。前節で取りあげた世論はその代表的なものである。機能システムはこうしたセカンド・オーダーの観察を通して，留意すべき問題を観察するだろう（例えば，市場価格の急速な高騰や下落，科学書への関心の低下や関心がもたれる分野の偏り，法律の未整備や判例にみられる齟齬，政治がまだ十分に取り組めていない問題への急速な関心の高まりなど）。この問題が，機能システムの作動に多大な影響をもたらす可能性があれば，それをクライシスのスキーマ／スクリプトで記述するコミュニケーションが行われるかもしれない。それでは，世論としての機能を果たすテーマがクライシスとして記述されると，そのテーマにはいかなる効果がもたらされるのだろうか。

　すでに述べたように，ルーマンはあるテーマを「クライシス（危機）」として記述することを一つのスキーマ（図式）と見ている。スキーマは，何かを何かと結びつけて規定し，標準化する形式である（Luhmann 1997: 111＝2009: 113-4）。例えば，「反対派はすべて抵抗勢力である」と意味規定したり，「二酸化炭素の排出が地球温暖化をもたらす」と因果関係を規定したものである。そこからさらに，「地球温暖化防止のために日頃から省エネ行動に取り組むべき」とある種の行動群の実践への要請が加われば，そのス

キーマをスクリプトと呼ぶこともできるかもしれない。ルーマンによれば，「最近の世論で非常に流行しているスキーマは，『クライシス』という表象である。──エネルギークライシス，国家クライシス，エコロジー領域のクライシス，高等教育のクライシス，教会や宗教のクライシス，政党のクライシスなどである」(Luhmann 2000: 299-300)。

　世論の日常的な機能は，多様なテーマと意見を政治的コミュニケーションにおいて観察可能にすることである。政治は，そのうちのあるテーマや意見を取りあげて言及することで，それに対する反応を観察することもできる。世論に言及することが，いわば政治的な観測気球となるわけである。この時，あるテーマが「クライシス」というラベルを貼られて登場する。事態は日常から非日常へと転換する。緊急事態が生じており，他のテーマに先んじてそのテーマを取りあげ，リソースを割いてその解決にあたるべきとされる。「クライシス」というラベルを貼られることで，そのテーマはそれなしには得られなかった注意と関心を集め，政策的な決定に向けた大きなチャンスを手にする。「クライシス」化されたテーマは，関係する諸領域に「何かをしなければ」という切迫感を与える。このスキーマはシステムの作動における一種の割り込み命令のようなもので，様々なテーマがひしめく現代社会において，重要なテーマに機動的な政治的決定をもたらす効果を持ちうる。それと引き替えに他の日常的な諸テーマに関する政治的決定がなおざりにされるのでなければ，クライシスというスキーマの活用は政治システムの機能充足に対する信頼を高めるだろう。そのかぎりで，このスキーマは機能分化という全体社会の構造的秩序と対立するものではなく，機能分化の枠内で問題解決を図るための図式として機能する。

　しかし，「クライシス」というラベルを貼られるテーマがどんどん増えていったらどうなるであろうか。この時，「クライシス」というラベルが貼られても政治的に顧みられないテーマが増加し，クライシスというスキーマのインパクトは薄れてくる。いわば，クライシス・スキーマが摩耗することになる。「優先すべきテーマ」があまりにも多ければ，そのテーマの内部でも一般のテーマと同様の分化が生じるだろう。つまり，政策への採用により近い位置にいるテーマと政策立案者や政策決定者に顧みられていないテーマの

間の中心／周辺-分化である。テーマのこうした中心／周辺-分化は，顧みられない周辺的テーマを訴える抗議運動を産み出す。そのテーマが顧みられず，政策に反映されないことが，周辺から中心に対して抗議される。ルーマンは，「抗議運動が見いだされるのはただ，中心をもつ機能システム内においてのみである」と指摘する（Luhmann 1997: 853＝2009: 1149）。あるいは，なおざりにされているテーマや価値（例えば，様々な権利）を議題化し，尊重するために活動するNGOのような組織が成立するかもしれない（第6章参照）。中心を持つ機能システムの代表例が，政治システムであることは言うまでもないが，テーマの流布という点については，マスメディアにおいてもメインストリーム／オルタナティヴという中心／周辺-分化が存在する。政治においては時の政権や議会，特に与党の政治家や中央省庁が抗議や要求の対象となる政治の「中枢」であるが，マスメディアにおいては巨大な放送網を持つテレビ局や大きな発行部数を持つ新聞社などが，オルタナティヴの側から批判の対象となる。

　テーマがこのように中心と周辺に分化し，緊張関係を孕んだ生態系をなしている限りにおいては，機能分化を揺るがすものではない。周辺からの問題提起が，中心での欠落を埋める役割を果たすだろう。しかし，「クライシス」が氾濫してスキーマの摩耗が進み，機能システムの機能充足に対する信頼（その意味でのシステム信頼）が揺るがされれば，機能システム間の統合関係が予期しがたいかたちで再編されることになるだろう[14]。

5. カタストロフィーの観察──機能分化の危機条件──

5-1　カタストロフィーの観察へのアプローチ

　前節までは，主に政治システムを例にとってクライシスと機能分化の関係について考察を進めてきた。そこでの結論は，クライシスのスキーマは機能分化の枠内におけるテーマ処理において補助的な役割を果たしているということである。しかし，現在の状況をもっと長期的なインパクト，つまり，全体社会構造に対するインパクトを持つ事態であると考えてみることもでき

第7章 機能分化と「危機」の諸様相　199

る。そこで本節では，本章のもう一つのテーマであるカタストロフィーの問題に移行することにしたい。

　前節の最後で周辺から中心に向けた抗議運動に言及したが，近年の世界社会においてもっとも注目を集めた抗議運動の一つが，2011年にニューヨークで始まったOccupy Wall Street運動ではなかろうか。この運動は，経済の中心地であるニューヨークのウォール街を抗議行動の場として選んでいる。従来であれば，金融機関救済の問題や格差拡大の問題など，そこで提起された問題を解決したり，緩和したりするために政治の中心地たるワシントンに集まるのが常套手段であった。しかし，この運動がワシントンのホワイトハウス前でもなければ，キャピトルヒルの前でもなく，ニューヨークのウォール街で開始されたということは，問題の淵源に直接抗議する意図があることを示している。ウォール街が抗議の対象になった点には，象徴的な性格もあるだろうが，この運動がウォール街を経済の「中心」と定めたことには，抗議対象たる「中心」を見つけ出す抗議運動の習性の現れ以上の意味がある。

　ルーマンは，金融市場が現代の経済システムの中心をなしており，金融市場を介して資金を供給されて事業や売買が行われる企業や他の市場はその周辺をなしていると見ている。中心にあるグローバルな金融市場は自律性を強めると同時に，周辺に位置する企業や労働市場（雇用）といった領域は他の社会領域（例えば，政治）と構造的なカップリングをなしている。膨大なマネーを動かす金融経済としての性格を強めた経済システムは，政治システムの在り方にも影響を及ぼしている。政党政治の枠組みで行われる政治において，かつては資本／労働，自由主義／社会主義といった図式が政治的な争点を提供し，各政党を性格づけてきたが，現在では主要な政党はいずれも経済成長の維持や景気回復などの経済運営を重視した政策を打ち出しており，経済政策の差異によって政治勢力を性格づけることができなくなっている(Luhmann 1995)。どの政党が政権をとっても，経済政策に関してはやれること，あるいはやらざるをえないことに大差がないということである。その一方で，リーマンショック後の金融危機を経て，ますます注目の的となっているのが中央銀行のような金融当局の動きである。つまり，経済運営を政

治セクターの側ではなく，経済セクターの側が担う比重が高まっている。

　こうした状況において，Occupy Wall Street 運動がワシントンをバイパスし，ニューヨークに向かったことは，社会理論の観点から見て重要な含意を持っている。抗議運動は，政治的に周辺化されたテーマを中心に向けて訴えるという点で政治システムの作動を補助し，求心力を維持する役割さえ果たす。しかしこの運動が政治の中心を素通りし，経済の中心へと抗議の対象を切り替えたことは，従来の機能分化に対する見方に修正を迫るような含意を持っている。I. ウォーラーステインは最近（2011 年）の時評でこの運動を高く評価しており，1968 年以降のアメリカで起こったもっとも重要な政治的事件だと述べている（Wallerstein 2011b）。ウォーラーステインが繰り返し言及している「バイファケーション（bifurcation）」は近代世界システムが別の秩序状態へ遷移すること，つまり（本章での表現で言えば）カタストロフィーに至ることを指している。ウォーラーステインは，Occupy Wall Street 運動は二つの変化をもたらすだろうと述べる。第一の変化は，短期的なもので，経済がもたらす痛みを緩和するために政府がなすべき事柄を再設定することである。第二の変化は，長期的なもので，資本主義の構造的危機や地政学的変動の現実に対する人々の認識を改めるというものである。このウォーラーステインの整理にも現れているように，対症療法的な事態の改善を早急に求めるならば，依然として抗議者はワシントンに集結すべきなのかもしれない。その点に関して言えば，様々な機能領域で生じた弊害の解決を政治システムに求めるという従来型の構図であり，抗議運動の場所がたまたまニューヨークであっただけで我々が見てきたこれまでの光景と本質的には変わらないということになる。しかし，この運動がニューヨークに集結したことを第二の変化に関わるものとして見れば，そこに見えてくる光景は別なものになる。つまり，その解決を政治システムに託すことなどもはやできない根本的な危機が進行しているということである。

　もっとも，ウォーラーステインにしても，現在進行しているバイファケーションがどういった秩序をもたらすのかについては明確に述べていない。Occupy Wall Street 運動を受けて行われた 2011 年のインタビューでは，現在よりも民主的で，平等主義的な方向に向かうか，逆に現在よりも非平等

的で，分極化し，搾取的な方向に向かうかといった大きな方向性を示しているだけである（Wallerstein 2011a）。こうした不確実性は，バイファケーションという変化そのものの性格からも読み取れる。ウォーラーステインによれば，「分岐〔バイファケーション〕の過程は，カオス的である。『カオス的』という言葉の意味は，この期間における小さな行動のひとつひとつが，有意味な帰結にいたる高い可能性をはらんでいるということである。そのような条件下では，システムの振幅が激しくなる傾向が観察される。しかし，最終的には，ひとつの方向に傾いていく。決定的な選択がなされるまでには，通常，かなりの時間がかかる。その期間は，移行期と呼ぶことができる。移行の帰結は，まったく不確実である。しかしながら，ある点にいたると，はっきりした帰結が現れ，ひとびとは，異なる史的システムにおかれることになる」（Wallerstein 2004＝2006: 185）。不安定化したシステムにおいては一匹の蝶の羽ばたきが大きな変化を引き起こすことがあるというカオス理論の教えに照らして，より良き世界システムへの遷移に向けた重要な羽ばたきとなったというのが，この運動に対するウォーラーステインの評価であろう。

　それでは，現在が全体社会の新たな構造的移行期，つまりカタストロフィーの時代にあるのだとすれば，その徴候をどのように感知し，かつそれを観察することができるだろうか。ごく一般的な水準で言えば，まず留意しておかなければならないのは「観察はどうしても行為に追いつけない」（Luhmann 1984: 469＝1995: 633）という点である。このことが，中長期的なスパンで含意していることは，社会秩序の変動では作動レベルでの再編成が先行するということである。これに伴って構造的な再編が進行すれば，次第にこれを観察するのに適した観察図式が首肯性を獲得してゆくだろう。構造的再編に対してどの程度の遅れでこの観察図式の整備が進行するかは，この再編に適合的な意味財がどの程度，これまでの歴史で蓄積されているかによる（高橋 2002: 36）。つまり，我々はカタストロフィーを同時代において適切に観察，記述することができるとはかぎらないということである。したがってここでは，既存の秩序（機能分化）が揺らぎ，不可逆的なかたちで破綻へと向かう条件を定式化し，これを手掛かりとすることでカタストロフィーの徴候を感知，観察するというアプローチをとることにしたい[15]）。

5-2 機能分化の揺らぎ

　機能分化の崩壊の徴候を感知，観察するために，ここでは（相互に密接に連関してはいるが）三つの角度からこのカタストロフィーに対する視点を提示することにしたい。

　第一の視点は，機能分化そのものの揺らぎである。機能分化そのものが内在的に揺らぐとすれば，それは次のような機能分化の基本条件が維持できなくなるような場合である。

①独自のコードとプログラムよる機能システムの自律的なコミュニケーションの再生産
②セカンド・オーダーの観察を介した機能システムの自己制御
③全体社会的機能の機能システムへの特化と普遍的な機能充足

　①は機能システムが，全体社会内部でシステム／環境-差異を維持し，サブシステムとして分出するための基本的な条件である。②は市場の観察を介して経済が，世論の観察を介して政治が自己制御を行うように，セカンド・オーダーの観察を介して機能システムが自律的に作動するための条件である。③は機能システムにおける機能的な特化と普遍的な機能充足の提供という機能分化の秩序原則の構図そのものである。この構図が揺らぐ場合があるとすれば，例えば，かつての階層社会のように一つのサブシステム（上層階層）が複数の機能を普遍的に担うような事態である。

　これらの基本条件に揺らぎが生じていれば，機能分化から他の秩序状態へのカタストロフィーに向けた潮目の変化を感知することができる。この点を考えるうえで示唆を与えてくれるのが，階層分化から機能分化への移行期においてルーマンが着目した階層分化の危機条件である。ルーマンは，階層社会が危機に至る危機点（Gefährdungspunkte）として，平等／不平等の問題と上層階層のコミュニケーション遂行力の問題を挙げている（Luhmann 1980: 78＝2010: 71）[16]。ルーマンが重視したのは後者であるが，それはシステム理論的な観点にもとづくものである。つまり，全体社会内で分化したサブシステム（この場合，階層）の再生産が困難になり，分化構造の維持が

ままならなくなるという問題である。階層分化から機能分化への移行においては,「中心的な個別機能,とりわけ宗教,政治,経済がより独立性を強める方向に発展し,社会階層の規則に抗して機能を優先するように」なっている(Luhmann 1980: 81＝2011: 73)。これによって,階層分化が全体社会において優勢な分化形態であり続けることができなくなったのである。ある分化形態が他の分化形態に対して優勢(あるいは,第一次的(primär))であるというのは,後者の社会秩序への組み込みを前者が規制している場合である(Luhmann 1997: 612＝2009: 906)。階層的な貴族社会において環節的に分化しているそれぞれの家がしかるべき階層に配置されていたり,機能的に分化した教育や経済に参加することで人々がキャリアを形成し,モビリティーのある階層が形成されたりするような場合である。

ルーマンが述べているように他の分化形態が独自の論理を貫徹し始め,優勢な分化形態の再生産を揺るがすと,その分化形態は全体社会において優勢な分化形態の座から滑り落ちるのである。機能分化においてこうしたかたちでのカタストロフィーが進行するとすれば,各機能システムが全体社会的な機能の担い手であることが徐々に掘り崩されてゆく事態が生じるはずである。そうした場合,諸機能は新たな階層化の頂点に位置する(R. ミュンヒが言う「グローバル・エリート」のような新たな上層階層に属する[17])人々のコミュニケーションによって担われてゆくかもしれないし,文明圏あるいは国民国家やその連合体が環節分化の度合いを強め,それらの環節境界によって機能遂行が強く分断されるかもしれない。こうした事態を作動レベルでみると,機能システムの中心的なバイナリーコードの使用が外部の論理によって介入を受ける(G. ギュンター的な言い方をすれば「棄却」される)ことになるだろう。例えば,科学のコードである真／偽の区別が文明圏の根本原理をなす宗教的な教義に合致しているか否かによって置き換えられたり,法のコードである合法／不法の区別が支配階層にとって政治的に好都合か否かによって置き換えられたりする事態である。

5-3 他の分化形態の興隆

第二の視点は,機能分化以外の分化形態が機能分化に代わって優勢になる

という事態である。この点については，機能分化に対するオルタナティヴがその外部から到来するというかたちでこうした事態が成立するという見通しは，あまり現実的とは言えない。むしろ，機能分化自体が貫徹することで，いわば自己破壊的に他の分化形態を成長させるという事態を視野に収めておく必要がある。例えば，社会構造の機能的な分化が貫徹した結果として生じる処理事案の増加が，機能分化に負荷をかけ，新たな構造編成を引き起こすという事態である。ルーマンは，「機能システム相互の刺激から全体社会の自己刺激が生じてくるようになるその程度に応じて，全体社会の刺激水準は上昇していく」と述べている（Luhmann 1997: 795＝2009: 1086）。こうした刺激の昂進によって，刺激の処理に関わる決定の負荷がそれぞれの機能システムに課されることになる[18]。政治と経済における相互刺激の昂進が，双方における問題解決力をますます損なったり，また問題解決力への信頼が著しく損なわれたりする場合，それぞれのシステムに参加する動機も次第に失われてゆく。つまり，機能分化の体制内での問題解決志向が失われ，別種の構造形成に動機が与えられることになる。例えば，国民国家内部での民族主義的な分離・独立の動きや世俗化が進んできたはずの世界社会における宗教的原理主義の跋扈を念頭においてルーマンが述べる「孤島化過程」というのがそれである（Luhmann 1997: 796＝2009: 1087）。

　国際的な自由貿易体制にルールを守って参加すれば利益と繁栄が得られるという期待は，このグローバルな世界秩序の求心力をなしている。しかし，これに参加しても利益と繁栄（あるいはもっと基本的な生存の基盤）が得られないのであれば，これを離脱し，独自の経済的な生存圏を形成する動きを誘発する。領域国家の内部でも，近代的な国家統治によって安全や繁栄が得られないのであれば，民族単位，宗教単位，地域単位でその統治から離脱し，独自に生存を維持しようとの動きに動機づけを与えることになる[19]。ルーマンも着目しているように，こうした動きはアイデンティティ形成とも一体化する。つまり，ナショナル・アイデンティティ，宗教的アイデンティティ，地域的アイデンティティが人格と一体化し，個人のレベルにおいて激しい情動的なリアクションを誘発する。激しい情動は，暴力の行使を是認するような強い集団的興奮状態を作り出す可能性がある。環節分化や階層分化

と異なる機能分化の特徴は，サブシステムである機能システムが人間を人格的に包摂してアイデンティティを付与することがない点である。これを補うのが，ネイション，民族，宗教，地域，文化，あるいは文明圏といった様々な環節的アイデンティティの枠組みである[20]。機能分化が浸透する過程で，様々な経緯，思惑から伝統的なアイデンティティが呼び起こされることで，そこから予期せぬ派生的事態の進展が生じるかもしれない。こうした事態を，ルーマンは「構造の進化的変化」と表現している（Luhmann 1997: 796＝2009: 1087）。進化は行先不明の変化であり，これがいかなる事態に至るかは明らかではない。しかし，ここで念頭におかれているのは，民族であれ，宗教であれ，地域であれ，何らかの統一性アイデンティティにもとづいてローカルな水準とグローバルな水準で同時に進行する環節化であろう。

5-4 包摂の問題

第三の視点は，人間の包摂という問題である。人間を出自によってそれぞれのサブシステムに全人格的に包摂する階層分化と異なる機能分化の原則は，（例えば，普通選挙，職業選択の自由，普通教育などによって）誰もがどの機能システムにも自由かつ平等に参加できるという点である。人間の包摂という観点で言えば，この原則が他の分化形態に属する包摂原則よりも優位にあれば，その点で機能分化は全体社会を特徴づける分化形態としての地位を維持していると言える。これに対して，機能領域への参加が，どの階層出身か（階層分化），どの集団に属するのか（環節分化），どの地域にいるのか（中心／周辺-分化）によって決定されるとすれば，全体社会構造としての機能分化が揺らぐことになる。

人間の包摂問題において機能分化の大勢に関わる危機点をなすのは，「キャリア形成」の存否である。ルーマンは，機能的に分化した「近代社会においてキャリアこそが，個人と全体社会を統合する最も重要なメカニズムとなるに至った」と述べている（Luhmann 1997: 742＝2009: 1029）。人格形成もアイデンティティ形成も出自に頼ることができなくなった近代社会において，人々は自己の未規定性をキャリアによって埋める。人びとは学校を出て，職業生活や家庭生活を営み，各人の人生を歩んでゆく。そこには成功も

失敗もある。しかし，いずれにせよそれは各人が選んだものであり，その結果として形成される各人のキャリアは自らにとっても，また社会的にも各人のものである。そう考えることができるのであれば，個人はキャリア形成を介して機能分化した社会に包摂されていると言える。しかし，そう考えることができないのであれば，個人の人生は，例えば自己の選択によらず属している集団の再生産の一コマということになる。階層との関連で言えば，個人のキャリア形成が結果としてある階層や家を再生産しているのか，それとも階層や家の再生産によってその個人のキャリアが形成されているのか，と言ってもよい。階層とキャリアのどちらが図となり，地となるのかで，見えてくる社会理論的な景色はまったく異なる。キャリア形成という近代的な個人と社会の連結点について言えば，従来よりもキャリア形成の可能性に対する期待を喪失している国や地域もあれば，新たにキャリア形成への期待を抱き始めた国や地域もあるだろう。イスラム圏での女性解放運動など，存在論的な人間包摂の観念が強かった地域でも変化の兆しが見られる。近代的な人間包摂の原理が世界的に退潮しているとは言い難く，今後の動向を注意深く観察する必要がある。

　いまのところ筆者は，これら三つの視点に照らして，機能分化が崩壊の一途を辿りつつあると考えているわけではない。これらの視点は，カタストロフィーという観察されざるものを感知し，観察するための社会理論的なセンサーであり，機能分化という構造的秩序の動向を定点観測するための視点である。カタストロフィーは，我々の立っている基盤そのものの変容であり，変容の結果として到来する秩序を観察するための概念を我々が十分なだけ用意できているという保証はない。したがって我々がさしあたりできることは，機能分化の揺らぎや変容を感知し，観察することで，到来するかもしれない新たな状況を観察するための準備を整えておくことである。

6. もう一つの可能性

　すでに述べたように，進化は行先不明の変化である。全体社会における一

つの分化形態が，その歴史的なライフサイクルを終えたとしても，いままでにない新たな分化形態が現れるとは限らない。ルーマン理論において記述されている既知の分化形態（環節的分化，階層的分化，機能的分化，中心／周辺-分化）がいずれも優勢な分化形態となることなく，雑然とした混交状態で併存するような事態もまた，きわめてありそうな一つの進化的帰結である。

　その一方で，進化は思いもよらない別な帰結をもたらす可能性もある。つまり，現在の危機が結果的に機能分化をさらに進展させるという帰結である。ルーマンは 1980 年代初頭，経済システムを中心とする諸機能システムからの問題解決の要求によって，政治システムが多大な負荷をかけられていると分析していた。その負荷は，政治システムが利用可能な二つの資源，すなわち，貨幣と法／権力の使用過多（財政赤字，法化）として現れている（Luhmann 1981b=2007）。この状況は日常化し，現在にまで至っている。すでに触れた金融システムの危機，ソブリン危機，議会の紛糾や政権の弱体化の日常化といった危機の諸様相は，事態が行き着くところまで来つつあることを示しているようにも思える。

　こうした事態の進展が，機能分化をいっそう揺るがす方向に向かうのだと予測するなら，前節の話に立ち戻ることになる。他方で，それが従来の問題を解消，ないし緩和する方向に向かうのだとすれば，話は変わってくる。そう考えるとき，潮目の変化を示す一つの出来事になるかもしれないのが，先に触れた Occupy Wall Street 運動である。この運動は，自らの異議申し立てを「ワシントン（政治システム）」に対してではなく，「ニューヨーク（経済システム）」に対して行った。これが意味するのは，（象徴的にではあるが）問題の発生源そのものに訴えることで問題の解決を追求しているということである。これによって運動参加者たちが主張している多様な要求が，実際に解決されるかどうかはわからない。少なくとも言えることは，経済の側が直接矢面に立つことで，政治に対する圧力が軽減され，（規制や税制改革などの政策上の）選択肢が増えるだろうということである。この運動によって政治がバイパスされたことで，結果的に政治にはフリーハンドな選択の余地ができるわけである。ニューヨークに集まった人々の行動は，政治へ

の失望,あるいは「政治不信」によるものとも言えるだろう。「もはや政治には何も期待しない。だから我々はニューヨークに向かうのだ」と。しかしその政治への不信が,政治への負荷を軽減し,場合によっては(実際,オバマ大統領がこの運動への「連帯」を表明したように,政治の側が運動を支持することで)揺らぎ続ける政治への信頼や政治の正統性を回復する契機になるとしたらどうだろうか。

あるいはその種の政治への失望は,大小の社会問題に対処する有効な資源を保有しているのは事実上国民国家の政府のみと信じられていた過渡期的な状況がもたらした失望であるのかもしれない。ルーマンが福祉国家の危機を描いた1980年代と比べれば,非政府組織(NGO)のネットワークは質的,量的に大きく拡大している[21]。以前なら公的セクターの資源で対処を求められていた問題を,民間セクターが担うようになっている例はめずらしくない。また,金融危機やソブリン危機を受けてIMFのような国際的な金融当局が強化され,資金基盤や各国の経済運営に対する政策監視能力の増強が図られている。こうした市民社会の地力の向上や経済システムの危機を受けた国際機関の強化などが相俟って,結果として(国民国家の)政治システムへの負荷の再編が起こり,以前よりも持続可能な状況に変わってゆくことも可能性として考えられる。グローバルな政治的ガバナンスの再編,U.ベックの表現で言えば,コスモポリタン的近代における「政治的なものの形態変化」(Beck 2006=2008: 302)の進展は,国民国家への政治の環節分化を緩和して機能分化の新たな姿を見せてくれるかもしれない[22]。

だとすれば,我々はカタストロフィーの意味を拙速に決めつけることはできない。もしかすると,我々がいま目にしているのは機能分化からのカタストロフィーではなく,いまもって我々は機能分化へと向かう長く,そして曲がりくねったカタストロフィーの過程にあるのかもしれない。

(高橋　徹)

注

1) このテーマについては,別の論考で論じた。高橋(2011)参照。
2) 金融危機の問題についてシステム理論の観点から論じた論考を収めたものとしては,Kjaer/Teubner/Febbrajo (2011) 参照。

3) 例えば，2011年9月15日のFinancial Times紙（電子版）において，政策が決まらず，政治が機能不全であることによって悪化させられた信頼の危機に世界経済が直面しているとするIMF専務理事の発言が報じられている。
4) 本章の議論は，本書への収録に先立って第85回日本社会学会大会（2012年11月）において行った報告を詳細に展開したものである。本章では，政治システムと世論，機能システムのセカンド・オーダーの観察メカニズムなど，報告ではカバーできなかった多くの点について詳しく論じている。なお，本章で引用している邦訳のある欧文文献については翻訳書もあわせて参照しているが，訳文はかならずしも翻訳書どおりではないことがある。
5) ルーマンは，講演会やコンサート，展覧会などの催し物自体は，公開され誰もが参加可能であってもマスメディアの範疇から除外している。複製技術を用いたコミュニケーションの流布が行われていないからである。これに対して，例えば，録画されたコンサートなどを記録媒体に収めて広めることはマスメディアの範疇に加えている（Luhmann 1996: 11＝2005: 8）。
6) ルーマンの定式化においては，量的な要素は考慮されていないが，インターネットにおける近年のアクセス数については次のような調査結果がある。ニールセン社のデータによれば，2012年3月にアメリカでもっとも利用者の多かったニュースサイトはYahoo!-ABC News Websitesで約6210万人である（"May 2012−Top U.S. Web Brands and News websites" http://blog.nielsen.com/nielsenwire/online_mobile/may-2012-top-u-s-web-brands-and-news-websites/）。すぐ後で論じる周知性の観点から見ても，ローカルな新聞やテレビなどをマスメディアと考えるならば，習慣的に閲覧するユーザーがいるアクセス数の多いニュースサイトもマスメディアと見なすのが自然だろう。
7) 不作為もまた行為の一種として観察される点については，Luhmann（1988: 333＝1991: 341）参照。
8) ルーマンの政治システム論のアウトラインについては，小松（2013）〔本書第1章〕参照。
9) ルーマンは次のように論じている。セカンド・オーダーの観察という概念を用いて「社会理論的分析に向かうなら，次のような仮説を定式化することができる。すなわち，近代社会は機能的に分化したシステムとして現実化していること，また近代社会はそうした秩序への転換の過程で，自らの機能システムを，セカンド・オーダーの観察という様態に対応させてきたということである。このことは，きわめて多様なかたちでそれぞれの機能システムに影響を与えている。しかしながら，近代社会に特有の構造を把握しようとするなら，まずもって重要なのは，一致したある種の基本型が存在していることを認識することである。セカンド・オーダーの観察への転換は，そうしたメルクマールの一つである」（Luhmann 1992: 80）。
10) 経済システムの自己観察と市場については，Luhmann（1988: 92-6＝1991: 85-9），および春日（1996: 49-62; 2003: 126-9）を参照。
11) ルーマンは次のように述べている。「いかにして政治システムにセカンド・オーダーの観察が組み込まれうるのか，という問題が決定的に重要なものとなる。この問題に対する答えを提供するのが，世論の理論である」（Luhmann 1992: 84）。
12) 世論の「誘導」という意味での世論操作に関してルーマンは，「マスメディアは世論を『操作している』とか，そうでなくとも影響を及ぼしているという仮説」が流布しているが，「そうした仮説自体も世論の図式であり，世論が対抗反応の可能性を確保しておくためのいわば免疫反応なのである」（Luhmann 2000: 303）と述べている。また，世論が操作可能であるという表象は，「セカンド・オーダーの観察のメディウム」に属するとも述べている（Luhmann 2000: 288）。要するに，マスメディアが世論を操作しているといった話は，世論を観察し，記述する際のレパートリーの一種であり，対抗的なテーマ設定に道を開く手法の一つであるということである。

13) テーマを選択し，意見を表明する自由が言論の自由というかたちで権利として法的に守られていることが，世論の政治的な機能を支えている。言論の自由が法的に保護されているがゆえに政治は言論に介入できない。だからこそ，政治は自由な言論に自らの鏡像を見いだすべく，世論を観察するのである（Luhmann 1998: 102）。
14) 政治の場合，集合的に拘束力のある決定の提供（例えば，予算の決定）がその機能充足にあたるが，「クライシス」として記述される事態の存在は，それに対する優先的な政治的決定への予期を喚起する（例えば，「予算の未決定による政府機関の閉鎖は回避されるはずだ」と）。この予期が違背された場合，政治へのシステム信頼とクライシス・スキーマが同時に摩耗するだろう。その結果，それまで予期可能であった機能システム間の統合関係が崩壊し，これが再編されることになる。例えば，中央政府への予期が部分的に地方政府に向けられるかもしれないし，政府全般の機能不全をある程度織り込んだ統合関係に移行するかもしれない。前者の場合，政治的決定の担い手の配置転換が起きているだけであり，全体としては機能分化を揺るがすものではないが，後者の場合，その状況は確かに機能分化にとっても重大な問題である。
15) もちろん，R. ミュンヒのように機能分化が優勢な分化形態であることを認めない論者もいる（高橋（2013）〔本書第６章〕参照）。だがいずれにせよ，そうした論者にとっても機能分化の危機条件を明確にしておくことは有益であろう。
16) この点については別な場所で詳しく論じた。高橋（2002: 101-4）参照。
17) この点については，Münch（2010）参照。
18) 全体社会の刺激水準の上昇に応じて起きている状況に関するルーマンの記述については，Luhmann（1997: 795-801＝2009: 1086-93）を参照。春日（2007: 50-4; 2008: 109-12）は，この点に関するルーマンの記述をふまえて過剰な刺激に対応する「窮余の策」という観点から解説を行っている。確かに，機能システムの処理能力の向上に希望を託すことは一種のオプティミズムであるというルーマンの言葉は，彼にしてはめずらしく感傷的ではある。しかし，全体社会の進化はいかなる条件がどのような化学反応を起こしていかなる帰結をもたらすかについて，予断を許さないものでもある。起きつつある事象の中長期的な波及効果に対する理論的な感度を高める作業が，まずは必要であろう。
19) 例えば，EU 圏の危機によって進展するカタルーニャを代表とする地域の分離主義的な動きが報じられている。"Europe's Richer Regions Want Out," New York Times, 07 Oct 2012 参照。
20) アイデンティティと暴力の問題については，Sen（2006＝2011）参照。A. センは，人々を文明のような大きな枠組みで括る大理論，互いに衝突する（それが根深い歴史的背景を持っており，「自然」なことであるかのように描かれる）民族集団のような小枠組みで括る小理論のいずれについても批判的に言及している。「文明の衝突論の根底には，人間はそもそもどれか一つの文明に帰属するものとして見なせるはずだという，もっと一般的な考えがある。このような還元主義的な見方では，世界の異なる人間同士の関係は，各人が帰属するとされるそれぞれの文明間の関係として見られる。…ハンチントン流の世界観のように，世界の人びとを対峙するいくつかの文明という巨大枠でものものしく分割する代わりに，小理論の方は，異なった文化や独自の歴史をもち衝突しあう〔より小規模に分割された〕存在として各地の人びとを見なしている」（Sen 2006: 41-3＝2011: 68-71）。
21) いわゆる「グローバル市民社会」（M. カルドー）における NGO の存在感の大きさについては，Castells（2008: 84-5）参照。
22) ベックは次のように述べている。「グローバル時代において政治的なものは死滅したのではなく，転換したのだという議論を展開してきた。私たちの目の前の手の届くところで，政治的な概念と形の転換が遂行されている。歴史的に適切なカテゴリーや展望が欠如していたために，

これまでその認識も探究も阻まれてきた」(Beck 2006: 364=2008: 302)。これは本章の視点から言えば、国民国家を中心とする政治観からのカタストロフィー的変動を記述しようとする社会理論家の問題意識である。

政治理論の領域における観念進化がどのように進展するかは、機能分化の今後を考えるうえでもきわめて重要である。ルーマン理論にもとづいて考える場合、「集合的に拘束力のある決定」の産出という意味での「政治」が全体社会(世界社会)においてどのように実現しうるのか、そのモデルは環節分化した国民国家において実施されている民主制しかありえないのか、といった点は重要なテーマである。だが、社会理論家がコスモポリタン的未来への展望を語る一方で、カール・シュミット的な「政治的なもの」を体現するような敵対図式が世界社会の未来に暗い影を投げかけてもいる。文明と歴史の歩みを巻き戻したかのようなプリミティヴな友/敵の図式が世界社会を引き裂くかもしれない。これに対して、シュミットを読みつつ、一切の妥協のない苛烈な敵対関係(antagonism)を共有された政治的、倫理的原理のもとで闘争する闘争関係(agonism)に変えることで、根絶しがたい「政治的なもの」をドメスティケイトしようという S. ムフのアプローチは一つの希望を示してはいるだろう (Mouffe 1999: 4-5=2006: 6-7)。

文献

Beck, Ulrich, 2002, *Macht und Gegenmacht im Globalen Zeitalter: Neue weltpolitische Ökonomie*, Frankfurt am Main: Suhrkamp. (=2008, 島村賢一訳『ナショナリズムの超克──グローバル時代の世界政治経済学』NTT 出版。)

Castells, Manuel, 2008, "The New Public Sphere: Global Civil Society, Communication Networks, and Global Governance," *The Annals of the American Academy of Political and Social Science*, 616: 78-93.

春日淳一, 1996,『経済システム──ルーマン理論から見た経済』文眞堂。

───, 2003,『貨幣論のルーマン──〈社会の経済〉講義』勁草書房。

───, 2007,「イリテーション(Irritation)について」『関西大学「経済論集」』56 (4): 41-56。

───, 2008,『ルーマン理論に魅せられて』文眞堂。

Kjaer, Poul F./Gunther Teubner/Alberto Febbrajo (ed.), 2011, *The Financial Crisis in Constitutional Perspective: The Dark Side of Functional Differentiatio*n, Oxford: Hart Publishing.

小松丈晃, 2013,「ルーマン政治論におけるシステムの分出の条件と諸論点」高橋徹・小松丈晃・春日淳一『滲透するルーマン理論──機能分化論からの展望』文眞堂, 3-36。

Luhmann, Niklas, 1971, "Öffentliche Meinung," ders., *Politische Planung*, Opladen: Westdeutscher Verlag, 9-34.

───, 1980, *Gesellschaftsstruktur und Semantik* 1, Frankfurt am Main: Suhrkamp. (=2011, 徳安彰訳『社会構造とゼマンティク 1』法政大学出版局。)

───, 1981a, *Soziologische Aufklärung 3*, Opladen: Westdeutscher Verlag.

───, 1981b, *Politische Theorie im Wohlfartsstaat*, München: Günter Olzog Verlag. (=2007, 徳安彰訳『福祉国家における政治理論』勁草書房。)

───, 1984a, "The Self-Description of Society: Crisis Fashion and Sociological Theory," *International Journal of Comparative Sociology*, Volume 25 (1-2): 59-72.

───, 1984b, *Soziale Systeme- Grundriß einer allgemeinen Theorie*, Frankfurt am Main: Suhrkamp. (= 1993-5, 佐藤勉監訳『社会システム理論(上・下)』恒星社厚生閣。)

───, 1988, *Die Wirtschaft der Gesellschaft*, Frankfurt am Main: Suhrkamp. (=1991, 春日

淳一訳『社会の経済』文眞堂。)
——, 1990, *Die Wissenschaft der Gesellschaft*, Frankfurt am Main: Suhrkamp.（＝2009, 徳安彰訳『社会の科学1・2』法政大学出版局。)
——, 1992, "Die Beobachtung der Beobachter im politischen System: Zur Theorie der Öffentlichen Meinung," Jürgen Wilke (hrsg), *Öffentliche Meinung-Theorie, Methoden, Befunde, zu Ehren von Elisabeth Noelle-Neumann*, Freiburg: K. Alber, 77-86.
——, 1995, Politik und Wirtschaft, *Merkur* 556: 573-581.
——, 1996, *Die Realität der Massenmedien*, Opladen: Westdeutscher Verlag.（＝2005, 林香里訳『マスメディアのリアリティ』木鐸社。)
——, 1997, *Die Gesellschaft der Gesellschaft*, Frankfurt am Main: Suhrkamp.（＝2009, 馬場靖雄・赤堀三郎・菅原謙・高橋徹訳)『社会の社会1・2』法政大学出版局。)
——, 1998, "Meinungsfreiheit, öffentliche Meinung, Demokratie," Ernst-Joachim Lampe (Hrsg.), *Meinungsfreiheit als Menschenrecht*, Baden-Baden: Nomos, 99-110.
——, 1999, "*Öffentliche Meinung und Demokratie*," in: Rudolf Maresch /Niels Werber (Hrsg.), *Kommunikation, Medien, Macht*, Frankfurt am Main: Suhrkmp, 19-34.
——, 2000, *Die Politik der Gesellschaft*, Frankfurt am Main: Suhrkamp.
Mouffe, Chantal ed., 1999, *The Challenge of Carl Schmitt*, London: Verso.（＝2006, 古賀敬太・佐野誠訳『カール・シュミットの挑戦』風行社。)
Münch, Richard, 2010, "Die Weltgesellschaft im Spannungsfeld von funktionaler, stratifikatorischer und segmentärer Differenzierung," *Kölner Zeitschrift für Soziologie und Sozialpsychologie*, Sonderheft 50: 283-298.
Sen, Amartya, 2006, *Identity and Violence: The Illusion of Destiny*, New York: W. W. Norton.（＝2011, 大門毅監訳・東郷えりか訳『アイデンティティと暴力——運命は幻想である』勁草書房。)
高橋徹, 2002,『意味の歴史社会学—ルーマンの近代ゼマンティク論』世界思想社。
——, 2011,「コミュニケーション・システムとしてのテロリズム——社会システム理論の視点から」『社会情報』札幌学院大学総合研究所, (21) 1: 1-14。
——, 2013,「機能システムのインターフェース, あるいは自律する周辺」高橋徹・小松丈晃・春日淳一『滲透するルーマン理論——機能分化論からの展望』文眞堂, 155-180。
Wallerstein, I., 2004, *World-Systems Analysis: An Introduction*, Durham: Duke University Press.（＝2006, 山下範久訳『入門　世界システム分析』藤原書店。)
——, 2011a, "Modern capitalism has reached the end of its rope."
(http://rt.com/news/end-capitalism-system-replace-999/)
——, 2011b, "The Fantastic Success of Occupy Wall Street."
(http://www.iwallerstein.com/fantastic-success-occupy-wall-street/)

あとがき

　本書は，著者らが様々な領域で進めてきた近年のルーマン研究を編みあわせた論文集である。本書のタイトル（『滲透するルーマン理論』）にも表れているように，そのテーマは多様であり，ルーマン理論の内在的な検討を企図したものもあれば，読者には思いもよらない角度からのルーマン論もあるだろう。著者らはいずれも，かねてから独自の関心領域でルーマン研究に従事してきた（経済システム論（春日），リスク論（小松），ゼマンティク論（高橋））。本書に収録された論考は，そうしたこれまでの研究に直接的，間接的に接続するものもあれば，新たなルーマン像を描き出すことに挑戦した斬新なものもある。著者の一人である春日が「はしがき」でも述べているとおり，我が国においてはすでにルーマンの主要な著作の翻訳がかなりの程度進んでおり，そのつもりになればいつでも日本語でルーマンの著作に親しめる環境が整ってきている。その一方で，ルーマン理論が秘めているポテンシャルを多様な分野で展開し，様々な領域に「滲透」させる試みは十分ではないように見受けられる。筆者（高橋）自身，2000 年代以降にドイツ語圏で進められてきた武力紛争論やテロリズム論へのルーマン理論の展開を，その裾野の広がりに驚きをおぼえつつフォローしてきた。担当章の執筆準備の一環として閲覧した英語圏の世論研究者用ハンドブックにルーマン理論が主要な理論的伝統として挙げられているのを見て，思わず執筆に力が入ったこともあった。しかしながら，これら政治領域へのルーマン理論の多様な「滲透」の有様についてすら十分に描き出せてきたとは言えない。本書を編むことで，この不足の一部でも補うことができればと思っている。

　本書の副題に掲げた「機能分化論からの展望」についても，筆者なりの観点からふれておくことにしたい。ルーマン理論の多様な領域への「滲透」が本書の横糸だとすれば，機能分化論という問題関心は，本書のいくつかの章において明確に意識されている縦糸にあたるだろう。本書においては，多様

なルーマン論を試みるだけでなく，現代社会のアクチュアルな問題状況に迫ることも意図している。筆者の考えでは，現在，ルーマン理論において最大のアクチュアリティーを秘めているテーマは「機能分化の運命」であるように思う。この点は，世界社会の「危機」が深まるにつれて，今後ますます露わになってくるだろう。「危機」の深度が深ければ深いほど，必要になるのは（ブローデル的な言い方をすれば）日々の「出来事」に目を奪われることではなく，「構造」的な時間の歩みとともに深まってきた「危機」の深層に迫ることである。そのために何よりも必要なのは，長期的な変動への視座を持ちうる社会理論である。したがって，ルーマン理論のアクチュアリティーは，「危機」の深まりとともに増す社会理論のアクチュアリティーと歩調をあわせて高まるだろう。

2012年11月18日

高橋　徹

人名索引

※ ルーマンを除く主要外国人名のみを示した

ア行

ウィトゲンシュタイン（Ludwig Wittgenstein） 62, 85-90
ヴィルケ（Helmut Willke） iv, 159-163
ウェーバー（Max Weber） 28, 186
ヴェーバー → ウェーバー
ウォーラーステイン（Immanuel Wallerstein） 200-201
オルポート（Floyd Allport） 38

カ行

ギュンター（Gotthard Günther） 13, 101-102, 203
ゴッチュ（Wilfried Gotsch） 159
コルシ（Giancarlo Corsi） 111

サ行

サイモン（Herbert Simon） 7-9
シャルプ（Fritz Scharpf） 161
シュティヒヴェー（Rudolf Stichweh） 34, 176
シュンペーター（Joseph Schumpeter） 15
シェルスキー（Helmut Schelsky） 137
ジンメル（Georg Simmel） 51
スペンサー=ブラウン（George Spencer-Brown） 107, 110

タ行

デイヴィス（Paul Davies） 59
トム（René Thom） 183

ナ行

ナセヒ（Armin Nassehi） 4

ハ行

ハイエク（Friedrich von Hayek） 62, 73-83
ハイダー（Fritz Heider） 12
ハーシュマン（Albert Hirschman） 18, 33
パーソンズ（Talcott Parsons） 4, 7, 34, 139, 152
フェルスター（Heinz von Foerster） 65-67, 192
フックス（Peter Fuchs） 131
フッター（Michael Hutter） iv, 159, 165-171
ベイトソン（Gregory Bateson） 47, 59
ベッカー（Dirk Baecker） iii-iv, 135, 144, 152
ベック（Ulrich Beck） 3, 27, 152, 208
ヘッセ（Hermann Hesse） 95-98, 100, 104, 107, 118, 124
ヘラー（Hermann Heller） 7
ヘルマン（Kai-Uwe Hellmann） 18, 33
ポランニー（Michael Polanyi） 124-125

マ行

マインツ（Renate Mayntz） 161
ミュンヒ（Richard Münch） 175-176, 203

ラ行

レイプハルト（Arend Lijphart） 30
ロックウッド（David Lockwood） 151

著者紹介

高橋　徹（たかはし　とおる）
　　1970年　宮城県に生まれる
　　2001年　東北大学大学院文学研究科博士後期課程修了．博士（文学）
　　現　在　中央大学法学部教授
　　著書・論文　『意味の歴史社会学―ルーマンの近代ゼマンティク論』（世界思想社，2002年），「コミュニケーション・システムとしてのテロリズム―社会システム理論の視点から」（『社会情報』〔21〕1，2011年）ほか
　　翻　訳　N.ルーマン『社会の社会1・2』（共訳，法政大学出版局，2009年），N.ルーマン『社会システム理論〈下〉』（佐藤勉監訳，恒星社厚生閣，1995年）

小松丈晃（こまつ　たけあき）
　　1968年　宮城県に生まれる
　　1998年　東北大学大学院文学研究科博士後期課程修了．博士（文学）
　　現　在　北海道教育大学函館校准教授
　　著書・論文　『リスク論のルーマン』（勁草書房，2003年），「リスク変換とそのリスク―システム理論的考察―」（『年報　科学・技術・社会』第18巻，2009年），「システミック・リスクと社会の《危機》―社会システム理論による複合災害の記述」（『現代社会学理論研究』第6号，2012年）ほか
　　翻　訳　N.ルーマン『社会システム理論〈上〉〈下〉』（佐藤勉監訳，恒星社厚生閣，1993年，1995年）

春日淳一（かすが　じゅんいち）
　　1943年　愛知県に生まれる
　　1973年　名古屋大学大学院経済学研究科博士課程修了
　　現　在　2007年関西大学退職後，札幌市在住
　　著書・論文　『経済システム―ルーマン理論から見た経済』（文眞堂，1996年），『貨幣論のルーマン―〈社会の経済〉講義』（勁草書房，2003年）ほか
　　翻　訳　N.ルーマン『社会の経済』（文眞堂，1991年）

浸透するルーマン理論
―機能分化論からの展望―

2013年3月25日　第1版第1刷発行　　　　　　　　　　検印省略

著　者	高　橋　　　徹 小　松　丈　晃 春　日　淳　一
発行者	前　野　　　弘
発行所	株式会社　文　眞　堂 東京都新宿区早稲田鶴巻町533 電話　03（3202）8480 FAX　03（3203）2638 http://www.bunshin-do.co.jp 郵便番号（162-0041）振替00120-2-96437

印刷・モリモト印刷　　製本・イマキ製本所
© 2013　ISBN978-4-8309-4782-7　C3036
定価はカバー裏に表示してあります